1682
SAMMLUNG METZLER

REALIEN ZUR LITERATUR

ABT. B:

LITERATURWISSENSCHAFTLICHE METHODENLEHRE

JÜRGEN GRIMM
FRANK-RUTGER HAUSMANN
CHRISTOPH MIETHING

Einführung in die französische Literaturwissenschaft

MCMLXXVI

J. B. METZLERSCHE VERLAGSBUCHHANDLUNG

STUTTGART

CIP-Kurztitelaufnahme der Deutschen Bibliothek

Grimm, Jürgen
Einführung in die französische Literaturwissenschaft /
Jürgen Grimm; Frank-Rutger Hausmann; Christoph Miething. –
1. Aufl. – Stuttgart: Metzler, 1976.
(Sammlung Metzler; M 148: Abt. B, Literaturwissenschaftl. Methodenlehre)
ISBN 3-476-10148-7

NE: Hausmann, Frank-Rutger:; Miething, Christoph:

ISBN 3 476 10148 7

M 148

in Stuttgart 1976. Satz und Druck: Gulde-Druck, Tübingen
Printed in Germany

Inhaltsverzeichnis

Vorwort

In den letzten Jahren sind zahlreiche Einführungen in die Lit.wiss. veröffentlicht worden. Diese Publikationen tragen der Tatsache Rechnung, daß die lit. Kenntnisse bei den Studienanfängern der Lit.wiss. geringer geworden sind, und sie dokumentieren zugleich das Bemühen um didaktische Fundierung des Studiums. Unter diesen Veröffentlichungen wird man u. W. bisher jedoch vergeblich Einführungen in das Studium der rom. bzw. der fr. Lit.wiss. suchen (für die Germanistik: *Conrady*, Nr. 25; für die Anglistik: *Breuer* u. *Schöwerling*, Nr. 17; *Müller-Schwefe*, Nr. 109; *Fabian*, Nr. 57); die vorhandenen Publikationen *E. Auerbachs* (Nr. 4), *G. Rohlfs'* (Nr. 117) und *R. Rohrs* (Nr. 118) sind z. T. veraltet, setzen zu spezielle Vorkenntnisse voraus oder eignen sich eher zur bibliographischen Orientierung.

Anders als bei germanistischen oder anglistischen Einführungen konfrontiert die Veröffentlichung der vorliegenden Einführung in die fr. Lit.wiss. im übrigen mit einem kulturpolitischen Problem, das hier nicht unerwähnt bleiben darf. Reagieren die »Einführungen« im Bereich der Lit.wiss. allgemein auf den Rückgang lit. Kenntnisse infolge reduzierter Bedeutung des Literaturunterrichts an den Schulen in der Bundesrepublik, so ist der gegenwärtige und vor allem der zukünftige Französischlehrer (also auch der Leser dieser Einführung) in besonderem Maße von der Ursache dieser Reduktion betroffen. Wer heute Französisch studieren möchte, der muß sich in der Regel sagen lassen, daß seine Aussichten, später diese Kenntnisse im Beruf zu vermitteln, gering sind; und dies nicht etwa aufgrund der geringeren Bedeutung der fr. Sprache und Kultur (im Vergleich z. B. zur deutschen oder englischen), sondern aufgrund der Entscheidungen einer Kultusbürokratie, für die in zunehmendem Maße bei der Strukturierung der Wissensvermittlung in Schule und Hochschule das ökonomisch Verwertbare zum vorrangigen Auswahlkriterium wird.

Ihrer didaktischen Intention nach zielt indes die vorliegende Einführung in das Studium der fr. Lit.wiss. darauf ab, Lernhilfen bereitzustellen und dementsprechend einer größeren Zahl von Studenten den Zugang zu diesem Fach zu erleichtern. Das steht im Widerspruch zum erklärten Willen der Kultusbürokratie, die Zahl der Französischlehrer in Zukunft konsequent zu beschränken. Die Verf. sehen sich deshalb vor dem Dilemma, einerseits durch die Publikation dieses Buches den Studienanfängern das Studium der fr. Lit.wiss. nahebringen zu wollen, andererseits im Hinblick auf die Berufschancen dieses Fach nur mit Vorbehalt empfehlen zu können. Als Konsequenz für die Überlegungen des Studienanfängers sei deshalb nachdrücklich vermerkt, daß unabdingbare Voraussetzung dieses Studiums eine gründliche Kenntnis der fr. Sprache bildet. Außerdem sollte sich derjenige, der sich für das Studium der fr. Lit. oder Sprachwiss. entscheidet, darüber im klaren sein, daß er in Zukunft dazu beitragen muß, die Notwendigkeit des Französischunterrichts im öffentlichen Bewußtsein wachzuhalten und damit ein Stück kulturellen Spielraums in der Gesellschaft zu verteidigen.

In diesem Sinne wird es für den zukünftigen Französischlehrer entscheidend darauf ankommen, daß es ihm gelingt, Interesse für das Nachbarland zu wecken. Das setzt Kenntnisse auf den verschiedensten Gebieten voraus. Nur eines von diesen, das der fr. Lit., wird hier behandelt, und auch dies nur höchst unvollständig. So wird man z. B. über einzelne Epochen oder Autoren der fr. Lit. hier wenig finden (dies geschieht in monographischen Bänden, die im Rahmen der »Sammlung Metzler« geplant sind). Ziel dieser Einführung ist vielmehr, mit jenen Arbeitstechniken und Hilfsmitteln vertraut zu machen, mit denen dann im Laufe des Studiums Werke der fr.Lit. erarbeitet werden können. Das bedeutet, daß dem Leser das Fach der fr. Lit.wiss. mit seinen Inhalten vorgestellt, daß ihm die wichtigsten Fachtermini und Grundbegriffe vermittelt werden, daß er einen Überblick über die wichtigsten Interpretationsmethoden des Faches in ihrer geschichtlichen Entwicklung und ihrer Anwendung erhält und die gebräuchlichsten bibliographischen Standardwerke kennenlernt.

Bei der Zusammenstellung des Materials wurde darauf geachtet, all das auszuklammern oder nur zu streifen, was in anderen Büchern bereits ausführlich dargelegt worden ist, z. B. Anleitung zu wissenschaftlichen Arbeiten (*Standop*, Nr. 132), Fachbibliographien (*Ronge*, Nr. 119), seltene Fachtermini (*Wilpert*, Nr. 153; *Heß/Frauenrath/Siebenmann*, Nr. 71; *Engler*, Nr. 39; *Braak*, Nr. 16), bzw. nur die jeweils spezifischen romanistischen Komponenten anzusprechen. So wird man sich in einigen der oben erwähnten Einführungen umfassender über den Literaturbegriff, lit. Gattungen, Interpretationsansätze usw. informieren können als in dem vorliegenden Band. Gleichwohl waren die Verf. darum bemüht, die Fülle des Stoffs so zu gliedern, daß der Leser einen Überblick über die wichtigsten Themen des Faches erhält. Sie haben sich dabei von den praktischen Erfahrungen leiten lassen, die sie als Lehrende an den rom. Seminaren der Universitäten Freiburg und Münster gewonnen haben. Sie sind sich im übrigen der Tatsache bewußt, daß die getroffene Auswahl der Sachgebiete auch von subjektiven Momenten bestimmt ist und deshalb der Kritik zahlreiche Angriffsflächen bieten mag. Es sei allerdings auch darauf hingewiesen, daß der knappe zur Verfügung stehende Raum Vereinfachungen oder gar Auslassungen nötig machte. Bei vielen Problemen gab es für die Darstellung nur die Möglichkeit, einen einzigen Satz zu schreiben, da der Platz für eine längere Darstellung, die alle Details erläutert hätte, nicht gegeben war und ein Mittelweg nur Anlaß zu Mißverständnissen geboten hätte. Im Zweifelsfalle erschien die didaktische Aufgabe, eine überschaubare erste Orientierung zu liefern, wichtiger als die wissenschaftliche Differenzierung. Dabei wurde versucht, trotz der unvermeidbaren Verkürzungen die behandelten Themen so zu präsentieren, daß dem Leser die Unabgeschlossenheit der Ergebnisse deutlich und er selbst zur weiteren Beschäftigung mit ihnen angeregt wird. Insgesamt kam es den Verf. schließlich darauf an, die historischen Dimensionen des Faches klar erkennbar werden zu lassen.

Der Einführung ist zu Beginn eine durchnumerierte Auswahlbibliographie beigegeben, die die wichtigsten Titel enthält, welche die Verf. bei ihrer Arbeit konsultiert haben. Diese Bibliographie erhebt keinen Anspruch auf Vollständigkeit. Ausgewählt wurden insbesondere Standardwerke und Fachliteratur jüngeren Datums, aber auch wohlfeile Arbeitsmittel, die der Student für seine Handbibliothek erwerben kann.

Am Schluß eines jeden Kapitels findet sich eine Kurzbibliographie, die dem Benutzer eine Vertiefung des Stoffkreises ermöglichen soll. Aus Raumersparnis folgen auf den Autorennamen nur noch die Titelnummer, die auf die Auswahlbibliographie (S. XIII ff.) verweist, sowie ggf. die Seitenzahlen zur behandelten Thematik.

Es versteht sich von selbst, daß jeder der Verf. für seine Kapitel verantwortlich zeichnet, wobei ein generelles Einverständnis über Konzeption und Umfang dieser Einführung durch die gemeinsame Lehrtätigkeit und zahlreiche Diskussionen im Verlauf des Entstehens dieses Bandes gegeben ist. Dies schließt jedoch nicht aus, daß jeder der Verf. andere Schwerpunkte setzt. Querverweise in den einzelnen Kapiteln sollen deutlich machen, daß diese nicht isoliert nebeneinander stehen, sondern daß der Gliederung des Stoffs in acht Kapitel eine inhaltliche Entwicklung der Thematik entspricht.

Die Kapitel I–IV wurden verfaßt von Frank-Rutger Hausmann (Freiburg), die Kapitel V–VII von Christoph Miething (Münster) und Kapitel VIII von Jürgen Grimm (Münster).

Freiburg und Münster, im Frühjahr 1976

Verzeichnis der Abkürzungen

adj.	Adjektiv
afr.	altfranzösisch
apr.	altprovenzalisch
ca.	circa
d. Lbv.	der Landesbevölkerung
Dpt.	Département
fr.	französisch
Franz.	das Französische
gr.röm.	griechisch-römisch
hs.	handschriftlich
Hs.	Handschrift
Hss	Handschriften
it.	italienisch
Jh.	Jahrhundert
lat.	lateinisch
Lat.	das Lateinische
lit.	literarisch
Lit.	Literatur
lit.wiss.	literaturwissenschaftlich
Lit.wiss.	Literaturwissenschaft
ma.	mittelalterlich
MA	Mittelalter
meth.	methodisch
Mill.	Millionen
nat.wiss.	naturwissenschaftlich
Nat.wiss.	Naturwissenschaft
pr.	provenzalisch
Prov.	das Provenzalische
psa.	psychoanalytisch
Psa.	Psychoanalyse
röm.	römisch
rom.	romanisch
Rom.	das Romanische
strukt.	strukturalistisch
Strukt.	Strukturalismus
subst.	Substantiv
univ.	universitär
wiss.	wissenschaftlich
Wiss.	Wissenschaft

1 *L. Arbusow:* Colores rhetorici. Eine Auswahl rhetorischer Figuren und Gemeinplätze als Hilfsmittel für akademische Übungen an mittelalterlichen Texten, hg. von H. Peter. Göttingen [2]1963.
2 *H. L. Arnold* und *V. Sinemus* (Hg.): Grundzüge der Literatur- und Sprachwissenschaft. Bd. 1: Literaturwissenschaft (= dtv/ WR 4226). München 1973.
3 *B. Asmuth* und *L. Berg-Ehlers:* Stilistik (=Grundstudium Literaturwissenschaft. Hochschuldidaktische Arbeitsmaterialien 5). Düsseldorf 1974.
4 *E. Auerbach:* Introduction aux études de philologie romane. Frankfurt a. M. 1949; [3]1965.
5 *Ders.:* Philologie der Weltliteratur. In: Gesammelte Aufsätze zur romanischen Philologie. Bern-München 1967, S. 301–310.
6 *D'Arco S. Avalle:* Introduzione alla critica del testo (=Corsi universitari). Turin 1970.
7 *W. Bahner* und *W. Schröder:* Literatur und revolutionäres Bewußtsein in der fr. Aufklärung. In: Weimarer Beiträge 16 (1970, H. 5), S. 58–91.
8 *F. Baldensperger:* La critique et l'histoire littéraires en France au 19e et au début du 20e siècles. New York 1945.
8a *J. Bark* (Hg.), Literatursoziologie, 2. Bde., Stuttgart, Berlin, Köln, Mainz 1974; Bd. I: Begriff und Methode; Bd. II: Beiträge zur Praxis.
9 *I. Behrens:* Die Lehre von der Einteilung der Dichtkunst vornehmlich vom 16. bis 19. Jh. Studien zur Geschichte der poetischen Gattungen (= Beihefte zur Zeitschrift f. rom. Philologie 92). Halle 1940.
10 *P. Bénichou:* Le Sacré de l'écrivain [1750–1830]. Essai sur l' avènement d'un pouvoir spirituel laïque dans la France moderne. Paris 1973.
11 *A. Binder:* Einführung in Techniken lit.wiss. Arbeiten (= Skripten Lit.wiss. 8). Kronberg i. Ts. 1974.
12 *A. Boeckh:* Enzyklopädie und Methodenlehre der philologisen Wissenschaften, hg. von E. Bratuschek. 1. Hauptteil: Formale Theorie der philologischen Wissenschaft 1886. 2. Aufl., bes. von R. Klussmann, Darmstadt 1966.
13 O. *F. Bollnow:* Die Methode der Geisteswissenschaften. Mainz 1950.
14 *Ders.:* Philosophie der Erkenntnis. Stutgart 1970.
15 *E. Bouvier* und *P. Jourda:* Guide de l'étudiant en littérature française (= PUF). Paris [6]1968.
16 *I. Braak:* Poetik in Stichworten. Lit.wiss. Grundbegriffe. Eine Einführung (= Hirt's Stichwörterbücher). Kiel [4]1972

17 *R. Breuer* und *R. Schöwerling:* Das Studium der Anglistik. Technik und Inhalte (= Beck'sche Elementarbücher). München 1974.

18 *P. Bürger:* Theorie der Avantgarde (= Ed. Suhrkamp 727). Frankfurt a. M. 1974.

19 *F. Brunetière:* L'Evolution des genres dans l'histoire de la littérature. Paris 1890.

20 *J.-C. Carloni* und *J.-C. Filloux:* La Critique littéraire (= Coll. Que sais-je? 664). Paris 1955; ^{6}1969.

21 *J.-L. Chalumeau:* La Pensée en France de Sartre à Foucault (= Coll. »Où en est la France?«). Paris 1974.

22 Les Chemins actuels de la critique. Colloque de Cerisy (= Coll. 10/18, 389). Paris 1968.

23 *A. Clancier:* Psychanalyse et critique littéraire. Paris 1973.

24 *P. Collomp:* La Critique des textes (= Publ. de la Faculté des Lettres de l'Université de Strasbourg. Initiation Méthode 6). Paris 1931.

25 *K. O. Conrady:* Einführung in die Neuere deutsche Lit.wiss. Mit Beiträgen von *H. Rüdiger* und *P. Szondi* und Textbeispielen zur Geschichte der deutschen Philologie (= rde 252/253). Reinbek b. Hamburg 1966.

26 *G. Contini:* Rapporti fra la filologia (come critica testuale) e la linguistica romanza. In: Actele celui de-al XII-lea Congres International de linguistica si Filologie Romanică I. Bukarest 1970, S. 47–65.

27 *C. Cristin:* Aux Origines de l'histoire littéraire. Grenoble 1973.

28 *B. Croce:* Estetica come scienza dell'espressione e linguistica generale. Teoria e storia. Bari ^{6}1928.

29 *E. R. Curtius:* Europäische Literatur und lat. Mittelalter. Bern-München 1948; ^{7}1969.

30 *Ders.:* Die Lehre von den drei Stilen in Altertum und Mittelalter (zu Auerbachs *Mimesis*). In: RF 64 (1952), S. 57–70.

31 *F. Deloffre:* Le Vers français. Paris ^{2}1973.

32 O. *Deutschmann:* Lateinisch und Romanisch. Versuch eines Überblicks (= Hueber Hochschulreihe 6). München 1971.

33 *W. Dilthey:* Studien zur Grundlegung der Geisteswissenschaften: Der Aufbau der geschichtlichen Welt in den Geisteswissenschaften. In: Gesammelte Schriften VII. Stuttgart ^{5}1968.

34 *S. Doubrovsky:* Pourquoi la Nouvelle Critique; Critique et objectivité. Paris 1966.

35 Einführung in das Studium der englischen Lit. Von *A. Löffler, D. Petzold, J.-Chr. Rojahn, U. Schneider* und *E. Späth* (Hg.) [= UTB 382]. Heidelberg 1974.

36 Einführung in das Studium der Literaturwissenschaft. Modelle der Praxis. Hg. von *H. Müller-Solger.* Tübingen 1972.

37 *W. Th. Elwert:* Französische Metrik. München 1961; ^{3}1970.

38 Encyclopédie de la Pléiade. Histoire des Littératures. Bd. III:

Littératures françaises, connexes et marginales. Hg. von *R. Queneau*. Paris 1958.
39 *W. Engler:* Lexikon der französischen Literatur (= Kröners Taschenbuchausgabe 388). Stuttgart 1974.
40 *N. E. Enkvist; J. Spencer* und *M. Gregory* (Hg.): Linguistik und Stil. Heidelberg 1972.
41 *R. Escarpit:* La Définition du terme ›Littérature‹. Projet d'article pour un dictionnaire international des termes littéraires. In: Actes du IIIe Congrès de l'Association Internationale de Littérature Comparée. 's-Gravenhage 1962, S. 77–89.
42 *R. Fayolle:* La Critique (= Coll. U.). Paris 1964.
43 *J. Felixberger* u. *H. Berschin:* Einführung in die Sprachwissenschaft für Romanisten (= Hueber Hochschulreihe 26). München 1974.
44 Das Fischer-Lexikon Literatur. Bd. I, II,1 u. 2, hg. von *H.-W. Friedrich* u. *W. Killy* (= FL 34; 35,1 u. 2). Frankfurt a.M. 1964–65.
45 *H. Flasche:* Französische Literaturkritik. In: GRM, N.F.2 (1951/52), S. 132–150.
46 *P. Fontanier:* Les Figures du discours. Introduction par *G. Genette*. Paris 1968.
47 *J. Fourquet:* Le Paradoxe de Bédier (= Mélanges II. »Etudes littéraires«, Publications de la Faculté des Lettres de l'Université de Strasbourg). Paris 1945, S. 1–16.
48 *H. Friedrich:* Dichtung und die Methoden ihrer Deutung. In: Die Albert-Ludwigs-Universität Freiburg 1457–1957. Die Festvorträge bei der Jubiläumsfeier. Freiburg 1958; jetzt auch in: *K. Wais* (Hg.): Interpretationen französischer Gedichte (= Ars interpretandi 3). Darmstadt 1970, S. 21–37.
49 *Dom J. Froger:* La Critique des textes et son automatisation (= Initiation aux Nouveautés de la Science 7). Paris 1968.
50 *M. Fubini:* Entstehung und Geschichte der lit. Gattungen (= Konzepte der Sprach- und Lit.wiss. 7). Tübingen 1971.
51 *H.G. Gadamer:* Wahrheit und Methode. Grundzüge einer philosophischen Hermeneutik. Tübingen 1960; ³1972.
52 *Ders.* (Hg.): Hermeneutik und Ideologiekritik. Frankfurt a. M. 1971.
53 *H. Geiger; A. Klein* und *J. Vogt* (Hg.): Literatur und Lit.wiss. Materialien zur Einführung (=Grundstudium Lit.wiss. Hochschuldidaktische Arbeitsmaterialien 1). Düsseldorf 1973.
53a *G. Genette:* Figures, Paris 1966.
54 Germanistikstudium. Einführung in das Studium der Literaturwissenschaft. Unter Mitwirkung von *H.-G. Claßen, G. Jörgenshaus* und *D. F. Neufert* hg. von *G. Cepl-Kaufmann* und *W. Hartkopf* (= Texte Metzler 15). Stuttgart.
55 Gesellschaft, Literatur, Lesen. Literaturrezeption in theoretischer Sicht. Von *M. Naumann* (Leitung u. Gesamtredaktion),

D. Schlenstedt und *K. Barck, D. Klicke, R. Lenzer.* Berlin u. Weimar 1973.
56 *G. Gröber* (Hg.): Grundriß der Romanischen Philologie. Bd. I. Straßburg 1888.
57 Ein anglistischer Grundkurs zur Einführung in das Studium der Literaturwissenschaft. In Zusammenarbeit mit *U. Broich, W. A. Koch, E. Mertner, E. Standop* und *U. Suerbaum* hg. von *B. Fabian* (= Schwerpunkte Anglistik 5). Frankfurt a.M. 1971.
58 *P. Guiraud:* La Stylistique (= Coll. Que sais-je ?646). Paris [5]1967.
59 *Ders.:* La Versification (= Coll. Que sais-je ?1377). Paris 1973.
60 *H. Haarmann:* Soziologie und Politik der Sprachen Europas (= dtv, WR 4161). München 1975.
61 *J. Habermas:* Strukturwandel der Öffentlichkeit. Untersuchungen zu einer Kategorie der bürgerlichen Gesellschaft (= Politica 4). Neuwied-Berlin 1962; [4]1969.
62 *Ders.:* Erkenntnis und Interesse. Mit einem Nachwort (= suhrkamp taschenbuch wissenschaft 1). Frankfurt a. M. 1968.
63 *K. Hamburger:* Die Logik der Dichtung. Stuttgart 1957; [2]1968.
64 *D. Harth* (Hg.): Propädeutik der Lit.wiss. (= UTB 205). München 1973.
65 *H. Hatzfeld:* A Critical Bibliography of the New Stylistics Applied to the Romance Literatures 1900–1952 (= Studies in Comparative Literature). Chapel Hill 1953.
66 *A. Hauser:* Sozialgeschichte der Kunst und Literatur. München 1953.
67 *Ders.:* Methoden moderner Kunstbetrachtung. München 1958; [2]1974.
68 *M. Heidegger:* Sein und Zeit. Tübingen 1926; 1963.
69 *K. W. Hempfer:* Gattungstheorie (=UTB 133). München 1973.
70 *J. Hermand:* Synthetisches Interpretieren. Zur Methodik der Lit.wiss. München [3]1971.
71 *R. Hess; M. Frauenrath* und *G. Siebenmann:* Literaturwiss. Wörterbuch für Romanisten (= Schwerpunkte Romanistik 8). Frankfurt a. M. 1971.
72 *R. Hess:* Erkenntnis und Methode in der Lit.wiss. In: GRM, N. F. 22 (1972), S. 419–432.
73 *E. D. Hirsch:* Prinzipien der Interpretation (= UTB 104). München 1972.
74 *R. Ingarden:* Das lit. Kunstwerk. Tübingen [2]1960.
75 *Ders.:* Vom Erkennen des lit. Kunstwerks. Tübingen 1968.
76 *F. Ph. Ingold:* Literaturwissenschaft und Literaturkritik im 20. Jh. (= Ed. Materialien 1). Bern 1970.
77 *W. Iser:* Die Appellstruktur der Texte. Unbestimmtheit als Wirkungsbedingung lit. Prosa (=Konstanzer Universitätsreden 28). Konstanz 1970.
78 *H. R. Jauß:* Literaturgeschichte als Provokation (= edition suhrkamp 418). Frankfurt a. M. 1970; [3]1973.

79 *Ders.:* Paradigmawechsel in der Lit.wiss. In: *V. Žmegač* (Hg.): Methoden der dt. Lit.wiss. (= FAT 2001). Frankfurt a. M. ²1972.
80 *Ders.:* Theorie der Gattungen und Literatur des Mittelalters. In: Grundriß der rom. Literaturen des Mittelalters, hg. von *H. R. Jauß* und *E. Köhler*. Heidelberg 1968 ff., hier Bd. I (1973), S. 107–138.
81 *W. Jens:* Rhetorik. In: Reallexikon der deutschen Literaturgeschichte. Begründet von *P. Merker* und *W. Stammler*. 2. Aufl. hg. von *W. Kohlschmidt* und *W. Mohr*. Berlin 1958 ff., hier Bd. III (²1971), S. 432–450.
82 *R. E. Jones:* Panorama de la Nouvelle Critique en France de G. Bachelard à J. P. Weber. Paris 1968.
83 *W. Kayser:* Das sprachliche Kunstwerk. Eine Einführung in die Lit.wiss. Bern und München 1948; ¹³1968.
84 *E. J. Kenny:* The Classical Text. Aspects of Editing in the Age of the Printed Book. Berkeley–Los Angeles–London 1974.
85 *W. Kesselring:* Grundlagen der fr. Sprachgeschichte VII: Die fr. Sprache im Mittelalter – von den Anfängen bis 1300 (= Tübinger Beiträge zur Linguistik 30). Tübingen 1973.
86 *D. Kimpel* und *D. Pinkerneil:* Methodische Praxis der Lit.wiss. Modelle der Interpretation. Kronberg i. T. 1975.
87 *V. Klotz:* Geschlossene und offene Form im Drama (= Literatur als Kunst. Eine Schriftenreihe). München 1969; ⁶1972.
88 *E. Köhler:* Einige Thesen zur Literatursoziologie. In: GRM, N. F. 24 (1974), S. 257–264.
89 *W. Krauss:* Essays zur fr. Literatur. Berlin–Weimar 1968.
90 *Ders.:* Grundprobleme der Lit.wiss. Zur Interpretation lit. Werke. Mit einem Textanhang (= rde 290–291). Reinbek b. Hamburg 1968.
91 *Ders.:* Was ist Literatur? In: Werk und Wort. Aufsätze zur Lit.wiss. und Wortgeschichte. Berlin–Weimar 1972, S. 38–60.
92 *E. Lämmert:* Bauformen des Erzählens. Stuttgart 1955; ⁶1975
93 *W. D. Lange* (Hg.): Französische Literaturkritik der Gegenwart in Einzeldarstellungen. Stuttgart 1975.
94 *H. Lausberg:* Handbuch der lit. Rhetorik. Eine Grundlegung der Lit.wiss. 2 Bde. München 1960.
95 *J. Le Goff* und *P. Nora:* Faire de l'histoire. 3 Bde. Paris 1974.
96 *E. Leibfried:* Kritische Wissenschaft vom Text. Manipulation, Reflexion, transparente Poetologie. Stuttgart 1970; ²1972.
97 *H. Lüdtke:* Geschichte des rom. Wortschatzes. Bd. I: Wandlungen innerhalb der Romania von der Antike bis zur Gegenwart. Bd. II: Ausstrahlungsphänomene und Interferenzen (= Rombach Hochschul-Paperback). Freiburg i. Br. 1968.
98 *P. Maas:* Textkritik. Leipzig ⁴1960.
99 *L.-N. Malclès:* Les sources du travail bibliographique. Bd. I: Bibliographies générales (1950). Bd. II, 1 u. 2: Bibliographies spécialisées (Sciences humaines) (1952). Genève-Lille 1950 ff.

100 *M. Maren-Grisebach:* Methoden der Lit.wiss. (= UTB 121). Bern–München 1970; ³1973.
101 *R. Marichal:* La critique des textes. In: L'Histoire et ses méthodes. Encyclopédie de la Pléiade, hg. von *Ch. Samaran.* Paris 1961, S. 1247–1366.
102 *G. Martens* und *H. Zeller* (Hg.): Texte und Varianten. Probleme ihrer Edition und Interpretation. München 1971.
103 *H. Mayer* (Hg.): Kritiker unserer Zeit. Texte und Dokumente. 2 Bde. Pfullingen 1964 ff.
104 *J. Mazaleyrat:* Eléments de métrique française (= Coll. U 2). Paris 1974.
105 *N. Mecklenburg:* Kritisches Interpretieren. Untersuchungen zur Theorie der Literaturkritik. München 1972.
106 *Ders.* und *H. Müller:* Erkenntnisinteresse und Lit.wiss. Stuttgart–Berlin–Köln–Mainz 1974.
107 Methodendiskussion; Arbeitsbuch zur Lit.wiss., hg. von *J. Hauff, A. Heller, B. Hüppauf, L. Köhn, K. P. Philippi* (= FAT 2003/04). 2 Bde. Frankfurt a. M. ²1972.
108 *P. Moreau:* La critique littéraire en France. Paris 1960.
109 *G. Müller-Schwefe:* Einführung in das Studium der Englischen Philologie. Mit Auswahlbibliographie. Tübingen 1962; ²1968.
110 *E. Norden:* Die antike Kunstprosa. Vom VI. Jh. v. Chr. bis in die Zeit der Renaissance. 2 Bde. Darmstadt ⁵1958.
111 *G. Pasternack:* Theoriebildung in der Lit.wiss. (= UTB 426). München 1975.
112 *J. Petersen:* Die Wissenschaft von der Dichtung. System und Methodenlehre der Lit.wiss. Bd. I: Werk und Dichter. Berlin 1939; ²1944.
113 *W. Pötters* und *A. Alsdorf-Bollée:* Sprachwiss. Grundkurs für Studienanfänger Französisch. Materialien zur Einführung in die fr. Sprachwissenschaft (= Tübinger Beiträge zur Linguistik). Tübingen 1974.
114 *L. Pollmann:* Literaturwissenschaft und Methode (= FAT 2007). Frankfurt a. M. 1971; ²1973.
115 *G. Poulet:* La concscience critique. Paris 1971.
116 *H. Praschek:* Die Technifizierung der Edition – Möglichkeiten und Grenzen. In: Mathematik und Dichtung. Versuche zur Frage einer exakten Lit.wiss. Zusammen mit *R. Gunzenhäuser* hg. von *H. Kreuzer.* München 1965, S. 123–142.
117 *G. Rohlfs:* Einführung in das Studium der rom. Philologie. Allgemeine Romanistik, Französische und Provenzalische Philologie. Heidelber ²1966.
118 *R. Rohr:* Einführung in das Studium der Romanistik. Berlin 1964.
119 *P. Ronge:* Studienbibliographie Französisch. Beiträge zur bibliographischen Erschließung der fr. Philologie (= Schwerpunkte Romanistik 5). 2 Bde. Frankfurt a. M. 1971.

120 *E. Rothacker:* Logik und Systematik der Geisteswissenschaften. München–Berlin 1927; [2]1947.
121 *G. Rudler:* Les Techniques de la critique et de l'histoire littéraires en littérature française moderne. Oxford 1923.
122 *J.-P. Sartre:* Qu'est-ce que la littérature? (= Coll. Idées 58). Paris 1948; 1964.
123 *H. Schlüter:* Grundkurs der Rhetorik. Mit einer Textsammlung (= dtv, WR 4149). München 1974.
124 *H. W. Seiffert:* Untersuchungen zur Methode der Herausgabe deutscher Texte (= Deutsche Akademie der Wiss. zu Berlin. Veröffentl. d. Instituts f. Deutsche Sprache und Literatur 28). Berlin 1963.
125 *J. Senger:* L'Art oratoire (= Coll. Que sais-je? 544). Paris [4]1967.
126 *G. Siebenmann:* Über das problematische Verhältnis von Literatur und Wissenschaft. In: GRM, N. F. 20 (1970), S. 121–145.
127 *J. K. Simon* (Hg.): Modern French Criticism. From Proust and Valéry to Structuralism. Chicago–London 1972.
128 *L. Spitzer:* Interpretationen zur Geschichte der fr. Lyrik, hg. von *H. Jauss-Meyer* und *P. Schunk.* Heidelberg 1961.
129 *Ders.:* Linguistics and Literary History. Essays in Stylistics. Princeton N. J. 1948.
130 *E. Staiger:* Grundbegriffe der Poetik. München 1946; jetzt dtv, WR 4090, München 1971.
131 *Ders.:* Die Kunst der Interpretation. Studien zur dt. Literaturgeschichte. München 1955; jetzt dtv, WR 4078, München 1971.
132 *E. Standop:* Die Form der wiss. Arbeit. Dortmund [3]1965.
133 *F. K. Stanzel:* Typische Formen des Romans (= VR Kleine Vandenhoeck-Reihe). Göttingen 1964; [7]1974.
134 *W. Stegmüller:* Glauben, Wissen und Erkennen (1956). Das Universalienproblem einst und jetzt (1956 u. 1957) [= Libelli XCIV]. Darmstadt [3]1974.
135 *D. Steinbach:* Die historisch-kritische Sozialtheorie der Literatur. Stuttgart 1973.
136 *J. Striedter* und *W. D. Stempel* (Hg.): Texte der modernen Formalisten. 2 Bde. München 1969–72.
137 *P. Szondi:* Hölderlin-Studien. Mit einem Traktat über philologische Erkenntnis. Frankfurt a. M. [2]1970.
138 *Ders.:* Einführung in die lit. Hermeneutik (= stw 124). Frankfurt a. M. 1975.
139 *C. Tagliavini:* Einführung in die rom. Philologie. Aus dem Ital. übertragen von *R. Meisterfeld,* und *U. Petersen.* München 1973.
140 *A. Thibaudet:* Physiologie de la critique. Paris 1930.
141 *T. Todorov:* Les Etudes du style. Bibliographie sélective. In: Poétique 1 (1970), S. 224–232.
142 *L. Truffaut, G. Haensch* und *E. Steiner:* Ce qu'il faut savoir sur la Civilisation Française. München 1962; [3]1968.

143 *A. Viatte:* La Francophonie (= La langue vivante). Paris 1969.
144 *B. E. Vidos:* Handbuch der rom. Sprachwissenschaft. München 1968.
145 *E. Walberg:* Prinzipien und Methoden für die Herausgabe alter Texte nach verschiedenen Handschriften. In: ZrPh 51 (1931), S. 665–678.
146 *M. Wehrli:* Allgemeine Literaturwissenschaft (= Wiss. Forschungsberichte. Geisteswiss. Reihe 3). Bern und München 1951; ^{2}1965.
147 *R. Weimann:* Literaturgeschichte und Mythologie. Methodologische und historische Studien. Berlin–Weimar ^{3}1974.
148 *Ders., Lehmann, C., Walter, M.* und *Militz, H.:* Tradition in der Literaturgeschichte. Literatur und Gesellschaft. Berlin-O. 1973.
149 *R. Wellek* und *A. Warren:* Theorie der Literatur. Bad Homburg v. d. H. 1959.
150 *R. Wellek:* Grundbegriffe der Literaturkritik. Stuttgart–Berlin–Köln–Mainz 1965.
151 *Ders.:* A History of Modern Criticism: 1750–1950. 4 Bde. New Haven–London 1955–65. Dt. 1959.
152 *F. Whitehead* und *C. E. Pickford:* The Introduction to the »Lai de l'Ombre« Sixty Years Later. In: Romania 94 (1973), S. 145–156.
153 *G. v. Wilpert:* Sachwörterbuch der Literatur (= Kröners Taschenbuchausgabe 231). Stuttgart 1955; ^{5}1969.
154 *K. Zelewitz:* Einführung in das lit.wiss. Arbeiten, unter Mitarbeit von *H. Stockinger* und *W. Wieden* (= Kohlhammer Urban-Taschenbücher). Stuttgart–Berlin–Köln–Mainz 1974.
155 *V. Žmegač* (Hg.): Methoden der dt. Literaturwissenschaft (= FAT 2001). Frankfurt a. M. ^{2}1972.
156 *Ders.* und *Z. Škreb* (Hg.): Zur Kritik lit.wiss. Methodologie (= FAT 2026). Frankfurt a. M. 1973.
157 *G. A. Zischka:* Index Lexicorum. Bibliographie der lexikalischen Nachschlagwerke. Wien 1959.

I. Literaturbegriff und Literaturwissenschaft

A. Der Literaturbegriff

1. Terminologische Schwierigkeiten. Es gibt keine eindeutige allgemeinverständliche Definition des Begriffs ›Literatur‹. Die vorhandenen Definitionsversuche bestimmen allenfalls, was Lit. nicht ist, oder sie versuchen nur zu erklären, wie sie entsteht (z. B. Werner Krauss: National-, Klassencharakter) bzw. wie sie sein soll (z. B. J. P. Sartre: ›littérature engagée‹). Dies hat dazu geführt, daß wir einer Fülle von Begriffsbestimmungen gegenüberstehen, die sich oftmals widersprechen. Die Gründe dafür sind mannigfaltig. Schon das Wort Lit. selber ist im Deutschen nicht eindeutig, meint es doch, insbesondere bei wiss. Arbeiten, Sekundär- oder spezifische Fachlit. – man denke an das sog. ›Literaturverzeichnis‹ bei wiss. Publikationen –, womit andererseits der Begriff der ›Schönen Lit.‹ (auch: ›Dichtung‹ oder ›lit. Kunstwerk‹) konkurriert. Auch im Franz. und den übrigen rom. Sprachen versteht man unter ›littérature‹ und seinen rom. Ableitungen ganz allgemein die Sache selber, das schriftlich fixierte Werk, weiterhin auch die Beschäftigung damit oder die Erforschung desselben. Hinzu kommt, daß gerade der zweiten Bedeutung ›Dichtung‹ ein stark subjektives Moment innewohnt, da die Wirkung eines Werkes und seine Rezeption sich oft nicht auf rationale Weise erklären lassen und von verschiedenen soziokulturellen Determinanten abhängen. Wie später noch zu zeigen sein wird, hängt dies auch mit der Entstehung der Lit.wiss. als einer Geisteswiss. in Abgrenzung gegen die Naturwissenschaften im späten 19. Jh. zusammen, als die Geisteswissenschaften für sich das intensive Verstehen akausaler, gesetzfreier Zusammenhänge reservierten und die Lit.wiss. die ›Schöne Literatur‹, die nach ästhetischen Grundwerten bestimmt wurde, für ihre Domäne erklärte, den Naturwissenschaften hingegen die Anwendung rationaler Methoden und die Untersuchung kausaler, gesetzmäßiger Zusammenhänge übertragen wurde. Damit wurde aber auch ein unumgrenzter Literaturbegriff aufgegeben, wie ihn z. B. die klassische Antike gekannt hatte, für die die Erfordernisse des öffentlichen Lebens, der Zeitgeist, bestimmten, was als lit. zu gelten hatte, oder das MA, für das die christliche Heilslehre den Kosmos der Lit. definierte. Zwar war auch ein solcher

Literaturbegriff stark wertungsbezogen, jedoch nicht in dem Maße wie die Beschränkung des Literaturbegriffs allein auf die ›Schöne Literatur‹. – Es kann im folgenden deshalb nicht darum gehen, eine abschließende Lösung zu bieten, sondern das Gemeinsame der bisher vorliegenden Definitionen deutlich zu machen bzw. auf besonders fruchtbare Eingrenzungsversuche hinzuweisen.

2. Der extensive Literaturbegriff. Es besteht allgemein Einigkeit darüber, zwischen einem *extensiven* und einem *intensiven* Literaturbegriff zu unterscheiden. Der extensive Begriff umfaßt alle schriftlichen Äußerungen einer Epoche (einschließlich aller Randerscheinungen wie Rechnungen, Herrscherlisten, astronomische Kalender usw.), der intensive nur die lit. relevanten Produktionen. Insbesondere für archaische Kulturkreise wird der extensive Begriff zugrunde gelegt, da es hier überhaupt wenig schriftliche Zeugnisse gibt.

In jüngerer Zeit verwenden vor allem die Informationstheorie und die Linguistik einen ähnlich weitgespannten Begriff, sprechen jedoch nicht von Lit., Dichtung oder lit. Gattungen, in denen sich Lit. im Normalfall realisiert, sondern ganz allgemein von ›Text‹, der alle schriftlich fixierte Sprache umfaßt, wobei sich die einzelnen ›Textsorten‹ durch die Art ihrer Zielrichtung und einen unterschiedlichen Grad von darin enthaltener Information unterscheiden. Eine derartige Betrachtungsweise wird jedoch kaum der Autonomie ästhetischer Texte, nicht einmal immer ihrer objektiven Bedeutung, gerecht.

Vertreter der Rezeptionsästhetik legen einen ähnlich weitgespannten Textbegriff zugrunde und benutzen ihn für die Ablösung der herkömmlichen Gattungstrias Dramatik, Epik, Lyrik (s. Kap. V, S. 56 ff.). Sie wollen Gattungen nicht mehr vom kanonischen Einzelwerk oder Einzeltheoretiker her bestimmen, sondern jede Textsorte neu klassifizieren und gleichartige Textsorten zu Einzelgattungen zusammenfassen, die einen stets evolutionierenden Gattungsverband bilden. Dieser Ansatz erweist sich in manchem als vielversprechend, unterliegt jedoch gewissen Einschränkungen (s. u.). Immerhin hat diese Öffnung des Literaturbegriffs dazu geführt, daß sich der Lehrbetrieb an Schulen und Universitäten nicht mehr ausschließlich mit Dichtung beschäftigt, sondern, was im angelsächsischen Raum und z. T. auch im rom. Ausland schon immer in höherem Maße der Fall war, zumindest die stilistisch anspruchsvolle wiss. Fachprosa und Essayistik, bisweilen auch die Triviallit. und Gebrauchstexte, mit einbezieht. Dies stößt aber seit jeher bei zahlreichen Literaturwissenschaftlern auf heftigen Widerstand, die nur die Lit. im engeren Sinn, die Dichtung, zum eigentlichen Betätigungsfeld des Literaturwissenschaftlers erklären wollen. Dies geht letztlich auf die phänomenologische Theorie Roman Ingardens zurück, der für lit. Werke einen vierschichtigen Aufbau (sprachliche Lautgebilde, Bedeutungseinheiten, dargestellte Gegenständlichkeiten, schematisierte Ansichten) postuliert. Erst die ›polyphone Harmonie‹ aller Schichten mache ein lit. Werk zu einem Kunstwerk. Dies bedeutet nichts anderes, als daß der Dichtung im engeren und der Lit. im weiteren Sinn verschiedene Gegenstandsbereiche zugewiesen werden, was aber problematisch ist, da ästhetische Texte keinesfalls eine Wirklichkeit *sui generis* stiften. Zahlreiche Literaturwissenschaftler stehen im Bann dieser phänomenologischen Theorien (z. B. W. Kayser, R. Wellek u. a.), wobei aber auch noch die von Benedetto Croce in seiner »Estetica come scienza dell'espressione e linguistica generale« unter dem Einfluß der Hegelschen »Ästhetik« vorgenommene Scheidung in phantasiegeborene künstlerische Poesie und intellektgeborene logische Nichtpoesie nachwirkt. So scheiden Warren Wellek streng zwischen Lit. einerseits und Kulturgeschichte andererseits, wozu sie Rhetorik, Philosophie, politische Publizistik usw. rechnen. »Wir [denken] bei Homer, Dante, Shakespeare, Balzac, Keats eher an Literatur als bei Cicero oder Montaigne, Bossuet oder Emerson« (Nr. 149, S. 26). Beide wollen zwar nicht werten, aber »die Gleichsetzung der Literatur mit der Kulturgeschichte bedeutet eine Verleugnung des Eigenbereiches und der spezifischen Methoden der Literaturwissenschaft« (ibid., S. 20).

3. Der intensive Literaturbegriff. Konsequenterweise ist die Bestimmung der Lit. im engeren Sinn, wobei stets mitzudenken ist, daß sie den Literaturwissenschaftler ausschließlich zu interessieren habe, stark restriktiv. Es gibt hierbei zwei Ansatzpunkte der Eingrenzung, einen *inhaltlichen* und einen *formalen*, die meist miteinander kombiniert werden, wobei jedoch jeweils eine Seite stärker betont wird.

Inhaltliche Definitionsversuche. Inhaltliche Begriffsbestimmungen gehen davon aus, daß Dichtung auf eine Welt der Einbildung, der Illusion, Täuschung, Nachahmung, Fiktion oder wie man es auch immer ausdrücken will, Bezug nimmt und ihre Aussagen nicht wörtlich genommen werden dürfen, d. h. keine streng logischen Sätze darstellen. Man unterscheidet in diesem

Zusammenhang bisweilen zwischen *expositorischen* und *fiktionalen* Texten. Die ersten stellen einen oder mehrere Gegenstände vor oder machen sie mittelbar und durch den Leser/Hörer überprüfbar, da sie eine vom Text unabhängige Existenz besitzen. Fiktionale Texte konstituieren den Gegenstand erst, besitzen keine genaue Gegenstandsentsprechung in der realen Lebenswelt, sondern bringen ihre Gegenstände aus den dort vorfindbaren Elementen erst hervor, ohne aber Wirklichkeit abzubilden. Hier werden weder reale Dinge expliziert noch generiert, sondern es werden dem Leser Perspektiven und Einstellungen eröffnet, die u. U. von der Erfahrungswelt abweichen. Zur Fiktionalität gehört aber auch hinzu, daß der lit. Gegenstand nur mangelhaft bestimmbar ist, einen Auslegungsspielraum läßt (was ihn z. B. von Gesetzesnormen unterscheidet, die ja erst eine Realität schaffen oder herbeiführen wollen) und immer wieder neu verstanden werden kann, da das Formulierte die Intention des Textes nie ausschöpft und Wichtiges absichtlich ungesagt bleibt.

Rein sachbezogene Texte wie Fahrpläne, Speisekarten, Kochrezepte usf. sind leicht als expositorische Texte zu erkennen, ein Drama Racines, ein Roman Balzacs oder ein Gedicht Baudelaires als fiktionale; Schwierigkeiten bereiten alle solche Texte, die tatsächliche Ereignisse vermitteln wollen (z. B. Autobiographie, Memoiren, Lehrgedicht, Essay usf.), aber dennoch infolge ihrer künstlerischen Ausgestaltung einen Auslegungsspielraum lassen.

Formale Definitionsversuche. Eine mehr formale Eingrenzung versucht entweder, den lit. Sprachgebrauch von anderen Sprachverwendungen wie Wissenschaftssprache und Alltagssprache abzugrenzen (z. B. Warren-Wellek) oder postuliert (z. B. K. Hamburger), daß Dichtung mit anderer als real zweckhafter Zielsetzung entworfen wird und aus diesem Grund in bestimmter Weise dargestellt werden muß, mit anderen Worten sich Dichtungssprache immer dann einstellt, wenn jemand den Versuch unternimmt, Dichtung hervorzubringen, was konkret bedeutet, eine der drei Gattungen Dramatik, Epik oder Lyrik zu verfassen (s. Kap. V, S. 69 f.). Beide Unterscheidungen sind demnach stark gattungsbezogen, denn sie verbannen von vorneherein die mehr sachbezogenen Werke, die sich nicht in das triadische Gattungssystem einfügen lassen, aus dem inneren Kreis der Dichtung.

Andere Forscher, die vor allem Werke, bei denen die unmittelbaren Sachaussage im Vordergrund steht, zu der aber auch ein Selbstverweis der Sprache hinzutritt und die sich somit den gängigen Gattungsspezifika der ›Schönen Literatur‹ entziehen, in die lit.wiss. Betrachtung einbeziehen wollen, und zwar nicht nur als Randproblem ästhetischer Analyse, sondern als wesentlichen Bestandteil der Lit. im engeren Sinn, schlagen einen Kompromiß vor. Hier ist z. B. L. Pollmann zu nennen, der neben einem extensiven, uneigentlichen Literaturbegriff, unter den sich alles fixierte Wortwerk subsumieren läßt, von Lit. im eigentlichen und selbständigen Sinn des Wortes spricht, die in Lit., schöne Lit. und Dichtung zerfällt: alles drei Bereiche der Lit.wiss. Die Abgrenzung zwischen Lit. und schöner Lit. soll grundsätzlich sein, während Dichtung ein Idealfall von schöner Lit. ist. Sie erfolgt aber letztlich wieder mittels sprachlich-stilistischer und damit wertender Kriterien, denn die Sprache wird laut Pollmann als Eigenwert spürbar, gewinnt eine über die unmittelbare Sachdienlichkeit hinausliegende Aussagehaftigkeit eigener Art, verdichtet sich, und zwar in um so höherem Maße, je weiter man sich von der Lit. über die schöne Lit. zur Dichtung hin bewegt. Während hier das Problem der Abgrenzung der Dichtung zur Nichtdichtung nach wie vor ungelöst bleibt, wird immerhin alles, was nicht bloße Metalit., Lit. über irgendetwas, ist, zum Beschäftigungsgegenstand der Lit.wiss. erhoben.

Kombinierte Verfahrensweisen. Vertreter der Rezeptionsästhetik (z. B. W. Iser) umgehen das Wertungsproblem. Auch sie unterscheiden zwischen expositorischen und fiktionalen Texten und unterstreichen besonders den vom Autor gewollten Unbestimmtheitscharakter bei lit. Gegenständen. Diese enthalten ihrer Meinung nach Leerstellen, die durch Segmentierung, Suspens, Vielschichtigkeit usw. entstehen, und dem Leser einen Anteil am Mitvollzug des Werkes ermöglichen, der es damit selber teilweise konstituiert. Die Rezeptionsästhetik bedient sich damit eines kommunikationswissenschaftlichen Modells, das den Autor als Sender, den Rezipienten als Empfänger und das lit. Werk als Botschaft betrachtet. Bei diesem Modell verlagert sich das Interesse von den Bedingungen und Möglichkeiten der Entstehung lit. Werke auf deren Wirkung. Die Schwäche liegt darin, daß die Texte selber in den Hintergrund treten, daß ihnen zu wenig Autonomie eingeräumt wird und die Tatsache ihrer Rezeption überbetont wird, wobei die Erforschung der literaturpraktizierenden Gruppen noch völlig unzureichend ist. Die Geschichtsresistenz lit. Texte, die immer wieder neue Lesergenerationen zur Beschäftigung verlocken, wird allzu einseitig den Lesern/Hörern zugerechnet.

4. Zusammenfassung. So bleibt, will man bestimmen, was Lit. ist und damit den Gegenstand der Lit.wiss. ausmacht, nur die Möglichkeit einer Prioritätensetzung, wenn man sich nicht die simplistische Auffassung von Rainer Heß zu eigen machen will, »Literatur ist, was jeder einzelne dafür hält« (Nr. 71, S. 97–99). Wer sich mit Lit. beschäftigt, wird zur Kenntnis nehmen müssen, daß Wertmaßstäbe nicht zeitlos gültig und invariabel sind, sondern daß ihre Rangordnung interessenbestimmt und damit historischer Relativität unterworfen ist. Bestimmte lit. Werke sind jeweils für bestimmte Rezipientengruppen geschrieben worden, und davon hängen Inhalt und Ausformung dieser Werke wesentlich mit ab. Daher erklärt sich auch in unterschiedlichen Zeiten eine unterschiedliche Kanonisierung lit. Werke. Eine Hypostasierung des autonomen Wesens und Wertes der Kunst und damit verbunden eine Geringschätzung des Außerkünstlerischen ist letztlich wiss. nicht haltbar. Alles fixierte Wortwerk kann deshalb Gegenstand der Beschäftigung des Literaturwissenschaftlers sein. Die von ihm entwickelten Methoden müssen dazu taugen, alle diese Zeugnisse besser zu erkennen und zu verstehen. Gleichzeitig müssen sie aber auch Kategorien der Bewertung bereitstellen, wobei man sich darüber im klaren sein muß, daß diese Werturteile situationsgebunden und legitimerweise ständig in Umbildung begriffen sind.

B. Der Begriff ›Literaturwissenschaft‹

1. Der deutsche Begriff ›Literaturwissenschaft‹. Auf Grund der früher aufgezeigten Polyvalenz fiktionaler und damit lit. wiss. besonders relevanter Texte wird deutlich, daß zu deren Verständnis im Normalfall nicht die bloße Lektüre genügt, sondern daß sie gedeutet und analysiert werden müssen. Dies ist die Hauptaufgabe der Lit.wiss.: sie muß Mittel und Wege (›Methoden‹) für die Deutung lit. Werke bereitstellen. Sie umfaßt aber auch noch andere Aspekte, insbesondere philologischer Art wie Textsicherung (s. Kap. IV, S. 41 f.) oder sprachliche Erklärung (s. Kap. III, S. 34 f.). Das deutsche Wort Lit.wiss. deckt heute diese Vielzahl von Gesichtspunkten ab; ein Unterschied zwischen Lit.wiss., Literaturkritik, Literaturgeschichte und Philologie wird nicht mehr gemacht. Dies ist jedoch schon das Resultat eines wissenschaftsgeschichtlichen Nivellierungsprozesses, und die Lit.wiss. kann dabei ihre Ahnen, die Historie (Sammlung von Fakten; kritische Vergleichung und Einordnung), die Philologie (kritische Texterstellung und Textbehandlung) und die Philosophie (ästhetische Geschmacksbildung) nicht verleugnen. Es wird später noch zu zeigen sein, warum die Lit.wiss. einmal stärker zur Philologie und damit mehr zur Erforschung des Faktischen, ein andermal stärker zur Ästhetik, und damit mehr zur Analyse und Darstellung, tendiert.

Ein Ergebnis der politischen Verhältnisse zu Beginn des 19. Jhs. ist es, daß die Lit.wiss. in Deutschland und den europäischen Nachbarländern in Nationalwissenschaften zerfiel. Dem liegt die kollektivistische Auffassung der jüngeren Romantik vom Volksgeist zugrunde, die eine Gegenbewegung zur individualistischen Genie-Ästhetik des 18. Jhs. und der Frühromantik war, die das Erhabene und Schöne für das Werk weniger ausgezeichneter Geister erklärt hatte. Diese Auffassung vom Volksgeist konnte sich bruchlos mit dem erwachenden Nationalbewußtsein der Epoche nach den Befreiungskriegen verbinden. An der Bindung der Lit. an die Nation, bisweilen auch an die Sprache, hat sich bis heute wenig geändert, obwohl zahlreiche Wissenschaftler (in Deutschland besonders nachdrücklich E. R. Curtius) mit Recht darauf hingewiesen haben, daß die europäischen Literaturen zahlreiche Traditionsstränge gemeinsam haben und nur komparatistisch verstanden werden können (s. Kap. III, S. 35 f.), und die Fälle, in denen sich mehrere Nationen in eine Sprache teilen (s. Kap. II, S. 15 f.; weiterhin Belgien/Niederlande; BRD/DDR/Schweiz/Österreich; England Irland/USA/Kanada/Australien/Neuseeland usw.) zeigen, daß weder die Nation, die sich historisch wandelt, noch die Sprache, die vielen Nationen als Instrument dienen kann, die Lit. alleine zu konstituieren vermögen. In der Praxis setzen jedoch begrenzte Sprachkenntnisse und noch mehr ein eingeschränktes physisches Lesevermögen dem idealistischen Postulat einer komparatistischen Zusammenschau mehrerer Literaturen Grenzen, doch sollten allgemeine, mehrere Literaturen verbindende Gesichtspunkte nicht aus den Augen verloren werden.

2. *Die Stellung der ›Literaturwissenschaft‹ (histoire littéraire) in Frankreich.* Dieser bis hierher entwickelte globale Begriff von Lit.wiss. ist weitgehend auf den deutschsprachigen Raum beschränkt und muß in einer für deutsche Studenten geschriebenen Einführung auch im Vordergrund stehen. Es versteht sich aber von selber, daß in Frankreich – Analoges gilt für die übrigen rom. Länder – die Betrachtung der franz.Lit. als dortiger Nationallit. einen breiteren Raum an den Schulen

und Hochschulen und sogar in der Öffentlichkeit einnimmt als in Deutschland. Die dort gewonnenen wiss. Ergebnisse werden von deutschen Studenten und Hochschullehrern oft nur unzureichend zur Kenntnis genommen. Dies mag daran liegen, daß die deutsche Konzeption von Lit.wiss. in Frankreich und der übrigen Romania kein eigentliches Äquivalent hat. In Frankreich trennt man in ›histoire littéraire‹, die der deutschen Lit. wiss. noch am ehesten entspricht und sich nur mit Werken der Vergangenheit befaßt, in ›critique littéraire‹, die Neuerscheinungen vorstellt und beurteilt – beide Bereiche werden bisweilen zur ›littérature‹ selber gerechnet und im übrigen in den seltensten Fällen scharf voneinander getrennt, da sich bei Autoren dieses Jhs. leicht Interferenzen ergeben. – und ›philologie‹, die textkritische und sprachliche Untersuchungen anstellt. Die ›histoire littéraire‹ in der heutigen Form wurde von Gustave Lanson (1857–1934) begründet und in seiner »Histoire de la littérature française« (1894) exemplifiziert. Die fr. ›histoire littéraire‹ hat sich bis heute noch nicht aus Lansons Bann gelöst und in der ›Revue d'histoire littéraire de la France‹ ihr entsprechendes Publikationsorgan. Außer Lanson sind insbesondere Petit de Juleville (1896–1900), Des Granges (1914), Bédir und Hazard (1923/24), Mornet (1925) u. a. als Verfasser von Gesamtdarstellungen zu nennen. Lanson orientierte sich stark an den Methoden der konjekturalen Geschichtswissenschaft – nicht ohne Grund ist Gaston Paris für ihn Vorbild –, die auf die Lit.wiss. übertragen wurden und legte einmal großen Wert auf die formale und inhaltliche Analyse, zum anderen auf eine biographische und kulturgeschichtliche Betrachtungsweise und Einordnung. Diese Methode hat ihren pädagogischen Niederschlag in der ›explication de texte‹ gefunden, die seit Beginn dieses Jahrhunderts zu den Pflichtübungen an französischen Gymnasien und Hochschulen gehört. Die fr. ›histoire littéraire‹ ist damit wesentlich positivistischer, faktenbezogener als die eher ästhetisch-philosophisch orientierte deutsche Lit.wiss.

3. Methodenpluralismus und methodische Grundbedingungen. Da Lit. mehrdeutig ist und nie in ihrem Gehalt ausgeschöpft werden kann, andererseits ihre Aktualisierung im Leseprozeß immer von der historischen Situation und Tradition eines Lesers abhängig ist, ist das Verständnis von Lit., sind Erkenntnis und Auslegung, Wertung und Deutung, in einem ständigen Wandel begriffen. Hieraus entspringt eine Vielzahl von

Erkenntisweisen oder Methoden, die sich z. T. ergänzen, z. T. aber auch ausschließen können. Dogmatische Festlegung auf eine einzige Methode wäre Borniertheit und hätte wiss. Stillstand zur Folge. Da es keine Methode gibt, die für sich genommen alle Möglichkeiten eines Textes auslotet, muß einem Methodenpluralismus das Wort geredet werden, was jedoch keinesfalls eine Schwerpunktbildung ausschließt.

Trotz dieses Methodenpluralismus gibt es Prinzipien, die für alle Methoden in gleicher Weise gelten. Methoden setzen von sich aus noch keine Ziele, das Ziel ist ein wie immer geartetes Verständnis des Ganzen und kann nicht bei Einzelheiten stehenbleiben. Insofern unterscheidet sich Methode von bloßem Sammelfleiß, reiner Archivierung oder statistischer Auswertung. Methode mißt sich am Ergebnis, dessen Wert davon abhängig ist, ob es zumindest einen Schritt weiter auf dem Weg zu einem geschlossenen Bedeutungszusammenhang hinführt. Ergebnisse können nur überzeugen, wenn sie den Gesetzen der Schlüssigkeit, Klarheit und Logik gehorchen, und ein Interpret bedenkt, daß lit.wiss. Erkenntnisse hypothetisch sind und sich mit Gegenthesen und Gegenmeinungen auseinandersetzen müssen. Diese Dialektik liefert immerhin eine Möglichkeit einer beschränkten Kontrolle.

4. *Literaturwissenschaft und Hermeneutik.* Die Begründung der Lit.wiss. als akademische Disziplin ist wissenschaftsgeschichtlich nicht von dem Versuch zu trennen, Naturwissenschaften und Geisteswissenschaften gegeneinander abzugrenzen. Es ist vor allem Wilhelm Diltheys (1833–1911) Verdienst, diese Unterscheidung gegen Ende des 19. Jhs. erkenntnistheoretisch begründet zu haben. Gemäß der Tradition, die Wissenschaften nach ihren Erkenntnisgegenständen und nach ihren Methoden zu beschreiben, bestimmte er als Kultur- bzw. Geisteswissenschaften die Gesamtheit all jener Disziplinen, welche die historisch-gesellschaftliche Wirklichkeit erforschen (z. B. Rechtswissenschaft, Nationalökonomie, Ästhetik, Philosophie, Pädagogik, Religionswissenschaften, z. T. auch Psychologie und Soziologie) und stellte ihnen diejenigen Wissenschaften gegenüber, deren Forschungsgegenstand die Natur bildet, soweit sie vom Menschen unabhängig ist. Methodisch unterschied er dabei zwischen dem Erklären von Gesetzmäßigkeiten und dem Verstehen einzelner historischer Zusammenhänge. Während nämlich der Naturwissenschaftler Regeln aufstellt, die unabhängig von seinen persönlichen Erfahrungen gelten und da-

durch zu einer anderen Zeit für einen anderen Forscher den gleichen Wahrheitsgehalt besitzen können, ist die geisteswiss. Erkenntnis in das Lebens- und Weltverständnis der jeweils am Erkenntnisprozeß Beteiligten eingebettet. Das bedeutet, daß beim Verstehen, anders als beim naturwiss. Erklären, keine vollständige Trennung von Erkenntnissubjekt und -objekt möglich ist. Die Art und Weise, wie etwas verstanden wird, ist nämlich durch die Lebenserfahrungen des Interpreten bereits zu einem gewissen Grad vorgeprägt. Dilthey trägt dem Rechnung, wenn er als Methode des Verstehens den ›hermeneutischen Zirkel‹ (von gr. hermeneúein = deuten) nennt. Dieser besagt, daß die einzelne Erkenntnis immer schon einen vorhandenen Sinnzusammenhang voraussetzt, den sie ihrerseits auf die Probe stellt, um sich schließlich bewußt in diesen Zusammenhang einzuordnen oder aber sein Gefüge zu verändern. Als Beispiel verweist Dilthey auf die Geschichte. Will man z. B. einen historischen Sachverhalt erforschen, so kann man nicht davon abstrahieren, daß ein bestimmtes Konzept von Geschichtlichkeit bewußt oder unbewußt den Rahmen absteckt, innerhalb dessen allein die Dinge als historische wahrgenommen werden. Das Ergebnis der spezifischen Untersuchung vermag dann freilich seinerseits auf die Ausgangshypothesen zurückwirken, indem es sie bestätigt oder modifiziert. Wesentlich aber ist, daß das Verstehen nie von den Bedingungen, unter denen es sich vollzieht, losgelöst gesehen werden darf. Der ›hermeneutische Zirkel‹ schlägt so gleichsam einen Kreis vom Allgemeinen einer noch nicht erforschten Erfahrungsstruktur zum Besonderen des Verstehens einzelner Sinngebilde, wobei das Verstehen seinerseits schließlich der Erhellung des allgemeinen Sinnzusammenhangs der menschlichen Existenz dienen soll. Damit wird zugleich zum Ausdruck gebracht, daß sich Erkenntnissubjekt und -objekt gegenseitig bedingen, so daß im Unterschied zum Objektivitätsanspruch der Naturwissenschaften das hermeneutische Wissen nur intersubjektiv realisierbar ist. – Diese Konsequenz war zwar in Diltheys Philosophie bereits angelegt, wurde von ihm aber nicht gezogen, da er noch zu stark einem naturwiss. Objektivitätsideal verpflichtet war. Sie herausgearbeitet zu haben ist das Verdienst von Martin Heidegger und Hans-Georg Gadamer, die Diltheys hermeneutische Erkenntnistheorie weiterentwickelt haben.

Für die Lit.wiss., soweit sie sich der Hermeneutik verpflichtet fühlt, sind deren Ergebnisse im wesentlichen unter drei Aspekten bedeutsam: 1) Sie selbst verfährt bei der Interpretation von Texten nach dem ›hermeneutischen Zirkel‹, insofern die Analyse eines einzelnen Werks von einem allgemeinen Vorverständnis seiner Bedeutung ausgeht (das sich auf Form, Inhalt, Autor, Epoche usw. beziehen mag), in diesem Horizont dann zur Detailanalyse fortschreitet und schließlich zu einer die Ganzheit des Textes betreffenden Aussage zurückkehrt. 2) Die Lit.wiss. verdankt der Hermeneutik die Einsicht in die Geschichtlichkeit ihrer Erkenntnisse. Noch vor Dilthey hatte bereits der Historiker Johann-Gustav Droysen (1808–1884) gesehen, daß jede Deutung vergangener Zeiten durch die jeweilige Gegenwart bestimmt und damit selbst zeitgebunden ist. Daraus folgert, daß in der Lit.wiss., wie in allen hermeneutischen Wissenschaften, keine endgültigen Erkenntnisse möglich sind, daß diese vielmehr prinzipiell unabgeschlossen bleiben und stets nur relative Gültigkeit besitzen können. 3) Aus der Einsicht in ihre Geschichtlichkeit erwächst der Lit.wiss. die Aufgabe zur kritischen Selbstprüfung. Zwar verfiele sie einer objektivistischen Illusion, wollte sie durch Reflexion die Zeitgebundenheit ihrer eigenen Fragestellungen aufheben; andererseits droht ihr jedoch die Gefahr dogmatischer Erstarrung, wenn sie nicht immer wieder von neuem die Bedingungen, unter denen ihre Erkenntnisse zustande kommen, und die Ziele, auf die sie ausgerichtet sind, kritisch in Frage stellt. Ihre Verstehensarbeit ist nicht einem abstrakten Geist verpflichtet (daher auch die Problematik des Begriffes ›Geisteswissenschaften‹!), sondern in die praktischen Interessen ihrer geschichtlichen Situation eingebunden.

5. Die Entstehung der Literaturwissenschaft im 19. Jh. Die Geburtsstunde der Romanistik als Lit.wiss. ist verhältnismäßig spät anzusetzen; L. Pollmann (Nr. 114, S. 101) sieht sie um das Jahr 1884/88, als Gustav Körting seine »Encyclopädie und Methodenlehre der Romanischen Philologie« erscheinen läßt bzw. Gustav Gröber mit der Herausgabe seines Werkes »Grundriß der Romanischen Philologie« beginnt. Lit.wiss. wurde überhaupt erst in Abgrenzung gegen die Naturwissenschaften möglich, was vor allem das Werk Diltheys war (s. o.).

Bereits seit dem klassischen Altertum hatte man sich katalogisierend, kritisierend, normgebend und deutend mit lit. Werken beschäftigt, aber erst Johann Gottfried Herder (1744–1803) forderte die Vereinigung von Philologie, Geschichte, Ästhetik und Philosophie zu *einer* Lit.wiss., insbesondere in seiner Schrift »Vom Geist der ebräischen Poesie« (1782/83).

Daß dieses Konzept erst 100 Jahre später realisiert wurde, lag einmal an der nationalen Orientierung der Lit.wiss. in der jüngeren Romantik, zum zweiten am literarhistorischen Positivismus. Der neue Gesichtspunkt der Literaturwissenschaften, vor allem der Germanistik, die jetzt als Nationalwissenschaften verstanden wurden, forderte eine umfassende Sammeltätigkeit und in ihrem Gefolge die kritische Edition des Gesammelten. So erklären sich die großen Editionsleistungen der Beneke, Lachmann, Haupt, Grimm, Dahlmann usw. seit der ausgehenden Romantik (s. Kap. IV, S. 42 f.) und die überwiegend philologische Orientierung der Beschäftigung mit Lit. Der von Auguste Comte (1798–1857) in Frankreich begründete und von Hippolyte Taine (1828–1893) in der »Histoire de la littérature anglaise« (1864/72) erstmalig für die Erklärung lit. Werke nutzbar gemachte Positivismus, eine Parallelerscheinung zu dem Aufblühen der Naturwissenschaften in der Gründerzeit, lenkte den Blick vom Individuum auf das Kollektiv und lehnte jede Transzendenz und Metaphysik zugunsten der exakten Beschreibung des Gegebenen und der Erkenntnis kausaler Zusammenhänge ab. Die Lit. wird nach Taine von den drei Faktoren ›race‹, ›milieu‹ und ›moment‹ determiniert, ist also umweltbedingt. Da gleiche äußere Umstände gleiche Produkte hervorbringen, glaubt Taine, das Zustandekommen von Lit. mechanistisch erklären zu können. Er fand in Wilhelm Scherer (1841 bis 1886) und seinen Schülern in Deutschland Geistesverwandte, da Scherer als determinierende Fakten der Lit. das ›Ererbte‹, ›Erlebte‹ und ›Erlernte‹ annahm. Philologie und Positivismus ließen sich im übrigen gut miteinander kombinieren, da bei beiden eine explizite literaturspezifische Hermeneutik fehlt und eine ästhetische Wertung nicht erfolgt.

Die spätere Lit.wiss. hat auf den Vorarbeiten des 19. Jhs. mit seinen Editionen, stoffgeschichtlichen Reihen, motivgeschichtlichen Vergleichen, seiner Quellenforschung, den sprach- und stilgeschichtlichen Untersuchungen usw. aufgebaut, von denen wir selbst heute noch zehren. Gemäß dem Geist der verschiedenen Epochen war und ist die Lit wiss. entweder vom Wissenschaftsoptimismus geprägt, der mit dem Glauben an unbegrenzte technische Möglichkeiten stets auch das Erkenntnisideal allgemeiner objektiver Wahrheit propagierte; oder aber ihr fiel die Aufgabe zu, angesichts verbreiteter Unsicherheit und Skepsis gegenüber den zivilisatorischen Errungenschaften jene Möglichkeiten menschlichen Wissens zu vergegenwärtigen, die dem einzelnen eine Distanz zum Zeitgeschehen mittels Kritik oder Phantasie erlauben.

Literatur:

Bahner u. *Schröder,* Nr. 7; *Cristin,* Nr. 27; *Dilthey,* Nr. 33; *Escarpit,* Nr. 41; Stichworte ›Dichter und Dichtung‹, ›Gemeinsprache/Literatursprache‹, ›Hermeneutik‹, ›Literaturwissenschaft in Deutschland‹ in Nr. 44 Bd. II, 1; 115–151; 255–265; 277–293 u. 317–333; *Gadamer,* Nr. 51 u. 52; *H. A. Glaser:* Lit.wiss. und Textwiss. in: Nr. 2; 15–30; *G. Gröber:* Geschichte der rom. Philologie, in: Nr. 56; 1–139; *Ders.:* Aufgabe und Gliederung der rom. Philologie, ibid. 140–154; *Hamburger,* Nr. 63; *Ingarden,* Nr. 74 u. 75; *Iser,* Nr. 77; *W. Kamlah:* Die Formierung der ›Geisteswissenschaften‹ in der Auseinandersetzung mit den Naturwissenschaften, in: Nr. 64; 9–22; *Kayser,* Nr. 83; 12–24; *Krauss,* Nr. 90; 23–39, 79–94, 105–118, 140–152; Nr. 91; *Petersen,* Nr. 112; 1–51 u. passim; *Pollmann,* Nr. 114; 24–85; *Rohr,* Nr. 118; 9–19 u. passim; *Sartre,* Nr. 122; *Tagliavini,* Nr. 139; 3–8; *Vidos,* Nr. 144; 26–29; *Wehrli,* Nr. 146; 9–32 u. 132–161.

A. *Die Verbreitung des Französischen in der Welt*

Das Franz. hat heute weitgehend seinen Platz als internationales Verständigungsmittel, den es einst besaß, zugunsten des Englischen eingebüßt, wenn es auch noch die Sprache der Diplomatie, des Weltpostvereins und der Eisenbahnen ist und bei UNO, EWG, OECD u. a. internationalen Organisationen häufig verwandt wird. Die Universalsprache von heute ist das Englische. – Es gibt auf der Welt ca. 63 Mill. Menschen (Stand: 1966), deren Muttersprache das Franz. ist, das nach Chinesisch, Englisch, Russisch, Spanisch, Hindi, Deutsch und Portugiesisch somit den achten Rang unter den Weltsprachen einnimmt. Die Beschaffung genauer Zahlen fällt dabei äußerst schwer, da für viele Sprecher – im Mutterland alle Minderheiten, weiterhin in Andorra und Luxemburg sowie den ehemaligen Kolonien – Franz. nur Zweitsprache ist, diese aber häufig in den Statistiken als Muttersprachler mitgezählt werden. Allein für Europa, wo Franz. nach Russisch, Deutsch, Englisch und Italienisch den fünften Platz bekleidet, liegen verläßliche Unterlagen vor (Haarmann, Nr. 60, S. 266): Hier gibt es 56 Mill. Sprecher, von denen für 41 Mill. Franz. Muttersprache, für 15 Mill. Staatssprache ist. Die Muttersprachler verteilen sich wie folgt: 35,7 Mill. in Frankreich = 71 %; 3,75 Mill. in Belgien = 40,6%; 1,14 Mill. in der Schweiz = 18,1%. Die übrigen leben in Monaco und Italien.

1. Die sprachliche Gliederung des heutigen Frankreich. So wie zahlreiche Menschen auf der Erde auch außerhalb des fr. Staatsverbandes Franz. als Muttersprache sprechen (s. u.), gibt es auf dem Boden des heutigen Frankreich Menschen, deren Muttersprache nicht Franz. ist, ein Ergebnis der fr. Expansionspolitik im Lauf der Geschichte. Allerdings werden diese Sprachen, besonders in den Städten, immer weiter zurückgedrängt. – Wenn wir im Norden Frankreichs beginnen, begegnen uns folgende Sprachen: Flämisch (um Dünkirchen; 0,2 Mill. Sprecher), Deutsch (Elsaß, kleine Teile Lothringens; ca. 1,2 Mill. Sprecher), Italienisch (Korsika, um Nizza und Monaco; 0,77 Mill. Sprecher), Provenzalisch oder Okzitanisch (der ganze Süden Frankreichs, etwa auf der Linie Angoulême, Limoges, Clermont-Ferrand, Grenoble; ca. 11 Mill. Sprecher), Katalanisch (Roussillon; 0,2 Mill. Sprecher), Baskisch (Dpt. Basses Pyrénées; 0,13 Mill. Sprecher) und Bretonisch (Dpt. Basse Bretagne; 1,1 Mill. Sprecher).

2. Der Begriff der ›Frankophonie‹. Französische Literaturen außerhalb des französischen Staatsverbandes. Mit ›Frankophonie‹ (das Franz. kennt nur das adj./subst. ›francophone‹) bezeichnet man die Zugehörigkeit von Individuen zu einer anderen als der fr. Nation, deren Muttersprache dennoch Franz. ist. Dieser Zustand trifft auf die ehemalige Kolonialvölker Afrikas und Indochinas zu, die in die Unabhängigkeit entlassen wurden und, soweit sie in Afrika leben, heute (seit 1958) in der ›Communauté française‹ (früher ›Union française‹) zusammengeschlossen sind (von den ca. 61 Mill. Einwohnern der der Communauté angeschlossenen Länder sprechen aber nur 1–2 % wirklich französisch), vor allem aber auf die Bewohner von einstmals von Franzosen besiedelten Gebieten, die aus verschiedenen Gründen heute nicht mehr zu Frankreich gehören (Kanada, Belgien, Westschweiz). Es wird vielfach übersehen, daß diese Länder einen nicht unerheblichen Anteil an fr. Kultur und Literatur haben.

Auf Persönlichkeiten wie Gottfried Wilhelm Leibniz (1646–1716), Leonhard Euler (1707–1783), Friedrich d. Gr. (1712–1786), Alexander v. Humboldt (1769–1859), Rainer Maria Rilke (1875–1926) in Deutschland, Carmen Sylva (Kgn. Elisabeth v. Rumänien; 1843–1916), Hélène Vacarescu (1866–1947), Anna de Noailles (1876–1933), Panait Istrati (1884–1935), Fürstin Bibesco (*1890) in Rumänien, Adolfo Costa du Rels (*1891), Ventura Garcia Calderón (1886 bis 1959), Victoria Ocampo (*1890?) in Südamerika, den Perser Fereydoun Hoveyda (*1924) oder den Japaner Kikou Yamata (Lebensdaten nicht auffindbar), die ganz oder teilweise franz. schrieben, aber in ihren Ländern eher Einzelerscheinungen darstellen, kann hier nicht eingegangen werden. Erwähnt werden müssen noch zahlreiche Ausländer, die sich in Frankreich naturalisieren ließen und somit ›französische‹ Schriftsteller wurden, man denke an den Iren Samuel Beckett (*1906), den Italopolen Guillaume Apollinaire (1880–1918), den Litauer Oscar Milosz (1877–1939), die Russen Henry Troyat (*1911), Joseph Kessel (*1898), Arthur Adamov (1908–1970), die Rumänen Tristan Tzara (1896–1963), Eugène Ionesco (*1912), E. M. Ciorau (*1911), Constantin Virgil Georghiu (*1916) u. a. m.

Die Westschweiz. Eine besondere kulturelle Nähe zu Frankreich hat die Westschweiz (›Suisse Romande‹; diesen Begriff gibt es aber erst seit dem 18. Jh., da die Teile der fr. Schweiz wie Genf, Wallis, Neuenburg, Waadt usw. vorher eigene Staatsgefüge bildeten), die vor allem nach der Aufhebung des Edikts von Nantes 1685 zahllosen fr. Hugenotten eine neue Heimat bot, die in diese Gebiete immer wieder neues Ideengut aus ihrer Heimat mitbrachten.

Mit dem Reformator Jean Calvin (1509–1564), dem Philosophen Jean-Jacques Rousseau (1712–1778), dem Schriftsteller Benjamin Constant (1767–1830), dem Universalgenie J.-Ch.-L. Simonde de Sismondi (1773–1842), der Literaturkritikerin Mme de Staël (1766 bis 1817) u. a. hat die fr. Schweiz vor allem im 18. und frühen 19. Jh. einen bedeutenden Anteil am geistigen Leben Frankreichs genommen. Die genannten Autoren identifizierten sich jedoch so sehr mit der fr. Geistesart, daß man leicht vergißt, daß sie keine Franzosen von Geburt waren. Einzig Philippe-Sirice Bridel (1757–1845) versuchte mit den »Poésies helvétiennes« so etwas wie eine nationalschweizerische Lit. zu schaffen und steht damit frühzeitig für regionale Bestrebungen, die sich erst im 20. Jh. (z. B. Charles Ferdinand Ramuz [1878–1947] u. a.) durchsetzten.

Belgien. Eine größere Bedeutung erlangte in neuerer Zeit die französischsprachige Lit. Belgiens, das in einen germanischen (Flandern, ca. 60 % d. Lbv.) und einen rom. (Wallonien, ca. 39 % d. Lbv.) Teil zerfällt und als Staatsgebilde erst 1830 Selbständigkeit erlangte.

Die wichtigsten französischsprachigen belgischen Autoren sind Joris Karl Huysmans (1848–1907), Emile Verhaeren (1855–1916), Georges Rodenbach (1855–1898) und Maurice Maeterlinck (1862–1949). Allerdings hat das fr. Kronflandern auch schon im MA mit Jean Froissart (1333–1401), Philippe de Commynes (1447–1511), Jean Lemaire de Belges (1473–1520) u. a. bedeutende Schriftsteller hervorgebracht.

Kanada. Im Jahr 1763 verlor Frankreich am Ende des Siebenjährigen Krieges Kanada an die Engländer, ca. 60 000 Franzosen blieben isoliert vom Mutterland zurück. Sie bilden heute, vor allem in der Provinz Quebec, eine ethnische Minderheit von ca. 5,25 Mill. Menschen (= 30,4 % d. Lbv.), die Franz. als Muttersprache beibehalten und sich sogar eine gewisse politische Autonomie bewahrt haben. Im Lauf der Zeit entstand hier auch eine eigenständige Lit., die aber vorwiegend der Geschichte und Folklore Kanadas entspringt und immer ein wenig hinter der Frankreichs nachhinkt, deren Entwicklungen sie jedoch nachzuvollziehen sucht.

Sonstige Gebiete. In Haiti ist Franz. zwar die offizielle Staatssprache, doch spricht die Mehrheit der 3,5 Mill. Einwohner einen Dialekt, das Kreolische, ein vereinfachtes Franz. mit afrikanischen und anderen Beimischungen. Es gibt jedoch auch hier eine kleine, von den Gebildeten getragene fr. Lit., die immer mehr versucht, das afrikanische Erbe zu integrieren und eine breitere Basis in der Bevölkerung zu finden. Ähnliches gilt für Französisch Guyana und die Kleinen Antillen, wo z. B. 1913 in Martinique der Dichter und Politiker Aimé Césaire geboren wurde, der mit seinen Gedichten Weltruhm erlangte. In Louisiana (New Orleans), wo auf dem Boden der USA eine fr. Minderheit ihre kulturelle Eigenständigkeit zu bewahren versucht, wirkt sich die sprachliche Isolierung jedoch sehr hemmend aus, so daß sich die hier entstandene Lit. auf Theater und Zeitungsfeuilletons beschränkt. – In Nordafrika (Maghrebländer: Tunesien, Algerien, Marokko, Mauretanien) und Schwarzafrika (Benin [= Dahomey], Burundi, Elfenbeinküste, Gabun, Guinea, Kamerun, Kongo-Brazzaville, Mali, Niger, Obervolta, Rwanda, Senegal, Somaliland, Togo, Tschad, Zaïre [= ehemals Kongo-Kinshasa], Zentralafrikanische Republik), den Inseln des Indischen Ozeans (Madagaskar, Komoren, Maskarenen, Admiralsinseln, Seychellen) und Indochina (Laos, Kambodscha, Vietnam) sowie Ozeanien (Polynesien, Neu-Kaledonien, Wallis und Futuna) ist Franz. infolge der ehemaligen fr. bzw. belgischen Kolonialisierung auch heute noch 1. oder 2. Amts- oder Handelssprache und Sprache der Gebildeten, da es gegenüber den Eingeborenensprachen den Vorzug größerer Einheitlichkeit und Internationalität besitzt. Eine geschlossene Lit. ist hier nicht entstanden, wenngleich bedeutende schriftstellerische Einzelpersönlichkeiten wie der Präsident von Senegal, Léopold-Sédar Senghor (*1906), der europäisches und afrikanisches Erbe in seinen Dichtungen vermischt (sog. ›Négritude‹) und die fr. Lit. um originelle Komponenten bereichert hat, zu nennen sind. – Im Großherzogtum Luxemburg ist Franz. zwar auch Amtssprache und Sprache zahlreicher Gebildeter (Umgangssprache ist Letzeburgisch, eine moselfränkische Mundart), doch hat sich auch hier keine eigene Lit. herausgebildet. – Auch die Ureinwohner der britischen Kanalinseln wie die des it. Aostatales sprechen fr. Dialekte, die jedoch nicht verschriftet wurden. In Andorra ist das Franz. neben dem Katalanischen und Spanischen Verkehrssprache.

B. Das Verhältnis des Französischen zu den übrigen romanischen Sprachen und Literaturen

1. Die ›Romania‹. Das Franz. ist eine indogermanische Sprache und gehört zur Untergruppe der rom. Sprachen. Diese bilden wiederum eine genetisch verwandte Gruppe und stellen in der Masse ihres Erbgutes die Fortsetzung des Lat. dar, da es in der Entwicklung vom Lat. zum Rom. keine Unterbrechung gibt. Das adj. ›romanus‹ (und später das subst. ›Romania‹, das erstmals im 5. Jh. bei dem Kirchenvater Orosius vorkommt), hergeleitet vom Ortsnamen ›Roma‹, war die ethnisch-politische Bezeichnung für alle, die die Sprache Roms sprachen und Bürger des Röm. Reiches waren, und diente zur Abgrenzung gegen die Fremdvölker, die Barbaren. Als das Röm. Reich zerbrach, schwächte sich die politische Bedeutung des Terminus ›Romania‹ ab und das Wort bezeichnete jetzt die Gesamtheit der ›Romani‹, d. h. derjenigen, die ›romanice‹, die lat. Volkssprache, sprachen. ›Romania‹ umfaßt seitdem den gesamten Kulturbereich röm. Nachfolge.

Das Lat. war ursprünglich nur der Dialekt von Rom, der sich Hand in Hand mit der politischen Expansion Roms zunächst über ganz Italien, dann über Europa verbreitete. Die für die Herausbildung der rom. Sprachen wichtigsten Daten seien hier rekapituliert: 241 v. Chr. wird Sizilien Provinz, 238 Sardinien und Korsika, 215 Venetien, 197 Spanien, 191 Gallia cisalpina (Norditalien), 146 Afrika, 120 Südgallien, 50 Nordgallien (58–51 v. Chr. Feldzüge Caesars), 15 Raetien und 107 n. Chr. Dakien.

Aus der Verbreitung des Lat. über ein immer größeres Gebiet ergaben sich zwei Konsequenzen: das Lat. beeinflußte die verschiedenen Idiome der unterworfenen Völker, obwohl Rom seine Sprache niemandem aufzwang, und wurde gleichzeitig von diesen beeinflußt. Die vorhandenen Sprachen, mit denen das Lat. zusammentraf (z. B. Etruskisch, Keltisch, Griechisch, germanische Dialekte usw.) nennt man Substratsprachen. In den verschiedenen Regionen differenzierte sich das Lat. nach und nach und verlor seine ursprüngliche Einheitlichkeit, ein Prozeß, der sich um so mehr beschleunigte, als Rom im Lauf der Jahrhunderte seine politische Vormachtstellung einbüßte. Einige Gebiete des Westens, in denen ursprünglich Lat. gesprochen wurde (Nordafrika, Britannien, Süddeutschland), gaben das Lat. wieder auf, dafür wurden später im Zeitalter der Entdeckungen und des Kolonialismus Gebiete auf Dauer romanisiert, vor allem Mittel- und Südamerika, Kanada, die Philippinen, die nie unter der Herrschaft Roms gestanden hatten. Folgende romanisierte Gebiete sind jedoch bis heute erhalten geblieben: Hispanien, Gallien, Italien mit Sardinien und Korsika, ein kleiner Teil der Raetia und des Noricum. Die Romanität der dalmatinischen Küste ist erst gegen Ende des 19. Jhs. untergegangen, eine isolierte, von nichtrom. Völkern umgebene Zone bildete schließlich Dakien. Unter Berücksichtigung dieser geographischen Gegebenheiten kann man die rom. Sprachen in iberoromanische (Spanisch, Portugiesisch), galloromanische (Franz., Prov. oder Okzitanisch, Katalanisch), italoromanische (Dalmatisch, Italienisch, Sardisch, Rätoromanisch) und das Balkanromanische (Rumänisch) einteilen.

2. *Literarische und kulturelle Interferenzen zwischen Frankreich und den romanischen Nachbarländern.* Unter den Völkern rom. Sprachen hat sich vielfach das Gefühl für den gemeinsamen Ursprung erhalten. Die kulturelle Verwandtschaft der rom. Länder untereinander hat in Verbindung mit der relativen räumlichen Nähe zu einem steten geistigen Austausch und gegenseitiger Befruchtung, vor allem in Zeiten einer jeweiligen Hochblüte, geführt, die bereits im MA begann und bis heute ununterbrochen fortdauert. Dabei ist der Austausch zwischen Frankreich und den anderen rom. Ländern besonders groß, größer als dieser untereinander, was durch Frankreichs zentrale geographische Lage bedingt sein mag. Hinzu kommt, daß auf seinem Territorium in der Neuzeit noch vier unabhängige rom. Sprachen fortleben (s. o.). – Während Frankreich zu Beginn seiner Lit. den Nachbarn mehr gab, als es empfing, kehrte sich dieser Vorgang später einige Jahrhunderte lang um. Man kann sagen, daß der kulturelle Austausch zwischen Frankreich und Italien und Frankreich und Spanien besonders groß ist, weshalb ihm ein wenig mehr Raum gewidmet werden soll. Natürlich bestanden und bestehen auch mehr oder minder enge Beziehungen Frankreichs zu England, Deutschland, den Niederlanden, Osteuropa usw., doch kann darauf hier nicht eingegangen werden. Es ist jedenfalls unmöglich, die fr. Lit. als ein isoliertes Phänomen zu betrachten, weshalb das früher in Deutschland verbreitete Konzept einer rom. Literaturwissenschaft, die das Studium mehrerer rom. Nationalliteraturen umfaßte, auch heute, wo es infolge der Studienreform und der damit verbundenen Studienzeitverkürzung immer mehr zurücktritt, durchaus noch seinen Sinn hat.

Zwischen 1000 und 1200 entstanden mit der fr. Ritterepik

und dem höfischen Roman sowie der pr. Liebeslyrik im fr. Kulturkreis zwei Literaturen, beide Ausdruck der ma. Feudalordnung, die in der Folgezeit fast im ganzen übrigen Europa, vor allem aber in Italien, Spanien und Portugal, imitiert wurden. Die pr. Lyrik war in Spanien und Italien genauso verbreitet wie in Südfrankreich. Die Italiener Lanfranco Cigala († nach 1257), Bonifacio Calvo († nach 1266) und Sordello da Goito († nach 1269) dichteten selber provenzalisch, und die it. Lyrik der Anfänge (Sizialinische Schule; ›Dolce stil novo‹) ist ohne das pr. Vorbild undenkbar. – Die nordfr. Dialekte beeinflußten vor allem die it. Prosa, die sich nur langsam entwickelte, da das Nordfranz. größeres Ansehen besaß, was Männer wie Brunetto Latini (ca. 1220–1295; »Li livre du Trésor«) und Marco Polo (1254–1324/25; »Livre des merveilles du monde«) veranlaßte, franz. zu schreiben. – Mit den Trecentisten Dante, Petrarca, Boccaccio hatte die it. Lit. ihre Eigenständigkeit gewonnen, und während der Renaissance, in deren Verlauf die Italiener die klassischen Literaturen wiederentdeckten, machte sich im Gefolge der militärischen Unternehmungen Ludwigs XII. und Karls VIII. nach Italien, die zu einer intensiven Bekanntschaft der Franzosen mit dem it. Geistesleben führten, ein immer stärkerer it. Einfluß in Frankreich breit. Die Werke der meisten Autoren des 16. Jhs., eines Rabelais, Montaigne, der Mitglieder der Pléiade u. a., sind ohne diesen Kontakt nicht denkbar. Auch im 17. Jh. lernte Frankreich noch von Italien, vor allem, was das Theater angeht, da seit dem 16. Jh. it. Schauspieltruppen überall in Frankreich gastierten und zumeist Stegreifkomödien (›Commedia dell'arte‹) aufführten. Ihnen verdankte der bedeutendste fr. Komödiendichter Molière besonders viel. Im 18. Jh. greifen die Ideen der Aufklärung, vor allem eines Voltaire und Rousseau, von Frankreich auf Italien über, und das Bild wandelt sich wieder völlig: wieder schreiben zahlreiche Italiener, die in Scharen Frankreich bereisen und dort persönliche Kontakte mit den führenden Denkern anknüpfen, statt ihre eigene Muttersprache Franz. (so Carlo Goldoni [1707–1793], Giacomo Casanova [1725–1798], Francesco Algarotti [1712–1764], Cesare Beccaria [1738–1794], Saverio Bettinelli [1718–1808], Ippolito Pindemonte [1753–1828] u. v. a., wenn auch nicht alle ausschließlich): Frankreich wird das alleinige Vorbild Italiens. Seit der Romantik ist das Verhältnis eher ausgeglichen; je nachdem neigt sich die Waagschale zugunsten einer der beiden Literaturen, die in einem

Zustand der kontinuierlichen Interdependenz voneinander stehen. –

Der Austausch Frankreichs mit Spanien ist nie so intensiv gewesen wie der mit Italien und vollzog sich vor allem in der ersten Hälfte des 17. Jhs. Spanien erlebte seine Klassik, sein Goldenes Zeitalter (›Siglo de oro‹) im 16. und 17. Jh. In der Lit. entstanden bedeutende Werke, die z. T. neuen Gattungen angehörten (Hirten- und Schelmenroman [Pícaro], Geistliche Lit. [Mystik], Komödie [Comedia de capa y espada], Moralistik usw.), die in ganz Europa, insbesondere aber in Frankreich, rezipiert und imitiert wurden. Besonders die Tatsache, daß sowohl Ludwig XIII. als auch der XIV. mit spanischen Frauen verheiratet waren, was nicht zuletzt ein Zeichen des großen politischen Einflusses Spaniens zu diesem Zeitpunkt war, öffnete spanischem Gedankengut den Weg nach Frankreich. In späteren Jahrhunderten, als Spanien seine politische und damit auch kulturelle Bedeutung weitgehend verloren hatte, orientierte es sich, ähnlich wie Italien, wieder mehr an Frankreich.

3. Die Entstehung der französischen und provenzalischen Sprache und Literatur. Das Vulgärlatein. Die Qualität des Lat., das sich von Rom und Italien aus über das ganze Imperium verbreitete, ist einer der wichtigsten Faktoren für die Herausbildung der rom. Sprachen. Diese setzen nämlich nicht das klassische Lat. (Kulturlat.), sondern das gesprochene Volkslat. voraus, das man Vulgärlat. (bisweilen auch Urromanisch, Vorromanisch, Gemeinromanisch) nennt. Über seine Beschaffenheit besitzen wir nur wenige Zeugnisse (z. B. die tierärztliche Abhandlung »Mulomedicina Chironis«, die »Cena Trimalchionis« des Petronius Arbiter [† 66 n. Chr.], die Reisebeschreibung der Nonne Egeria [um 400 n. Chr.] »Peregrinatio ad loca sancta« oder die pompeianischen Wandinschriften, die sog. Graffiti), da es keine kodifizierte vulgärlat. Sprache, sondern nur lat. Texte gibt, in denen Vulgarismen vorkommen.

Die Bezeichnung Vulgärlat. zeigt, daß das Rom., die späteren rom. Sprachen, nichts anderes als gesprochenes Lat. ist. Das gesprochene Lat. war aber ursprünglich nicht bei allen Bevölkerungsgruppen der röm. Gesellschaft dasselbe; jede Schicht verfügte über eine eigene Ausdrucksweise. Erst aus dem Bedürfnis nach einer reibungslosen Verständigung zwischen Menschen verschiedener Stände und verschiedener Muttersprachen, die auf dem riesigen Territorium des Röm. Reiches als Soldaten, Veteranen, Kaufleute usw. miteinander zu tun hatten, entstand eine mehr oder weniger homogene vulgärlat. Gemeinsprache (›Koiné‹). Als nach dem Sturz des Röm. Reiches der Kontrast zwischen klassischem und Vulgärlat. schließlich zugunsten des letzten eingeebnet wurde, wurde der Weg frei für die Entstehung der rom. Sprachen. Hierfür war es jedoch nicht bedeutungslos, daß das Lat. im Lauf seiner Ausbreitung mit anderen Sprachen in Berührung gekommen war, ein Prozeß, der in den verschiedenen Gebieten des Reiches verschieden ausfiel. Von der Bedeutung der vorgefundenen Sprachen (›Substratsprachen‹) war bereits die Rede, bisweilen traten aber auch Sprachen hinzu, die sich zwar auf die Dauer nicht gegen das Lat. durchsetzen konnten, das Lat. jedoch prägten. Wir nennen diese Sprachen, von denen das Fränkische die wichtigste ist, ›Superstratsprachen‹. Seit dem 5. Jh. machte sich im Gefolge der Völkerwanderung auch in Gallien der Einfluß germanischer Stämme bemerkbar, allen voran der Franken, die im 6. Jh. im heutigen Nordfrankreich einen mächtigen Feudalstaat errichteten, der bis über den Rhein reichte und verschiedene Stämme umfaßte; dann der Burgunder, die nach dem Kampf gegen die Hunnen im heutigen Savoyen ihre Wohnsitze nahmen und ein Königreich errichteten, weiterhin der Alemannen und später der Langobarden, die die Galloromania nach Osten hin abgrenzten.

›Diglossie‹ und ›Karolingische Renaissance‹. In den 800 Jahren von Augustus bis zu Karl d. Gr. führte das Lat., wie gesagt, eine Doppelexistenz, und zwar als Spontansprache und als kodifizierte Hochsprache, ein Zustand, den man als ›Diglossie‹ bezeichnet. Während sich die Spontansprache morphologisch weiterentwickelte, hielt die Hochsprache, gestützt auf einen lit. Kanon (vor allem das Werk Ciceros) starr an einem älteren Flexionssystem fest und schirmte sich weitgehend gegen den Einfluß der Sub- und Superstratsprachen ab, so daß zwischen Hoch- und Spontansprache eine immer größere Kluft entstand, und die Hochsprache zu guter Letzt von der Mehrheit der Bevölkerung schulmäßig erlernt werden mußte. – Unter Karl d. Gr. entstand ein großes einheitliches Reich, dessen Westteil, etwa das heutige Frankreich, nicht nur zum politischen, sondern zugleich auch zum kulturellen Zentrum des Abendlandes wurde. In den überall errichteten Schulen und Klöstern wurden wieder verstärkt lat. Autoren der Antike und Spätantike gelesen. Da die Gelehrten feststellten, daß die von der Bevölkerung gesprochene rom. Spontansprache sich vom klassischen Lat. erheblich unterschied, führte Karl d. Gr. auf Veranlassung seiner Hofgelehrten eine Reform der lat. Aussprache durch (sog. ›Karolingische Reform‹ oder ›Karolingi-

sche Renaissance‹), die zwar wieder eine korrekte Aussprache der Hochsprache herbeiführte, aber andererseits endgültig das Band der Identität zwischen lat. Spontan- und Hochsprache zerriß; denn das Volk konnte jetzt die in der Kirche in der reformierten und damit den klassischen Normen entsprechenden Aussprache gehaltenen Predigten nicht mehr verstehen. Als Ausweg blieb nur, die Volkssprache auch im kirchlichen Bereich zuzulassen, was durch den Beschluß des Konzils von Tours im Jahr 813 gestattet wurde. Das ursprünglich mündliche Übersetzen von lat. Predigten in die Volkssprachen, das einen immer größeren Umfang annahm, führte später auch zur Verschriftung der Volkssprachen.

Langue d'oc, langue d'oïl, langue de si. Das Gallorom. zerfällt im wesentlichen in zwei eigenständige Sprachen, die man nach den unterschiedlichen Bejahungspartikeln in langue d'oïl oder d'oui (Franz.) und langue d'oc (Prov.) unterteilt. Einige Sprachwissenschaftler weisen allerdings auch der langue de si, dem Frankoprov., eine unabhängige Stellung zu. Andere gehen noch weiter und sprechen unter Trennung des Katalanischen vom Prov. von vier oder sogar von fünf gallorom. Sprachen und Dialekten, indem sie auch dem Gascognischen eine eigene Stellung zuweisen. Da das Frankoprov., eine Dialektgruppe im Südosten Frankreichs, der fr. Schweiz und einiger Alpentäler nie die Stufe einer Schriftsprache erreicht hat und das Katalanische im Rahmen der Hispanistik angesiedelt ist, beschränken wir uns auf die Behandlung der fr. und pr. Literatur.

Die hier erwähnte Gliederung spiegelt im übrigen im großen und ganzen bis heute die germanische Staatenbildung der Völkerwanderungszeit wider: der Großraum Gallien wurde im Osten von Raetien und Oberitalien durch Alemannen und Langobarden getrennt, die frankopr. Mundartengruppe bildete sich durch die burgundische Staatsgründung heraus, und infolge der fränkischen Siedlungsgrenze erfolgte die Zweiteilung Frankreichs durch die Loire-Linie, die sich heute immer weiter nach Süden verlagert, in das Nordfranz. (das heutige Franz.) und das Südfranz. (Prov.), das keine Literatursprache entwikkelt hat, sieht man von der Kunstsprache des Altprov. ab, das für die Troubadourlyrik geschaffen wurde und mit dieser im 13. Jh. unterging.

4. Die mittelalterliche Literatur Frankreichs. Die ältesten Zeugnisse der französischen und provenzalischen Literaturen. Der erste erhaltene volkssprachliche Text Frankreichs sind die

»Straßburger Eide« vom Jahr 842, mit denen Ludwig d. Deutsche und Karl d. Kahle, Söhne Ludwigs d. Frommen, ihr Bündnis gegen ihren Bruder Lothar erneuern. Die Eide stellen zwar das älteste volkssprachliche Dokument der Romania überhaupt dar, sind jedoch nicht in lit. Absicht verfaßt. Aber noch im selben Jh. finden wir auch das erste lit. Zeugnis Frankreichs, die »Eulaliasequenz«, die aus 29 Versen ungeklärter metrischer Komposition besteht und zu Beginn des 19. Jh. von A. H. Hofmann von Fallersleben (1798–1874) wiederentdeckt wurde. Etwa um das Jahr 1000 entstanden die »Passion du Christ« und die »Vie de Saint Léger«. Fr. Texte erscheinen dann in ununterbrochener Folge, bis Ende des 11. Jhs. das anonyme Epos »Chanson de Roland« auftaucht, dem um die Mitte des 11. Jhs. mit der »Vie de Saint Alexis« ein erster Versuch religiöser Epik vorausgegangen war. Mit diesen beiden Werken ist die fr. Lit. voll ausgeprägt. – In der Provence finden sich Spuren der Volkssprache recht früh, doch setzt die Verschriftung verhältnismäßig spät ein, da sich die Schreiber noch lange an das Lat. halten. Das erste sprachlich gesicherte Dokument, zugleich auch das erste lit. Zeugnis, ist der »Boëcis«, ein Epenfragment vermutlich aus der ersten Hälfte des 11. Jhs. von geringem ästhetischen Wert. Daneben finden sich einige religiöse Texte von minderem Rang. Das Prov. bildete bereits zu diesem Zeitpunkt eine lit. Koiné (Umgangssprache) heraus, die Dialektvarianten aller apr. Dialekte in sich vereinigte und im 11. Jh. eine sehr hoch stehende Lyrik, die Troubadourlyrik, hervorbrachte, deren erster Vertreter Wilhelm IX., Hg. von Aquitanien, ist. Im 13. Jh. zerfiel das Feudalsystem, das diese Lyrik hervorgebracht und getragen hatte, und die apr. Lit. ging unter, zumal das Prov. auch die Sprache der häretischen Albigenser war und seine Verwendung im Jahr 1245 von Papst Innozenz IV. überhaupt verboten wurde. Während das Nordfranz. eine bis heute ungebrochene literarische Tradition vorweisen kann, sank das Prov. zur Mundart herab, dem auch die Bemühungen des Literatenkreises der ›Félibrige‹ im 19. Jh. trotz der dichterischen Einzelleistungen eines Frédéric Mistral (1830–1914) u. a. nicht wieder den Rang einer Literatursprache verleihen konnten.

Dialektale Gliederung der mittelalterlichen Literatur Frankreichs. Wenn man von dem ›Altfranz.‹ und der ›afr.‹ Lit. spricht, so spricht man von einer Abstraktion, denn die uns überlieferte afr. Lit. ist Dialektlit., was damit zusammenhängt, daß Frankreich erst in einem langdauernden Prozeß aus unabhängigen Teilfürstentümern unterschiedlicher Dialekte zu einem einheitlichen zentralistischen Staatsgefüge unter Führung der Krone zusammenwuchs, ein Vorgang, der erst nach dem Hundertjährigen Krieg (1338–1453/75) und der Vertreibung der Engländer aus Frankreich abgeschlossen war, wenn auch danach noch zahlreiche Territorien für den fr. Staatsverband hinzugewonnen wurden. Bereits seit dem Ende des 12. Jhs. genießt allerdings der Dialekt der Ile-de-France, das Franzische, aus religiösen und politischen Gründen besonderes Ansehen und gilt als besser und vornehmer als die anderen Dialekte; um 1250 ist der sprachliche Vorrang des Franzischen gesichert. Vorher spielte sich das kulturelle Leben meist an den Fürstenhöfen oder in den wohlhabenden Städten Nordfrankreichs ab. – Die wichtigsten Dialekte sind im Nordwesten das Normannische (davon abgeleitet das Anglonormannische, das lange die Sprache des englischen Hofes war), in dem die Oxforder Handschrift des »Rolandsliedes«, die Romane des Klerikers Robert Wace (»Roman de Brut«, »Roman de Rou«), der »Tristan« von Béroul oder die »Lais« der Marie de France geschrieben sind. Im Norden schließt sich das Pikardische (Pikardie und Artois), die späteste Schriftmundart, an: Gautier d'Arras schreibt seine Romane »Eracle« und »Ille et Galeron«, Conon de Béthune seine Gedichte, Jean Bodel und Adam le Bossu ihre Mirakelspiele in diesem Dialekt, der auch der von »Aucassin und Nicolette« ist. An die Pikardie grenzt im Norden Flandern (das wallonische Kronflandern), wo im 11. Jh. die Chanson de geste »Gormont et Isembart« oder zwei Jahrhunderte später Richard de Fournivals »Bestiaire d'amour« entstanden. Im Osten liegt das zum Deutschen Reich gehörige Lothringen, wo der Zyklus »Geste des Lorrains« oder die Lyrik eines Colin Muset beheimatet sind. Das Herzogtum Burgund im Südosten hat eines der frühesten Werke, die »Vie de Saint Léger«, hervorgebracht. Zu den nordfr. Dialekten rechnen auch Poitevinisch und Angevinisch im (Süd-)Westen, letzteres der Dialekt des »Roman de Troie« des Mönches Benoît de Sainte Maure. Eine besonders umfangreiche Lit. entstand in der Grafschaft Champagne, die mit der Ile-de-France das Herz Frankreichs bildet. In Champagnisch schrieben Chrétien de Troyes, Renaud de Montauban, Bertran de Bar-sur-Aube, Rutebeuf, Villehardouin, Joinville u. v. a. Als erster lit. Text von Rang in Franzisch gilt allgemein »Thomas le martyr« (ca. 1174) von Guernes de Pont-Sainte Maxence, doch kann man von reinem Franzisch erst gegen Ende des 13. Jhs. sprechen. – Bei allen genannten Werken kann es jedoch vorkommen, daß die Handschriften in einem anderen Dialekt abgefaßt sind, als der Autor selber sprach.

Das Fortleben der lateinischen Literatur in Frankreich. Auch nachdem sich Lat. und Rom. voneinander getrennt hatten und das Lat. nicht mehr gesprochen wurde, hat es, namentlich unter dem Einfluß der katholischen Kirche, deren Liturgie stets lat. blieb, in fast allen rom. Ländern eine Vorrangstellung behalten und eine blühende Lit. hervorgebracht, die einen nicht zu unterschätzenden Bestandteil der einzelnen Nationalliteraturen ausmacht. Ein größeres Laienpublikum dürfte jedoch nur noch einmal in der Zeit des Renaissancehumanismus angesprochen worden sein. Die spätantike und ma. lat. Lit. ist vor allem in dem bis heute noch nicht überholten Sammelwerk des fr. Geistlichen Jacques-Paul Migne (1800–1875), ›Patrologiae latinae cursus completus‹ (PL), das 217 Bde. umfaßt, und in der Textedition der ›Analecta hymnica‹ (55 Bde.) der deutschen Jesuiten Guido Maria Dreves (1869–1905) und Clemens Blume (1862–1932) zusammengefaßt. – Frankreich hatte seit den Tagen der Kirchenväter zur lat. Lit. beigetragen, man denke an Hilarius v. Poitiers (4. Jh. n. Chr.), den ersten Hymnendichter des Abendlandes, oder Gregor v. Tours (540–594) aus Clermont-Ferrand, den Verfasser des ersten nationalchristlichen Geschichtswerkes, der »Historia Francorum«, das die Entstehung des merowingischen Reiches zum Gegenstand hat. Da es zu dieser Zeit noch keine nationalsprachliche Lit. gibt, gehören diese Autoren im strengen Sinn auch noch nicht zur fr. Literaturgeschichte. Dies ändert sich jedoch nach der Karolingerzeit, als mit der »Eulaliasequenz« (s. o.) die fr. Nationallit. einsetzt. Auch jetzt besteht eine lat. Lit. fort und dauert ungebrochen bis zum Ende des 13. Jhs. an. Diese lat. Lit. ist in erster Linie theologischer und historischer Art und ist ein gesamteuropäisches Phänomen, zu dem Frankreich erlauchte Namen beigesteuert hat. Besonderen Anteil haben die Kathedralschulen von Reims, Laon, Paris, Chartres sowie die Abteien von Bec und Cluny. Der Höhepunkt wird im 12. Jh. erreicht, als die theologische Spekulation von den Vertretern der Schule von Chartres (Ivo, Bernhard, Gilbert de la Porrée) zur Blüte geführt wird, die Mystik mit Bernhard v. Clairvaux und Hugo v. St. Viktor einsetzt, die Historiker Robert v. Torigny, Ordericus Vitalis, Fulker v. Chartres, Guibert v. Nogent, Wilhelm v. Tyrus glänzen, der Briefwechsel zwischen Abaelard und Héloïse ein lit. Ereignis erster Ordnung ist und die weltliche

Dichtung in Form der Vagantenlyrik mit Hugo v. Orléans gen. Primas und Walter v. Chatillon bedeutende Vertreter vorzuweisen hat. – Nach einem Verstummen von fast zwei Jahrhunderten, in denen theologische und juristische Streitigkeiten das Feld beherrschten, findet die lat. Lit. erst im 14. Jh. wieder Befürworter, die ihre Impulse von den it. Humanisten (insbesondere Petrarca und Boccaccio) bezogen. Zu nennen sind Pierre d'Ailly (1350–1420), Jean Gerson (1363–1429), Nicolas de Clamanges (1363/64–ca. 1437), alle drei Rektoren der Pariser Universität, die im 15. Jh. in Guillaume Fichet (1433 bis nach 1472) und Robert Gaguin (1433–1501) würdige Nachfolger fanden. – Auch wenn das 16. Jh. aus noch zu erörternden Gründen die Volkssprache gleichrangig neben das Lat. setzte und damit diesem letztlich den Todesstoß versetzte, lebten neulat. Poesie und Theater bis ins 18. Jh. in Frankreich fort und zählten Hunderte von Anhängern, deren Namen heute vergessen sind. So entstand unter Ludwig XIV. noch 1684 eine ›Pléiade latine‹; Louis Guez de Balzac (1597–1654) hielt seine lat. Schriften für viel bedeutender als seine franz., worin ihm viele Zeitgenossen folgten. Eigenartigerweise hatte das Lat. im Bereich der Philosophie und Theologie die ersten Rückschläge hinnehmen müssen, bis es vom Franz., das infolge der großen Leistungen der Klassik den Rang einer internationalen Sprache gewonnen hatte, verdrängt wurde. Besonders deutlich zeigt das Werk des Philosophen René Descartes diesen Wandel, der seine »Meditationes de prima philosphia« (1641) und die »Principia philosophiae« (1644) auf Lat. schrieb, aber sein vielleicht wichtigstes Werk, den »Discours de la méthode« (1637) auf Franz. verfaßte. Der »Discours« (ähnlich auch Pascals »Lettres provinciales«; 1656/57) wurden später zwar noch ins Lat. zurückübersetzt, um ihnen ein internationales Publikum zu sichern, der Anfang war jedoch gemacht, auch wissenschaftliche Werke, die bis zu diesem Zeitpunkt allein auf Lat. geschrieben wurden, in der Volkssprache abzufassen und diese auf alle Bereiche zu übertragen.

5. Vom Mittelfranzösischen zum Neufranzösischen. Das Zeitalter des Humanismus brachte einen grundsätzlichen Wandel im Verhältnis von Lat. und rom. Sprachen zueinander, was in Frankreich sogar zu einem Bruch in eine fr. Sprache des MA (Altfranz.) und eine der Neuzeit (Neufranz., mit der Vorstufe des Mittelfranz., der Sprache des 16. Jhs.) führte. Die it. Humanisten und in ihrem Gefolge auch die französischen, wollten in Kunst und Wissenschaft eine Wiedergeburt der lat. und griechischen Antike herbeiführen, die sie zu diesem Zweck gründlich studierten. Ein Nebenprodukt dieses Vorgangs war in Frankreich aber auch eine Neubewertung der Volkssprache, da in Konkurrenz mit Italien, das dem Lat. viel näher stand und zudem seit dem 13. Jh. eine bedeutende volkssprachliche Lit. entwickelt hatte, die den klassischen Autoren an die Seite gestellt wurde, die fr. Nationalsprache in einer Art trotzigem Stolz dem Griechischen, Lat. und Italienischen gleichgesetzt wurde. Dies war jedoch nur durch das Zusammenwirken verschiedener günstiger Faktoren möglich. Eine Gruppe begabter junger Dichter, die sich die ›Pléiade‹ nannte, setzte sich unter Führung von Pierre de Ronsard (1524–1585) die Aufgabe, die Ebenbürtigkeit des Franz. mit dem Lat. zu erweisen und ahmte die dichterischen Gattungen der Antike in der Muttersprache nach. In Joachim du Bellay (1522–1568) fand diese Gruppe zudem einen eifrigen Apologeten, der in einem bahnbrechenden Traktat, der »Deffence et illustration de la langue françoyse« (1549), die Gleichwertigkeit des Franz. mit dem Lat. und Griechischen auch theoretisch untermauerte. Die Anhänger der ›Pléiade‹ konnten sich bei ihren Bemühungen aber auch einer staatlichen Förderung sicher sein, denn bereits 1539 hatte Kg. Franz I. in der ›Ordonnance de Villers Cotterets‹ das Franz. zur Gerichts- und Verwaltungssprache erhoben. Das fr. Königtum erkannte früher als in anderen Ländern, daß eine möglichst einheitliche und vollkommene Sprache geschaffen werden mußte, da sie zugleich der nationalen Einheit diente. Die Gründung der ›Académie Française‹ durch den Kardinal Richelieu im Jahr 1635, der von Staats wegen die Pflege der Sprache mit dem Ziel der Normierung übertragen wurde, ist nur der folgerichtige Schlußstrich unter dieses Bemühen. Aufgrund dieser Tendenzen konnten im 16. Jh. sogar im katholischen Frankreich die Reformatoren, die das Volk unmittelbar ansprechen wollten und sich deshalb der Volkssprache bedienten, der staatlichen Unterstützung sicher sein. Kg. Franz I. befürwortete die bereits 1523 erschienene Bibelübersetzung von Lefèvre d'Etaples und die 1535 veröffentlichte sog. »Bible de Semères« von Olivetan, einem Vetter Calvins, der seinen ursprünglich lat. verfaßten Traktat »Institutio religionis christianae« 1541 ebenfalls in die Volkssprache übersetzte. Aber auch die Gruppe der Grammatiker wie J. Palsgrave (1530), J. Dubois (1531), Maigret (1550), die das Regelsystem der klassischen Sprachen auf das Franz. übertrugen, wenngleich die kanonischen Grammatiken eines Vaugelas u. a. erst ein Jh. später erschienen, hatten großen Anteil an der Ausbildung des Neufranz. So kann man sagen, daß Könige, Dichter und Grammatiker des 16. Jhs. den Grundstein für die Entwicklung der Hochblüte des Franz. im 17. Jh. und seiner *universalité* gelegt haben.

Literatur:

A. Berry: Le littératures du domaine d'oc, in: Nr. 38; 1460–1514; *Deutschmann,* Nr. 32; 9–51, 59–70, 81–87, 92–156; *Haarmann,* Nr. 60; 266–270 u. passim; *Kesselring,* Nr. 85; *Lüdtke,* Nr. 97 Bd. 1 u. 2; *M. Piron:* Les littératures dialectales du domaine d'oïl, in: Nr. 38; 1411–1459; *Tagliavini,* Nr. 139; 62–427; *A. Viatte:* Littérature d'expression française dans la France d'Outre-mer et à l'étranger; in: Nr. 38; 1367–1413; Nr. 143; *Vidos,* Nr. 144; 195–442.

III. Die Literaturwissenschaft im Verhältnis zu den Nachbardisziplinen

1. Vorbemerkung. Da die Lit. von ihrer Entstehung, Bedingtheit, Funktion und Wirkung her betrachtet auf den Menschen und die Gesellschaft bezogen ist, und damit theoretisch alle Bereiche der Gesellschaft umfassen kann, ist die wissenschaftliche Beschäftigung mit ihr, die Lit.wiss., nicht gesetzbildend (›nomothetisch‹) wie die Mathematik oder andere Naturwissenschaften, sondern berührt viele Gebiete, die nur z. T. aus ihr herauslösbar und gegen sie abgrenzbar sind. – Anders als die Geschichtswissenschaft, die einen Kanon von (unselbständigen) historischen Hilfswissenschaften entwickelt hat, die zur vorbereitenden Kritik und zum Verständnis der Quellen nötig sind, wie Schriftgeschichte (Paläographie), Inschriften- (Epigraphik), Siegel- (Sphragistik), Wappenkunde (Heraldik) usw., kennt die Lit.wiss. keine eigentlichen Hilfswissenschaften, obwohl auch sie sich ihrer de facto bedient, vor allem bei der kritischen Edition von Texten. Die Berührung mit fremden Disziplinen kann aber auch noch auf andere Weise erfolgen: Es gibt primär nichtlit., d. h. sachgebundene Werke (z. B. juristische, philosophische, theologische, historische usw.), die nicht der ›Schönen Literatur‹ zuzuordnen sind (s. Kap. I, S. 1 ff.), aber hohe lit. Qualitäten besitzen und deshalb auch den Literaturwissenschaftler interessieren. Weiter gibt es lit. Kunstwerke, die ohne die Erkenntnisse anderer Wissenszweige nicht verständlich oder verstehbar sind, und zuletzt Werkanalysen, die sich freiwillig zu anderen Disziplinen wie Sprachwiss., Philosophie, Psychologie, Soziologie usw. hin öffnen, aber weniger deren Erkenntnisse als deren wiss. Instrumentarium übernehmen.

2. Der Literaturbegriff. Literarische Qualitäten primär nichtliterarischer Werke. Was unter Lit. zu verstehen ist und damit den Gegenstand der Lit.wiss. bildet, ist immer wieder anders definiert worden, meist jedoch als Lit. im engeren Sinne des Wortes oder auch als ›Schöne Literatur‹ (s. Kap. I, S. 1 ff.). Als Extremhaltung steht dieser wertenden Betrachtung die Auffassung gegenüber, Lit. sei prinzipiell alles fixierte Wortwerk. Diese Frage soll hier nicht entschieden werden, aber natürlich kann sich die Lit.wiss. auch mit jedem wie immer gearteten Druckprodukt beschäftigen. Niemand wird jedoch bestreiten wollen, daß es Texte gibt, die aus rein oder überwiegend sachdienlichen Gründen und nicht in künstlerischer Absicht verfaßt sind, z. B. ein Fahrplan oder eine Speisekarte. Daneben gibt es eine große Zahl von Werken, die sachdienlich sind, deren Sprache jedoch durchaus als ›Eigenwert‹ spürbar wird, man denke an Pascals »Pensées«, Montesquieus »Esprit des Lois« oder Michelets historische Werke, Werke, die zuallererst die Theologen, Juristen, Soziologen oder Historiker und erst in zweiter Linie den Literaturwissenschaftler ansprechen. Eine lit. Deutung derartiger Werke wird sich zwar auch mit den Erkenntnissen der anderen Wissenschaften auseinandersetzen, jedoch besonders die ästhetischen Aspekte erforschen.

Der Parallelismus der Künste. Die Lit.wiss., wie sie heute betrieben wird, ist verhältnismäßig jungen Datums und war jahrhundertelang nur ein Anhängsel anderer Wissenschaften wie der Geschichte, Bücherkunde, Textphilologie usw. Literaturkritik gibt es hingegen, vor allem in der Form der normativen Poetik, schon seit der Antike. Diesen Poetiken (s. Kap. V., S. 57 f.) lag jedoch die Auffassung zugrunde, daß Dichten eine erlernbare Technik sei. Erst später rückte man von der Regelpoetik ab und stellte die Wirkung des Kunstwerkes in den Mittelpunkt, d. h. beschäftigte sich mit den Wertungsmaßstäben des Kunstgenusses. Dichtung wurde dabei als ein ästhetisches Phänomen wie andere Künste (Musik, Malerei, Plastik usw.) auch betrachtet. Die Ästhetik ist ein Teilgebiet der Philosophie und wurde von dem Hallenser Professor Alexander Baumgarten (1714–1762) begründet. Baumgarten schwebte eine Ästhetik als Lehre vom Schönen in der Natur, besonders aber in der Kunst, vor, die von seinen Nachfolgern zu einem System der Künste weiterentwickelt wurde. Hieraus entstand die vergleichende Kunstwissenschaft als besonderer Zweig der Ästhetik, die die spezifisch ästhetischen Komponenten der Dichtung gegen die der anderen Künste abgrenzen soll. Dabei werden nicht nur die verschiedenen Künste terminologisch miteinander vermischt (man spricht bekanntlich vom ›Aufbau‹ einer Dichtung, von ›Wortmalerei‹ oder ›Musikalität‹ der Sprache usw.), sondern später haben Wissenschaftler (Oskar Walzel [1864–1944] und Fritz Strich [1882–1963]) sogar versucht, die von Heinrich Wölfflin (1864–1945) für die verschiedenen Epochen der Malerei, Plastik und Baukunst entwickelten kunstgeschichtlichen Grundbegriffe (wie linear, flächenhaft, geschlossen, klar für die Renaissance; malerisch, offen, tief, unklar für den Barock usw.) auf die Lit. zu übertragen, nachdem die klare Reihenfolge der Kunststile mit Gotik, Renaissance, Barock, Rokoko, Romantik, Biedermeier, Realismus, Impressionismus, Expressionismus usw. bereits als Periodisierungsschema in die Lit.wiss. aufgenommen worden war. Derartige Analogien haben jedoch vorab summarischen Wert und werden dem eigentlichen Wesen des künstlerischen Vorgangs in den verschiedenen Künsten nicht gerecht. Sie können jedoch bei der Beschreibung von Einzelelementen eines Werkes von Nutzen sein. – Die Dichtung hat jedoch oft versucht, Wirkungen anderer Künste hervorzubringen, wobei nicht so sehr an eine thematische Beeinflussung zu denken ist (Mallarmés Gedicht ›L'après-midi d'un faune‹ wurde von einem Boucher-Gemälde angeregt; Victor Hugo, Théophile Gautier, die Parnassiens haben Gemälde bedichtet usw.), sondern an eine Formel wie das Horazische ›ut pictura poesis‹, die besagt, daß der Dichter in seinen Beschreibungen die Wirkungen der Malerei erzielen soll. Eine derartige Deutung von Kunstwerken übersieht, daß der Künstler nicht allgemeine Stimmungen wiedergibt, sondern mit einem konkreten Material, der Sprache, arbeitet, die eigenen Gesetzen unterworfen ist. – Das bisher Gesagte zeigt, daß es aufgrund der Verwandtschaft der Künste und ihrer gemeinsamen Erforschung in der Vergangenheit sehr nützlich und sinnvoll ist, eine vergleichende Betrachtung vorzunehmen, die einzelne Aspekte näher beleuchten kann. Wirkliche Parallelen, die den gleichen oder ähnlichen gesellschaftlichen Hintergrund der Künste betreffen und zeigen, wie künstlerische Normen an bestimmte Gesellschaftsklassen gebunden sind und sich gleichzeitig mit gesellschaftlichen Umwälzungen verändern, sind bisher kaum analysiert worden, da eine vergleichende Kunstsoziologie erst im Entstehen begriffen ist (z. B. *A. Hauser:* Sozialgeschichte der Kunst und Literatur. München 1972).

3. Notwendige Voraussetzungen des Textverständnisses. Textgeschichte. Über die philologischen Voraussetzungen der Herstellung eines Textes wird noch ausführlich gesprochen werden (s. Kap. IV). Neben den rein editorischen Problemen versucht die Textphilologie auch, je nach Art einer Vorlage, Aufschluß über Entstehung, Beschaffenheit und Geschichte eines handschriftlich oder gedruckt überlieferten Textes zu geben und stützt sich dabei auf verschiedene Teildisziplinen.

Bis zur Erfindung der Buchdruckerkunst (ca. 1457) durch den Mainzer Johannes Gutenberg (ca. 1397–1468) wurden Texte handschriftlich überliefert, wobei den verschiedenen Epochen des MA auch verschiedene Schriftarten eigen sind. Die wichtigsten sind die sog. ›Karolingische Minuskel‹ und die daraus um die Wende vom 12. zum 13. Jh. hervorgegangenen gotischen Schriftarten, die sich nach Ausformung und Verbreitungsgebiet voneinander unterscheiden. Die Geschichte der Schrift bildet den Gegenstand der ›Paläographie‹; die Geschichte der Beschreibstoffe, der einzelnen Manuskripte und der Bibliotheken, in denen diese aufbewahrt wurden, der ›Kodikologie‹, einer verhältnismäßig jungen Wissenschaft. – Die frühen Drucke, die man bis zum Jahr 1500 ›Wiegendrucke‹ oder ›Inkunabeln‹ nennt, sind oft nicht datiert oder verschweigen den Druckort, beides wichtige Angaben für die Geschichte eines Werks. Diese Fragen bilden das Forschungsgebiet der ›Inkunabulistik‹, die wiederum ein Teilgebiet der allgemeinen Buchkunde ist, die alles das erforscht, was mit der bibliographischen, typographischen, literargeschichtlichen und wirtschaftlich-soziologischen Geschichte des Buches zu tun hat.

Biographie. Die Kenntnis der Lebensumstände eines Dichters kann sein dichterisches Werk erhellen und erklären helfen, weshalb der Biographie im Rahmen der Lit.wiss. ein exegetischer Wert zukommt. Aus ihrer Kenntnis läßt sich ein Dichter einmal in eine bestimmte Epoche einweisen, zum anderen lassen sich in seinem Werk u. U. Fremdeinflüsse erkennen. Dennoch darf die Lit.wiss. die Biographie nicht überbewerten und das Kunstwerk nur als eine Verkörperung von Erlebnissen betrachten. Selbst wenn ein Kunstwerk Bestandteile enthält, deren biographischer Charakter mit Sicherheit nachzuweisen ist, erscheinen diese Elemente in neuer Ordnung und Umformung und verlieren damit ihre spezifische persönliche Bedeutung. – Natürlich kann man das Leben und Werk eines Künstlers auch allein unter biographischen Gesichtspunkten betrachten und alle seine Werke als autobiographische Äußerungen ausdeuten. Man behandelt ihn dann als eine besonders interessante Persönlichkeit, die sehr bewußt über sich selber und ihre Zeit reflektiert hat und viel diesbezüglich verwertbares Material hinterlassen hat, das vielleicht dem Historiker, Psychologen, Soziologen usw. wichtige Aufschlüsse vermitteln kann. Hier kann die Lit.wiss. zur Hilfsdisziplin für andere Wissenszweige werden. Der Künstler unterscheidet sich dann aber nicht von irgendeiner anderen zeitgenössischen interessanten Persönlichkeit. Biographie in diesem Sinn ist eine lit. Gattung, die ursprünglich ein Zweig der Historiographie war und besonders in der Antike und im MA (Plutarch, Cornelius Nepos, Hieronymus, Petrarca u. a.) gepflegt wurde. – Zu wiss. Exaktheit wurde die Biographie vor allem von den Positivisten des 19. Jhs. erhoben, die eine prinzipielle Gleichheit von Innen und

Außen, Physis und Psyche, postulierten und Einzelphänomene nur als Elemente eines größeren Zusammenhanges betrachteten. Die großen nationalen Sammelbiographien (in Deutschland ›Allgemeine Deutsche Biographie‹ [ADB]; in Frankreich *J. Michaud*: Biographie universelle ancienne et moderne. Paris 1843–1865, 45 Bde. und *J. Chr. F. Hoefer:* Nouvelle biographie générale depuis les temps les plus reculés jusqu' à nos jours. Paris 1853–1866, 46 Bde.) nahmen in dieser Zeit ihren Anfang. Dies hatte auch für die Lit.wiss. Konsequenzen, die den Gedanken der Einheit von Leben und Werk übernahm (sog. ›Biographismus‹) und deshalb die Dichterbiographie genau untersuchte. Als Begründer der positivistischen Literaturbetrachtung gilt Hippolyte Taine (1828–1893) mit seinem großen Essay über Balzac (1858; s. Kap. VIII, S. 113 ff.). – Die auf den Positivismus folgenden idealistisch orientierten Literaturwissenschaftler haben dieses Prinzip, das Werk als Kausalität des Lebens anzusehen, abgelehnt und nahmen höchstens eine Bedingtheitsrelation im eingangs gemachten Sinne an.

Der Text als sprachliches Dokument. Berührungen mit der Linguistik. Da das Material aller Lit. die Sprache ist, die in die beiden Komponenten ›Klang‹ und ›Bedeutung‹ zerfällt, muß sich ein Literaturwissenschaftler auch mit sprachlichen Phänomenen beschäftigen, doch wird er, im Unterschied zum eigentlichen Sprachwissenschaftler, ein lit. Werk nicht als Dokument der Sprachgeschichte, sondern als ästhetisches Kunstwerk betrachten, das zur Erzielung seiner spezifischen Wirkung auch zahlreiche sprachliche Mittel einsetzt. Dementsprechend können die einzelnen Teildisziplinen der Sprachwiss. gute Dienste leisten: die Phonetik ist für die Untersuchung des Metrums, der Euphonie und des Rhythmus wichtig; die Lexikologie informiert über Bedeutung und Bedeutungswandel des von einem Dichter verwandten Wortmaterials (z. B. Provinzialismen, Archaismen, Neologismen usw.); die Syntax (Inversion, Antithesen, Parallelismen usw.) kann Aufschlüsse über die Gedankenführung vermitteln. Die Sprachwiss. steht bei einer derartigen Betrachtung ganz im Dienst der Lit.wiss. – In neuerer Zeit haben sich Sprach- und Lit.wiss. generell wieder angenähert, seit die Sprachwiss. von der historisch-positivistischen Methode der Junggrammatiker abgerückt ist. Dies ist das Verdienst der sog. Genfer Linguistenschule um Ferdinand de Saussure (1857 bis 1913) und Charles Bally (1865–1947), die die Sprache synchronisch als System von Ausdruckszeichen betrachtete, das im Zusammenhang mit dem sozialen Leben zu sehen sei. Man unterscheidet dabei zwischen ›langue‹, Sprache als überindividuellem System, und ›parole‹, Rede des einzelnen. Dabei wird auch die verschiedenartige Funktion der sprachlichen Mittel deutlich, wie sich nämlich die charakteristische Sprachbehandlung des Individuums vom allgemeinen Sprachgebrauch unterscheidet. – Die Interpretationsmethode der Stilanalyse (s. Kap. VI, S. 87 ff.), deren wichtigste Vertreter im Bereich der Romania Leo Spitzer (1887–1960) und Dámaso Alonso (*1898) sind, untersucht mit linguistischen Methoden den Werk- oder Personalstil eines Autors und grenzt ihn gegen das sprachliche System der Umwelt ab, um auf diese Weise seine Originalität oder Individualität zu bestimmen. Spitzer postulierte darüber hinaus einen Parallelismus zwischen sprachlichen und inhaltlichen Elementen und glaubte, psychologische Merkmale eines Dichters aus seinen Stilzügen erkennen zu können, doch beruht die angenommene Entsprechung zwischen bestimmten Stilmitteln und einer bestimmten Gemütsverfassung oft auf einer Täuschung. – Die Genfer Schule und in gewissem Umfang auch die Prager Schule der Phonologen Nikolai S. Troubetzkoy (1890–1938) und Roman Jakobson (* 1896) hat neben der Stilanalyse letztlich auch den lit. Strukturalismus ins Leben gerufen, der das lit. Werk als ein System untereinander funktionierender linguistischer Zeichen ansieht, die zusammen eine Struktur bilden, und damit linguistische Strukturbefunde auf die Lit.wiss. anwendet. (s. Kap. VIII, S. 139 ff.).

4. Werktranszendierende Analysen. Komparatistik und Toposforschung. Während zur Entstehungszeit der Lit.wiss. in der Romantik, z. B. bei Friedrich Schlegel (1772–1829), der Gedanke der Einheit einer europäischen Lit. und die Konzeption einer universalen Literaturtheorie vorherrschten, bildeten sich aber, nicht zuletzt aus politischen Gründen, im Laufe des 19. Jhs., dem Jh. der Nationalstaaten, auch nationale Literaturwissenschaften oder besser Literaturgeschichten (s. Kap. I, S. 11 ff.) heraus. Wie aber bereits früher dargelegt wurde (s. Kap. II, S. 19 f.), bestehen zwischen den einzelnen Nationalliteraturen häufig Gemeinsamkeiten: So sind z. B. die fr. Troubadourlyrik und der deutsche Minnesang eng miteinander verwandt, Renaissance und Humanismus, Barock, Aufklärung usw. sind gemeineuropäische Phänomene, die nicht isoliert verstanden werden können. Derartige Gemeinsamkeiten, Beziehungen und Abhängigkeiten aufzuzeigen, jedoch nicht im Sinne einer additiven Enzyklopädik, bemüht sich die interdisziplinär ausgerichtete ›Komparatistik‹ oder ›Vergleichende Lit.wiss.‹, die vor allem in den USA und Frankreich zu Hause ist und an die Stelle der national orientierten romanistischen, anglistischen, germanistischen, slavistischen usw. Literaturwissenschaften tritt. – Polemisch setzt sich neuerdings Hans Robert Jauß (*1921) mit der Komparatistik auseinander und wirft ihr vor, die Nationalliteraturen zwar wieder zueinander in Beziehung zu setzen, sie dabei jedoch für ›metahistorische Entitäten‹ zu halten, die unter eigenen Gesetzen stünden. Jauß schlägt stattdessen eine synchronische Literaturbetrachtung vor, die zwar auch komparatistisch sein kann, die aber Werke verschiedener nationaler Literaturen an einem historischen Parameter von größerer Allgemeinheit mißt, etwa Heine, Hugo und Stendhal an den Ereignissen der Julirevolution von 1830. – Den Gedanken der Einheit der europäischen Lit. hat auch Ernst Robert Curtius in seinem 1948 zuerst erschienenen Werk »Europäische Literatur und lateinisches Mittelalter« betont. Curtius sah diese Einheit in der mittellat. Lit. verkörpert, die die antike Tradition gespeichert und an die Moderne weitergegeben habe, was er am Beispiel der Topoi (Gemeinplätze) exemplifizierte (s. Kap. VI, S. 83 f.). Wenngleich die Toposforschung zu Lasten des Schöpferischen und Individuellen geht, da ein Topos jeweils einen anderen Stellenwert einnimmt, gebührt Curtius doch das Verdienst, eine gemeineuropäische Tradition nachgewiesen zu haben. Aus dem Gesagten ergibt sich, daß auch die Toposforschung eine interdisziplinäre Wissenschaft ist, die sich aus den verschiedenen Bereichen (Klassische und mittellat. Philologie, ma. Geschichte, Lit.wiss., Theologie usw.) speist.

Die geistesgeschichtliche Methode. Die geistesgeschichtliche (auch idealistische) Methode, deren romanistische Hauptvertreter Benedetto Croce (1866–1952) und Karl Voßler (1872 bis 1949) sind, geht davon aus, daß sich der menschliche ›Geist‹ in den verschiedenen Medien wie Philosophie, Religion, Recht, Musik, Kunst, Lit. usw. niederschlägt. Diese Methode, die von Philosophen als Reaktion gegen die analytische Auffassungsweise des Positivismus erarbeitet wurde und sehr bald in der Lit.wiss. Fuß faßte, verknüpft jede Einzelwiss. mit der gesamtkulturellen Wirklichkeit. Die verschiedenen Disziplinen bilden dabei den realen Unterbau des ›Geistes‹. Sie werden jedoch nicht durch- oder auseinander erklärt, sondern als Ausschnitte, als Einzelmomente, betrachtet – insofern ist die geistesgeschichtliche Methode ahistorisch – und müssen erst wieder in einer Synthese zum ideellen Überbau zusammengefügt werden. In der 1923 von Erich Rothacker (1888–1965) und Paul Kluckhohn (1886–1957) begründeten ›Deutschen Vierteljahrsschrift für Literaturwissenschaft und Geistesgeschichte‹ sollte versucht werden, das Konzept der Geistesgeschichte zu verwirklichen. Deshalb kommen hier neben den Literaturwissenschaftlern zwar auch Philosophen, Kirchenhistoriker, Soziologen, Historiker, Altphilologen usw. zu Wort, doch werden die Verbindungen zwischen den einzelnen Fächern und Methoden in den seltensten Fällen verwirklicht.

Die Literatursoziologie. Wenn die Lit. im Hinblick auf die sie bedingende und von ihr geprägte Gesellschaft untersucht wird, spricht man von Literatursoziologie, ein Terminus, der jedoch vieldeutig ist. Einmal bedeutet er den Übergang zu einer anderen Disziplin, eben der Soziologie, die sich ja je nach Schwerpunktsetzung in verschiedene Sondersoziologien unterteilen läßt. Die Literatursoziologie ist jedoch nur so lange ein Teilgebiet der Lit.wiss., als sie die lit. Erklärung von Lit. nicht aus dem Auge verliert, wohingegen die Soziologie Lit. als Phänomen der menschlichen Vergesellschaftung betrachtet, das sie mit streng erfahrungswiss. Methoden untersucht und dabei eine möglichst umfassende und verallgemeinernde Aussage anstrebt (s. Kap. VIII, S. 162 ff.). Im augenblicklichen Sprachgebrauch hat Literatursoziologie darüber hinaus eine ideologische Komponente, da sie voraussetzt, daß Lit. als Phänomen des historischen Überbaus letztlich auf die gesellschaftliche Basis zurückzuführen ist.

Literatur und Psychoanalyse. Die psychologische Erforschung des Schaffensprozesses eines Dichters, die psychologische Wirkung eines Werkes auf den Leser (Publikumspsychologie) und die Betrachtung der in einem Werk vorkommenden Personen und Typen nach ihrer Psyche sind Fragen, die entweder die Biographie (s. o.) betreffen oder Voraussetzung zum Verständnis eines Werkes überhaupt sind (s. u.) und stellen noch keine werktranszendierende Analyse dar. Erst die Psychokritik (s. Kap. VIII, S. 150 ff.) bedient sich bei der Interpretation von Texten der Psychologie, und zwar der seit Anfang des 20. Jhs. von Sigmund Freud (1856–1939), Carl Gustav Jung (1875–1961) und Otto Rank (1884–1939) entwickelten Psychoanalyse, die das Unterbewußtsein des Menschen erforscht. Voraussetzung der Anwendung dieser Methode sind entsprechende psychoanalytische Fachkenntnisse; des weiteren müssen auch die Biographie des Autors und die wörtliche Bedeutung seines Werkes in verläßlicher Form geklärt sein. Aus einem ständigen Vergleich zwischen Autorbiographie und Text kann möglicherweise ein traumatisches Grunderlebnis gefunden werden, dessen Verdrängung das Werk prägt. Diesen Gedanken formulierte zum ersten Mal Freud, der im Künstler ganz allgemein den Neurotiker sah, der sich durch seine schöpferische Arbeit vor dem Zusammenbruch rettet. Freud sah die künstlerische Arbeit dabei zu monokausal und konzentrierte sich zu sehr auf die Werkgenese. (Jungs Lehre vom kollektiven Unbewußten, das Archetypen, Urbilder, hervorbringt, deren sich ein Dichter bei der künstlerischen Darstellung bedient, kann nicht als lit.-ästhetische, sondern nur als psychologische Interpretation angesehen werden). Wie Charles Mauron (*1899), der bedeutendste fr. Vertreter der Psychokritik selber sagt, kann diese nur Teilaspekte eines Werkes erklären, das darüber hinaus auch von Tradition, Gesellschaft, Geschichte usw. mitbestimmt wird.

5. Überschneidung der Literaturwissenschaft mit anderen Nachbardisziplinen. Zahlreiche in lit. Absicht verfaßte Werke setzen jedoch beim Leser Sachkenntnisse voraus, die er entweder gar nicht oder nur in beschränktem Umfang hat oder die er heute nicht mehr hat. Dies hängt z. T. mit einem gewandelten Bildungsbegriff zusammen, der bis vor wenigen Jahren noch humanistisch orientiert und stark vom Christentum geprägt war, z. T. haben sich einige Autoren aber selber erst entsprechende Spezialkentnisse erworben, weil dies für die Verwirklichung ihrer lit. Absichten nötig war, z. B. Gustave Flaubert in seinem Spätwerk »Bouvard et Pécuchet« (1872/81), in dem der Autor sich zwei ehemalige Pariser Angestellte nacheinander in alle möglichen Wissensgebiete einarbeiten läßt, um auf diese Weise gegen den bornierten Positivismus seines wissenschaftsgläubigen Zeitalters zu polemisieren.

Bis vor wenigen Jahren konnte ein Schriftsteller beim gebildeten Lesepublikum eine genaue Kenntnis der griechischen und röm. Mythologie voraussetzen, und es fällt z. B. auf, daß das fr. Theater in der ersten Hälfte dieses Jhs. noch reichlich von der antiken Mythologie Gebrauch macht (z. B. Jean Giraudoux [1882–1944] mit »Amphitryon«, »La guerre de Troie n'aura pas lieu« u. a.; Albert Camus [1913–1960] »Caligula«; Jean-Paul Sartre [*1905] »Les mouches«; Jean Anouilh [*1910] »Antigone«, »Eurydice«, »Médée« usw.), wie auch der ›Nouveau Roman‹ ohne derartige Kenntnisse unverständlich bleibt (z. B. Michel Butor [*1926], »Passage de Milan«, »La modification«; Claude Simon [*1913] »La bataille de Pharsale« usw.). Dabei verlockt der Mythos als symbolische Verdichtung allgemeiner Urerlebnisse immer wieder zur neuen Gestaltung, um eigene Erfahrungen zu verdeutlichen. Nicht viel anders verhält es sich mit theologischen Kenntnissen, ohne die große Teile der rom. Literaturen wie die Mirakelspiele des MA, die Mysterienspiele des 15. und 16. Jhs., die homiletische Lit. des 17. Jhs. bis hin zu den Dichtungen eines Paul Claudel (1868–1955) oder Charles Péguy (1874–1914) nicht nur unzugänglich bleiben, sondern auch zahlreiche entsprechende Anspielungen nicht erkannt werden (z. B. Baudelaires Sonett »De profundis clamavi« in Anspielung auf Psalm 129). Infolge einer sich immer stärker bemerkbar machenden Geschichtsmüdigkeit und Säkularisierung des Denkens können derartige Kenntnisse nicht mehr vorausgesetzt werden und müssen, soweit kommentierte Textausgaben diese Mühe nicht abnehmen, vom Leser selbst mit Hilfe der entsprechenden Repertorien ermittelt werden. – Mag man derartige Kenntnisse aber immer noch zu einer guten Allgemeinbildung rechnen, so setzt die Deutung anderer lit. Werke, wie bereits gesagt, Spezialkenntnisse voraus, wobei es in den meisten Fällen nicht um die ästhetische Würdigung, sondern um das reine Sachverständnis geht. Hierbei bleiben primär nichtlit. Werke wie etwa Montesquieus »Esprit des lois«, Rousseaus »Contrat social« u. a. außer Betracht. Aber, um zwei besonders signifikante Beispiele zu nennen, François Rabelais' »Gargantua et Pantagruel« (1532–1564) ist nicht ohne subtile Kenntnisse der antiken wie zeitgenössischen Medizin, Geographie, Philosophie, Theologie, Musik usw. zu verstehen und zu würdigen, und ähnliches gilt für Savinien Cyrano de Bergeracs [1619–1655] »L'autre monde«, das eine recht genaue Vertrautheit mit der zeitgenössischen Philosophie, Theologie und Astronomie erfordert. Einen Sonderfall bildet die Epoche der Aufklärung, als zahlreiche Schriftsteller philosophische Kenntnisse in leicht verständlicher Form mit den Mitteln der ›Schönen Literatur‹ verbreiteten, um ein größeres Dilettantenpublikum anzusprechen und auf diese Weise für den neuen Fortschrittsglauben zu gewinnen. Den Anfang machte Fontenelle (1657–1757) mit seinen »Entretiens sur la pluralité des mondes«, der damit eine Literaturrichtung begründete, der sich später andere Aufklärer anschlossen. In diesem Zusammenhang sind auch die zahllosen Utopien des späten 17. und 18. Jhs. zu erwähnen, die im Gewand abenteuerlicher Reiseberichte zunächst nicht als verwirklichbar angesehene Staatswesen entwerfen, um auf diese Weise ein Korrektiv zu der als unvollkommen empfundenen Gegenwart zu bieten.

Die wichtigsten Disziplinen, bei denen der Literaturwissenschafler deshalb bisweilen Anleihen machen muß, sind, soweit sie in Buchkunde und Biographie (s. o.) noch nicht genannt wurden, Philosophie, Psychologie, Pädagogik, Geschichte und historische Hilfswissenschaften, Volkskunde, Geographie, Kunstgeschichte, Klassische Archäologie, allgemeine Sprachwiss., Musik und Theater, Rechts- und Staatswissenschaften, Wirtschaftswissenschaften, Medizin, Naturwissenschaften, Technik und Mathematik, wobei der Intensitätsgrad des Einflusses auf die Lit. schwankt, da Philosophie oder Theologie einen größeren Einfluß als beispielsweise die Medizin ausgeübt haben. Die entsprechenden Hilfsmittel für die einzelnen Fachdisziplinen sind ohne Mühe mit den Repertorien von *L.-N. Malclès:* Les sources du travail bibliographique. Genf/Lille 1950–58, 3 Teile in 4 Bdn., und *G. A. Zischka,* Index Lexicorum. Bibliographie der lexikalischen Nachschlagewerke. Wien 1959, zu ermitteln.

Literatur:

Conrady, Nr. 25; 72–74; *Curtius,* Nr. 29; *Maren-Grisebach,* Nr. 100; *Hauser,* Nr. 66 u. 67; *Jauß,* Nr. 78; 107–143; *Kayser,* Nr. 83; 27–52 u. passim; *Lausberg,* Nr. 94; *Pollmann,* Nr. 114; *Ronge,* Nr. 119; *Wehrli,* Nr. 146; 114–131, 132–161; *Wellek-Warren,* Nr. 149; 81–152.

1. Die Textsicherung. Die Wichtigkeit und Bedeutung einer genauen Textedition für den Literaturwissenschaftler kann nicht oft genug betont werden, denn jede Interpretation muß auf einem festen Textfundament ruhen, da sie sonst bereits von der philologischen Kritik widerlegt werden kann. Ein gerne zitiertes Beispiel ist die dritte Zeile in André Chéniers VI. Jambe (éd. Pléiade, S. 192), die in den frühen Editionen »Pauvres chiens et moutons, toute la bergerie« lautete, bis der Gräzist und geschulte Textphilologe Henri Weil (1818–1909) die Unsinnigkeit dieser Stelle erkannte und für »pauvres« »pâtres« setzte; ein anderes die in älteren Pascalausgaben für »troupes armées« (*Pensée* 82, éd. Brunschvicg, S. 367 Z. 3) stehende Stelle »trognes armées« (dt. Mondgesichter!), womit ein Interpret die Urwüchsigkeit der Sprache Pascals belegen wollte. Ein Herausgeber kann nicht exakt genug arbeiten, und bisweilen kann das Verständnis eines ganzen Abschnitts nur von einer auf den ersten Blick unbedeutend erscheinenden Kleinigkeit, z. B. einem Satzzeichen, abhängen. Ein berühmtes Beispiel ist hier eine Passage aus dem Anfang von Stendhals »Vie de Henri Brulard«, einem autobiographischen Werk, das erstmalig 1890 in der unvollständigen und fehlerhaften Ausgabe von C. Stryienski erschien: Gleich zu Beginn meditiert Brulard über seine unglücklichen Liebschaften, »je vois que j'ai été constamment occupé par des amours malheureuses«, die er dann aufzählt (éd. Pléiade, S. 4 f.). Er endet mit der Liebe zu Métilde, von der er sagt: »Métilde a occupé absolument ma vie de 1818 à 1824. Et je ne suis pas encore guéri, ai-je ajouté, après avoir rêvé à elle seule pendant un gros quart d'heure peut-être. M'aimait-elle?«, und unterstreicht damit die Desillusionierung seiner Erfahrungen. Der bekannte Philologe Joseph Bédier (1864–1938) änderte den Text, indem er den Punkt *vor* »peut-être«, statt danach setzte, wodurch die Passage einen optimistischen Schluß erhält, was für das psychologische Verständnis Stendhals wesentlich sein könnte. Die kritische Ausgabe von H. Debraye (éd. Champion, 1913), die auf einer genauen Auswertung der Urschrift (›Autograph‹) beruhte, erwies die Bédier'sche Konjektur und die daran geknüpften Spekulationen jedoch als falsch. – Die textkritische Arbeit, auf der alle späteren Interpretationen basieren, erfordert von dem, der sie tut, Gewissenhaftigkeit und Fleiß, aber auch

Entsagung, da natürlich nicht alle Varianten relevant und interessant sind und damit eine Fülle von mechanistischer Arbeit zu leisten ist, der wenig Glanz beschieden ist.

2. *Die Geschichte der Textkritik bis auf Lachmann. Die Entstehung der Romanischen Philologie.* Die Herausgabe zuverlässiger Texte erfolgte erst im Lauf des 19. Jhs., als sich die Philologien zu eigenständigen Wissenszweigen entwickelten. Bis zu diesem Zeitpunkt (etwa 1830) druckte man bei antiken und ma. Werken irgendeine Hs. ab, die man zufällig zur Verfügung hatte, und bei der der Herausgeber nur die gröbsten und augenscheinlichsten Fehler verbesserte. Erst die klassische Philologie des 19. Jhs. machte einen Anfang mit der Textkritik, was nicht verwundert, da die griechische und lat. Lit. in der Auffassung der Gebildeten seit dem Zeitalter des Humanismus immer noch ihre exemplarische Mustergültigkeit hatte behaupten können und im Zentrum des gelehrten Interesses stand. – Zwei Faktoren, die beide gleich wichtig sind, begünstigten jedoch auch die Entstehung einer rom. Philologie: die Nationalgeschichtsschreibung Frankreichs und die deutsche Romantik. Seit der Zeit Ludwigs XIV., in deren Gefolge die geistige Vormachtstellung Frankreichs in ganz Europa anerkannt wurde, ein Zustand, der noch lange andauern sollte, erschien auch die historisch-politische Vergangenheit Frankreichs wichtig. Die ›Académie des Inscriptions et Belles Lettres‹, die sich aus der ›Académie Française‹ abgespalten hatte und sich anfangs nur mit der Beschreibung und Erklärung alter Kunst- und Baudenkmäler befaßte, fiel später überhaupt die Pflege der älteren Geschichte, Lit. und Kunst Frankreichs zu. Die Ideen des Akademiemitglieds La Curne de Sainte-Palaye (1697 bis 1781), auch afr. Hss. zu sammeln und davon möglichst genaue Texte herzustellen, verhallten vorerst jedoch noch ungehört. – Einen wichtigen Impuls für die Erforschung der afr. und apr. Literatur setzte die »Histoire littéraire de la France«, die von den Benediktinern der Abtei von Saint Maur bei Paris unter Leitung von Dom A. Rivet († 1749) begonnen wurde und von der 1733–50 die ersten neun Bände erschienen, die bis zum Anfang des 12. Jhs. reichten, aber in erster Linie die lat. Lit. auf fr. Boden abhandelten. Denn erst in der Epoche der Romantik, in der alles Mittelalterliche aus hier nicht zu erörternden Gründen ein günstiges Aufnahmeklima fand, setzte, vor allem in Deutschland, eine systematische Beschäftigung mit der afr., besonders der apr. Lit. ein. Friedrich v. Schlegel (1772

bis 1829) träumte in den Jahren seines Pariser Aufenthalts davon, die gesamte apr. Lit. in einem Korpus herauszugeben, gab diesen Plan jedoch später wieder auf. Jakob Grimm (1785 bis 1863), Ludwig Uhland (1788–1862) und Ludwig Tieck (1773 bis 1853) beschäftigten sich intensiv mit älterer rom. Dichtung. Als Begründer der rom. Philologie wird jedoch François Raynouard (1761–1836) angesehen, der an der 5. Ausgabe des »Dictionnaire de l'Académie Française« (1798) mitarbeitete und dabei zu dem Schluß kam, der fr. Wortschatz sei vor allem an Hand älterer Texte genauer zu erforschen. Aus diesem Grund befaßte er sich intensiv mit dem Altprov., der Sprache der Troubadoure, das er irrtümlich für die Vorform aller rom. Sprachen hielt. Dem deutschen Gelehrten Friedrich Diez (1794 bis 1876), der aus dem Umkreis der Romantiker kam und vielleicht von Goethe auf das Werk Raynouards hingewiesen wurde, gebührt jedoch das Verdienst, die historische oder genealogische Methode, die sich um die ›kritische‹ Edition von Texten kümmert, auf die Edition rom. Texte übertragen zu haben.

3. Die historische (genealogische) Methode. Die historische (genealogische) Methode wurde an altphilologischen und mediävistischen Texten entwickelt, die meist in fremdhändigen Abschriften oder späteren Drucken, fast nie im Original oder in Vorstufen, überliefert sind. Aus dieser Situation heraus entstand die Textkritik, die das besondere Verdienst Karl Lachmanns (1793–1851) ist, der die Ansicht vertrat, die hs. Überlieferung jedes Autors gehe immer auf ein einziges Exemplar, den von ihm so benannten ›Archetypus‹, zurück, der im Idealfall mit dem Original identisch, aber in den seltensten Fällen erhalten ist. (Der Begriff ›Original‹ im Sinne von erster Niederschrift ist zu statisch, da im Normalfall jedes Werk in mehreren Schichten entsteht. Man geht deshalb vom sog. Archetypus aus, auf den alle erhaltenen Hss., auch als ›Zeugen‹ bezeichnet, zurückgehen). Der klassische Editor versucht, den ursprünglichen Text (Archetyp oder Original) durch möglichst vollständige Beseitigung der überlieferungsgeschichtlich bedingten Textverderbnisse (›Korruptelen‹) zu rekonstruieren. Da er es meist mit nichtautorisierten Überlieferungsträgern zu tun hat, an denen der Autor keinen Anteil hatte, ist er zum Verfahren der ›Kontamination‹, d. h. der Vermischung von Lesarten aus verschiedenen Hss., gezwungen.

Recensio – Emendatio. Die Textkritik der Altphilologie und

Mediävistik geschieht in zwei Phasen, die man ›Recensio‹ und ›Emendatio‹ nennt. Der kritische Text soll auf einer Klassifizierung sämtlicher bekannter Hss. fußen, die nach einem sorgfältigen Vergleich die gegenseitigen Abhängigkeitsverhältnisse und Beziehungen deutlich macht, sie zu Familien zusammenfaßt und in einem Stammbaum (›Stemma‹) ordnet, da sich die Hss. oft nach Alter und Beschaffenheit erheblich voneinander unterscheiden (beispielsweise gibt es beim »Roman de la Rose« über 100 Handschriften!) und geprüft werden muß, welche Hs.[en] der späteren Ausgabe zugrunde gelegt werden soll[en]. Diesen Vorgang der Hss.-Sichtung nennt man Recensio. Als Kriterium der Klassifizierung dient das Vorkommen von Fehlern, die zwei oder mehr Manuskripten gemeinsam sind. Man geht davon aus, daß zwei oder mehr Kopisten unabhängig voneinander nicht denselben Fehler machen. Wenn ein solcher vorliegt, muß er schon in der Vorlage, von der die Hss. abgeschrieben worden sind, gestanden haben. Diese Fehler werden aus der großen Zahl der Lesarten (›Varianten‹) mit Hilfe der Konjekturalkritik ausgewählt, begründen die verschiedenen Hss.-Familien und führen damit zur Erstellung des Stemmas. Die Feststellung eindeutiger Fehler ist sehr schwierig, da Verschreibungen usw. ausgeschaltet werden müssen und zum Schluß nur wenige wirkliche Fehler übrigbleiben. – Ist das Stemma angelegt, dient es auch zur Rekonstruktion (›Restitutio‹) des Textes, und zwar nach den gleichen Kriterien, die zu seiner Anlage geführt haben (Zirkelschluß!), denn die Lesart des vermeintlichen Originals ergibt sich aus der Übereinstimmung der Mehrheit seiner voneinander unabhängigen Abkömmlinge, die ihrerseits durch (Nicht-)Übereinstimmung der Fehler geordnet worden waren. – Bei der Restitutio stellt der Editor sämtliche Lesarten einander gegenüber (›Kollationierung‹) und sucht die besten nicht bloß in subjektiver Entscheidung, sondern unter Einbeziehung sprachlich-stilistischer, grammatikalischer, metrischer etc. Kriterien aus und verbessert Fehler, Textlücken und nicht originale Einschübe (›Interpolationen‹). Diese Textverbesserung durch Erschließung an Hand innerer Kriterien nennt man ›Emendatio‹. Der Herausgeber muß seine Entscheidungen im Einzelfall jedoch deutlich machen und zum Zweck der Überprüfbarkeit die ausgeschiedenen Lesarten in einem ›kritischen Apparat‹, meist am Fuß der Seite, mit abdrucken. Der durch Recensio und Emendatio rekonstruierte Text beruht demnach auf einer mosaikartigen Verbindung mehrer Hss. (›Kontamination‹) und setzt eine klar erkennbare Erbfolge des Textes von Hs. zu Hs. bis hin zum Archetypus und zum Original voraus. Neben der Herstellung des Textes zeigt das Stemma aber auch die Geschichte der Textüberlieferung an und wird in den verschiedenen Ausgaben deshalb möglichst gleichartig angelegt. Der erschlossene Archetypus wird meist mit ω, die Subarchetypi, d. h. die erschlossenen Urformen einzelner Hss.-Familien mit α, β, γ usw., die vorhandenen Hss. mit den Großbuchstaben des lat. Alphabets A, B, C usw., soweit es sich um Pergament-Hss., mit den Kleinbuchstaben a, b, c usw., soweit es sich um Papierhandschriften handelt, bezeichnet. Die dem Original am nächsten stehenden und damit qualitativ besten Abkömmlinge werden von links nach rechts und ihrem Alter entsprechend von oben nach unten gesetzt und mit Schrägstrichen verbunden, wobei der Archteypus zuoberst steht. Das erste derartige Stemma wurde 1831 von C. G. Zumpt, nach Meinung anderer von F. Ritschel 1832 aufgestellt.

Datierungsfragen – Sicherung der Autorschaft. Mit der Herstellung eines kritischen Textes, zu dem auch die Verifizierung vorkommender Fremdzitate und die Angabe von Quellen hinzugehört, was eine umfassende Belesenheit seitens des Herausgebers voraussetzt, ist dessen Aufgabe oft noch nicht beendet, denn die Ermittlung des Autors und der Abfassungszeit eines Werkes gehören ebenfalls dazu. In den meisten Fällen, besonders in der neueren Literatur, wird dabei kein Problem auftauchen, da sich der Autor selber im Titel nennt. Bei zahllosen ma. Werken hingegen ist es jedoch entweder überhaupt aussichtslos, den Autor namhaft machen zu wollen – solche Werke (z. B. »Eulaliasequenz«, »Alexiuslied« usw.) müssen dann als anonym angesehen werden – oder die Autorschaft läßt sich nicht eindeutig klären. So streiten Generationen von Gelehrten darüber, was die Zeile 4002 des »Rolandsliedes« bedeutet (»Ci falt la geste que Turoldus declinet«), ob nämlich Turoldus der Verfasser oder nur der Kopist des »Rolandsliedes« ist. Auch über die Zuweisung des »Guillaume d'Angleterre«, des frühesten afr. Abenteuerromans, an Chrétien de Troyes konnte bisher keine einhellige Meinung erreicht werden. Aber auch in der jüngeren fr. Literaturgeschichte gibt es Werke, deren Autorschaft Fragen aufwirft. So ist es bisher nicht gelungen, den Verfasser der »Lettres d'une religieuse portugaise« (1669), des ersten Briefromans des 17. Jhs., zu ermitteln; ein Roman der Mme de La Fayette, »Zayde«, erschien unter dem Namen ihres Sekretärs Segrais, und auch die »Princesse de Clèves« ist ihr nicht mit letzter Sicherheit zuzuweisen. Einige

Werke haben mehrere Verfasser, wie schon der ma. »Roman de la Rose«, dessen erste 4000 Verse von Guillaume de Lorris, die nächsten 18 000 von Jean de Meung gedichtet wurden; so die »Vaudevilles« von Labiche, die Romane von Alexandre Dumas oder die Werke von Alphonse Daudet. Wieder andere Werke erschienen anonym, z. B. die »Lettres persanes« von Montesquieu oder die »Caractères« von La Bruyère. Mehrere Dichter verwandten ein Pseudonym, das erst einmal gelüftet werden mußte, um ihre Verfasserschaft zu belegen, so im Fall von Molière/Poquelin, Amos Dettonville/Calvin, Louis de Montalte/Pascal, Voltaire/Arouet, Stendhal/Beyle usw. – Die Kenntnis des Erscheinungsjahres bzw. der Abfassungszeit eines Werkes ist zur Feststellung von Abhängigkeiten, Zusammenhängen und Entwicklungen bedeutsam, die oft von der richtigen Datierung abhängen. Als Beispiel sei abermals auf das »Rolandslied« verwiesen, dessen genaues Datum wichtig wäre, um ein sicheres Urteil über vermutete Früh- und Vorfassungen liefern zu können. Auch bei den Datierungsfragen hat die Literaturgeschichte des MA, die meist mit nicht datierten Abschriften zu tun hat, die vom Original durch erhebliche Zeitspannen getrennt sind, größere Schwierigkeiten zu überwinden als die neuere Literaturgeschichte.

Die Editoren romanischer Texte als Schüler Lachmanns. Nachdem Friedrich Diez die von Lachmann entwickelte historische Methode der Textkritik auch auf die Edition rom. Texte übertragen hatte, folgte Edition auf Edition, doch dauerte es einige Jahrzehnte, bis sich eine wiss. fundierte rom. Textkritik entwickelt hatte. Die Romanistik wurde gleichzeitig immer mehr in den Universitätsunterricht integriert, im Lauf des 19. Jhs. erhielt jede deutsche Universität einen romanistischen Lehrstuhl (als erster Diez 1830 in Bonn). Bis zum Ende des Ersten Weltkriegs bestand die vornehmste Aufgabe der deutschen und in ihrem Gefolge der europäischen Romanistik in der kritischen Edition von Texten. Das wichtigste editorische Forum bildeten die Fachzeitschriften, die zumeist bis heute, nur durch die Weltkriege unterbrochen, erscheinen sowie die diversen Textreihen.

Seit 1846 erscheint in Braunschweig das ›Archiv für das Studium der Neueren Sprachen‹ (ASNS), 1859 (–76) folgte das ›Jahrbuch für romanische und englische Sprache und Literatur‹ (Berlin/Leipzig), ab 1877 gab G. Gröber (Halle, heute Tübingen) die ›Zeitschrift für romanische Philologie‹ (ZrPh) heraus, 1883 (Erlangen, heute Frankfurt a. M.) begann Karl Vollmöller mit den ›Romanischen Forschungen‹ (RF). Die wichtigsten Textreihen sind die ›Altfranzösische Bibliothek‹ (Heilbronn, 1881 ff., Bd. 1–15), unter der Ägide von Wendelin Foerster, die ›Bibliotheca Normannica‹ (Halle, 1879 bis 1911, Bd. 1–8), von H. Suchier begonnen, denen später die ›Romanische Bibliothek‹ (Halle, 1888–1926, Bd. 1–50) und die ›Gesellschaft für Romanische Literatur‹ (Dresden/Jena, 1903–38, Bd. 1–50) nachfolgten.

Diese philologischen Leistungen, in denen Deutschland lange führend in der Welt war, sind mit Namen wie W. Foerster, H. Suchier, A. Stimming, E. Koschwitz, B. Wiese, K. Warnke, G. Körting, K. Vollmöller, G. Gröber, K. Bartsch u. v. a. für immer verbunden. Sie alle waren im weitesten Sinne Jünger Lachmanns, dessen Weg sie fortsetzten, indem sie zumeist aus den Varianten verschiedener Hss. den Text kontaminierten, seltener ihrer Edition nur eine Hs. zugrunde legten, die sie nach Aufstellung des Stemmas als die wertvollste erkannt hatten. (Muster kontaminierter Editionen sind z. B. die Romane Chrétiens in der von W. Foerster begonnenen Ausgabe oder das Rolandslied Stengels). – In Frankreich hatte zwar Claude Fauriel (1772–1844) umfangreiche Studien zur ma. Epik, den Ritterromanen und der Troubadourlyrik begonnen, aber erst der Diez-Schüler Gaston Paris [1839–1903] stellte die Romanistik in Frankreich auf ein wiss. Fundament. Seine Edition des »Alexiusliedes« (1872), die erste im strengsten Sinne textkritische romanistische Ausgabe überhaupt, fand sofort allgemeine Anerkennung und machte Epoche. Zusammen mit seinem Kollegen Paul Meyer (1840–1917) gründete er 1872 in Paris die Zeitschrift ›Romania‹, der 1869 in Montpellier die ›Revue des langues romanes‹ vorausgegangen war, die sich aber besonders mit dem Prov. befaßte. Beide Zeitschriften, die ebenfalls noch heute erscheinen, leisteten Wesentliches zur rom. Textkritik. Neben Paris und Meyer sind als fr. Editoren vor allem Joseph Bédier (1869–1938), Alfred Jeanroy (1869–1953) und Mario Roques (1875–1961) zu nennen. Seit 1875 (anfänglich unter Leitung von Paris und Meyer) erschienen in Paris die Ausgaben der ›Société des anciens textes français‹ (SATF) – bisher etwa 260 Bde. –, seit 1910 die ›Classiques français du Moyen-Age‹ (CFMA) – bisher etwa 100 Bde. – Im Jahr 1858 beauftragte die fr. Regierung das ›Institut de France‹ damit, auch moderne Texte kritisch zu edieren und übertrug die Leitung dieses Unternehmens dem Orientalisten und Institutsmitglied A. Régnier (1804–1884). Im Jahr 1862 erschienen als 1. Bd. der Reihe dieser ›Grands Ecrivains de la France‹ (GEF) die Sévigné-

Briefe; Ausgaben Montaignes, Pascals, Corneilles, La Fontaines, Boileaus, Rousseaus u. v. a. Klassiker folgten bald nach. – Neben den Leistungen der deutschen und fr. Texteditoren fallen die der übrigen Länder (Italien, Spanien, England, Schweden usw.), jedenfalls soweit die fr. und apr. Lit. betroffen ist, nicht besonders ins Gewicht.

Kritiker und Verteidiger Lachmanns. Die historische Methode, deren Ziel die Erstellung eines Handschriftenstammbaums ist, beruht, wie bereits gesagt, wesentlich auf der Feststellung von Fehlern in den verschiedenen Hss., die man in ›Trennfehler‹, die die Unabhängigkeit einer Hs. von einer anderen belegen, und ›Bindefehler‹, die die Zugehörigkeit zweier Zeugen gegenüber einem dritten ermitteln, unterteilt. Dieses Verfahren, das in seiner strengen Ausprägung weniger von Lachmann als von Gröber und Paris entwickelt und erstmalig von P. Lejay (1888) formuliert worden war, versagte jedoch vielfach bei kontaminierten Hss., bei denen der Kopist aus verschiedenen Vorlagen geschöpft hatte, galt aber in den übrigen Fällen als sicher. Da versetzte ihm J. Bédier im Jahr 1913 (und noch einmal 1928) in Zusammenhang mit der von G. Paris an seiner Edition des »Lai de l'Ombre« geübten Kritik einen schweren Stoß, und in der Folgezeit blieb ein prinzipielles Mißtrauen gegen die kontaminierten Ausgaben überhaupt zurück. Bédier hatte bei der Durchsicht von 110 Stemmata der CFMA festgestellt, daß 105 zweispaltig waren. Er erklärte dies mit Recht für statistisch unwahrscheinlich und kam zu dem Schluß, die bisherigen Texte seien nach unrichtigen Stammbäumen ediert worden, die nicht der Wirklichkeit, sondern der Phantasie der Herausgeber entsprungen seien. Er verzichtete deshalb hinfort auf eine Klassifikation der Hss. und eine Rekonstruktion des Archetypus und trat vielmehr für Ausgaben ein, die auf einer einzigen möglichst zusammenhängenden Hs. beruhen sollten, die wenig individuelle Varianten aufweist. – Die sog. Lachmannsche oder historische (genealogische) Methode fand zwar in der Folgezeit wieder Verteidiger, aber die editorische Arbeit, die bis dahin im Zentrum der rom. Philologie gestanden hatte, geriet ins Stocken und erreichte nie wieder den einstigen Umfang. – Paul Maas (1880–1964) und später Jean Fourquet konnten zwar nachweisen, daß die Zweispaltigkeit der Stemmata vor allem daran liegt, daß von 22 stemmatischen Typen, die bei drei Zeugen möglich sind, nur einer wirklich dreispaltig ist, bei den anderen Abhängigkeit zweier Typen voneinander vorliegt. Ferner liegt es im Wesen ma. Überlieferung, daß bei wenig gelesenen Texten nur selten von einem Archetypus drei Abschriften genommen wurden und diese sich noch seltener bis heute erhalten haben. Bei viel gelesenen Texten pflegte oft Kontamination einzutreten, bei der die strenge Stemmatik überhaupt versagt. – Aber auch von anderer Seite wurde die Fehlermethode verteidigt. Der Benediktiner Dom Henri Quentin erhielt in den 20er Jahren vom Papst den Auftrag, eine kritische Neuedition der »Vulgata« zu betreuen. Er entwickelte zu diesem Zweck eine statistische Methode, die in der ersten Phase nicht so sehr mit dem Begriff des Fehlers, sondern der Variante operiert. Dom Quentin verglich jede Hs. mit jeder, was zu einer orientierenden Konstatierung von Handschriftengruppierungen führte, und danach jeweils drei Hss. miteinander, um Zwischenglieder zu ermitteln. Dieses Verfahren ist jedoch nur bei vielen Überlieferungsträgern anwendbar und bildet nur eine Vorstufe zum Lachmannschen Verfahren, da der Editor später unter den Varianten nach wie vor eine Auswahl treffen muß und somit der Begriff des Fehlers wieder eingeführt wird. – Generell ist aber kritisch anzumerken, daß das stemmatische Gebäude zusammenbricht, wenn in der stemmatischen Darstellung auch nur eine Zwischenstufe ausfällt. Die Zahl der fehlenden Zeugen ist jedoch nie beweisbar, da man nicht weiß, welche Zwischenstufen verlorengegangen sind.

Rückgriff auf den editorischen Eklektizismus. Alle diese Einwände gegen die historische Methode, die nur teilweise widerlegt werden konnten, haben dazu geführt, von der Rekonstruktion eines Archetypus abzugehen und zu einem editorischen ›Eklektizismus‹, d. h. dem Abdruck einer Hs., zurückzukehren. Um die z. T. recht erheblichen Unterschiede zwischen einer kontaminierten und einer eklektischen Textausgabe deutlich zu machen, vergleiche man die erste Laisse des »Rolandsliedes« in der Ausgabe Stengels (Leipzig, 1900) mit der der Ausgabe Segres (Milano/Napoli, 1971). Dabei wird folgendes deutlich werden: während Segre konsequent der Oxforder Hs. folgt und die Varianten geschlossen in den Apparat verweist, legt zwar auch Stengel diese beste Hs. seiner Edition zugrunde, gibt deren Lesarten jedoch gegenüber Lesarten, die von mehreren anderen selbständigen Fassungen (vor allem V_4) belegt werden, auf, weil er abweichend von den heute allgemein anerkannten stemmatologischen Erkenntnissen davon ausgeht, daß O und V_5 auf einen gemeinsamen Subarchetyp zurückgehen. Weiterhin verbessert er stillschweigend die Anglonormannismen des Kopisten. Das Ergebnis sind zwei völlig verschiedene Texte.

4. Die neuphilologische Edition als Erbin der historischen Methode, aufgezeigt am Beispiel französischer Texte. Die Edition moderner Texte erfolgte lange Zeit analog der historischen Methode mit dem Unterschied, daß die Überlieferungsträger hier andere sind als im MA und der Antike (nämlich eigenhändige Hss., autorisierte Abschriften, Diktate oder Drukke) und der Anteil des Autors jetzt meist erkennbar ist. Aus diesem Grund sind Konjekturalkritik und Kontamination unstatthaft. Das schwierigste editorische Problem ist es jeweils, welche Textstufe (Erstausgabe, auch ›Editio princeps‹, oder ›Ausgabe letzter Hand‹) einer Ausgabe zugrunde gelegt werden soll, da jede Ausgabe eines Autors nur einen punktuellen Zustand darstellt, wenn es mehrere gibt wie im Fall Ronsards, Montaignes, Corneilles, La Bruyères u. v. a. Als Regel gilt, daß man diejenige Ausgabe wählt, die dem Autorwillen am meisten entspricht, von der man also annimmt, der Autor habe sie der Nachwelt hinterlassen wollen, was jedoch, wie noch zu zeigen sein wird, nicht immer eindeutig feststellbar ist. – Die neugermanistische Edition geht inzwischen andere Wege (s. u.), doch haben sich ihre Erkenntnisse in Frankreich kaum durchgesetzt. Während in Deutschland fast das Werk eines jeden wichtigen Autors in einer kritischen Edition vorliegt, fehlen solche Ausgaben in Frankreich vielfach. Das mag daran liegen, daß die verbreiteten halbkritischen Ausgaben (›Pléiade‹, ›Garnier‹ u.a.) größere editorische Unternehmungen verhindern oder noch immer auf die z. T. 100 Jahre alten Ausgaben der ›GEF‹ zurückgegriffen wird. Die wenigen neueren kritischen Gesamtausgaben werden dabei immer noch fast ausnahmslos nach dem Lachmannschen Verfahren der Textkritik erstellt. – Ein Herausgeber beginnt auch bei modernen Texten mit der Recensio, d. h. der Zusammenstellung der Ausgaben, ihrer Klassifikation, die zur Bildung von Druckfamilien führt und der Festlegung des Autoranteils an den einzelnen Drucken. Ein Musterbeispiel einer höchst komplizierten und gelungenen Recensio ist die Ausgabe der »Nouvelle Héloïse« durch D. Mornet in den ›GEF‹ (Bd. I, S. 178 f.). Besonders die Teilhabe des Autors an einzelnen Ausgaben ist oft sehr schwer festzustellen. So hat Fénelon die ersten Ausgaben des »Télémaque« mißbilligt, weil sie auf einem unvollständigen Exemplar beruhten, das ein

Dienstbote entwendet hatte. Rousseau lehnte die erste Ausgabe der »Nouvelle Héloïse« wegen zu vieler Fehler ab. Stendhal hinterließ drei revidierte und korrigierte Fassungen der »Chartreuse de Parme«; von Voltaires »Lettres philosophiques« gibt es zwei Erstausgaben. Ähnliches gilt für die meisten Romane Balzacs, die gleichzeitig als Zeitschriftenartikel und in Buchform erschienen. Schwierigkeiten treten vor allem bei postumen Ausgaben auf, z. B. den »Pensées« von Pascal, die nach seinem Tod unvollständig durch Mitglieder von Port Royal ediert wurden, Bossuets »Sermons«, Diderots »Neveu de Rameau«, Teilen von Prousts »Recherche« oder Valérys »Cahiers«. – Am Ende der Recensio steht die Entscheidung, welche Fassung der kritischen Ausgabe zugrunde gelegt werden soll. Daran schließt sich die Textherstellung an, die vom Basistext ihren Ausgang nimmt, um den die verschiedenen Varianten gruppiert werden. Man wählt jedoch nur solche Varianten aus, die relevant sind. Sie werden in einem kritischen Apparat lemmatisiert, d. h. jede Werkstelle, zu der es Varianten gibt, wird im Apparat wiederholt (›Lemma‹) und daneben werden die vom Herausgeber nicht zur Textherstellung verwandten Lesarten abgedruckt. Zur Kennzeichnung ihrer Herkunft erhalten sie verschiedene Abkürzungen (›Siglen‹). Der Text wird in Großbuchstaben, die Varianten in Petit gesetzt; sie finden sich am Fuß der Seite. Die verschiedenen Drucke werden durch Majuskeln, Hss. durch Minuskeln kenntlich gemacht. Sind solche vorhanden, werden sie bei der kritischen Edition mit einbezogen. Die großen fr. Bibliotheken bewahren solche oft auf, z. B. von Stendhal in Grenoble, von Victor Hugo in der ›Bibliothèque Nationale‹ zu Paris. Urschriften von zu Lebzeiten eines Autors gedruckten Werken helfen allerdings im allgemeinen nicht bei der Textgestaltung, da sie vor der vom Autor betreuten Editio princeps liegen. Sie lassen jedoch die Arbeitsweise eines Dichters erkennen (Streichungen, Verbesserungen, Zögern usw.) und ermöglichen, soweit sie Druckvorlage waren, eine Kontrolle der späteren Ausgabe. Eine ähnliche Funktion können korrigierte Druckfahnen (bei Balzac, Proust u. a. sind solche erhalten) oder ein korrigiertes Druckexemplar (Montaigne, ›exemplaire de Bordeaux‹) haben. Oft handelt es sich bei den Urschriften nur um autorisierte Kopien, z. B. bei Diderot, dessen Sekretär Naigeon das Manuskript des »Paradoxe sur le Comédien« redigierte, oder bei Constant, der zahlreiche Kopisten beschäftigte.

5. Die neugermanistische Edition und ihre Zielrichtung: die Entstehungsvarianten. Ursprünglich hatte die Übertragung der Lachmannschen Methode auf die Edition moderner Texte einen Fortschritt bedeutet, erwies sich jedoch später als Hypothek. Die deutsche neugermanistische Editorik (vor allem der Hölderlin-Herausgeber Friedrich Beißner) machte nämlich den wesensmäßigen Unterschied zwischen der Herausgabe alter und neuer Werke deutlich. Beißner wies der modernen Editorik neben der textsichernden auch eine interpretierende Funktion zu, da sie die Entstehung eines Werkes sichtbar machen solle. Er prägte die Termini ›Überlieferungs-‹ bzw. ›Entstehungsvariante‹. Die Dominanz der Überlieferungsvarianten in alten Texten fordert die bereits besprochene genealogische Methode, der Editor moderner Texte hat es jedoch mit aktiv oder passiv autorisierten Überlieferungsvarianten zu tun, Recensio und Emendatio sind für ihn daher nur von sekundärer Wichtigkeit, sein Hauptinteresse muß der Dokumentation der Entstehungsvarianten gelten (sog. ›genetische Methode‹). Der Apparat erhält die Aufgabe, die Entwicklung eines Werkes klarzulegen, was durch vollständige Wiedergabe aller Überlieferungsträger, genaue Angabe von Art und Ort textlicher Veränderungen und die Darstellung der chronologischen Abfolge aller Lesarten erreicht werden soll. Dies führt zu einem völlig neuen Ausgabentyp, wie ihn etwa die Hölderlin-Ausgabe Beißners oder noch deutlicher die C. F. Meyer-Ausgabe G. Zellers verkörpern. Der Apparat wird dabei technisch sehr aufwendig, da im Extremfall Text und Apparat zusammenfallen, was auch zu Lasten der Lesbarkeit geht (›genetische Textsynopsis‹). Diese Prinzipien haben bisher in Frankreich kaum Resonanz gefunden, wenn man einmal von der ›dynamischen‹ Ronsard-Ausgabe der ›STFM‹ durch P. Laumonier absieht (Paris, ^{1}1914 f.), der allerdings seine Prinzipien sehr früh selbständig gefunden hatte und bisher kaum Nachfolger fand. – Wie wichtig aber die Sichtbarmachung der Werkschichten im Einzelfall sein kann, lehrt ein Autor wie Flaubert, der jede Zeile immer wieder ausfeilte (vgl. *G. Leleu:* Gustave Flaubert, Madame Bovary. Ebauches et fragments inédits recueillis d'après les manuscrits. 2 Bde. Paris, 1936).

6. Die Technifizierung der Edition. Bei der Darstellung der genealogischen Methode, die vor allem auf dem Nachweis von Trenn- oder Bindefehlern in den verschiedenen Überlieferungsträgern eines Textes beruht, ist deutlich geworden, daß sich diese Fehler nur durch einen genauen Vergleich (›Kollationierung‹) aller Überlieferungsträger miteinander feststellen lassen. Dies bedeutet für die Herausgeber umfangreicher oder auf zahlreichen Überlieferungsträgern erhaltener Texte eine lange Vorbereitungszeit und infolgedessen hohe Kosten. In den letzten Jahren ist man deshalb dazu übergegangen, alle mit einer Textedition verbundenen mechanistischen und daher formalisierbaren Aufgaben Maschinen zu übertragen.

Den Anfang machte Ch. Hinman mit einer ›Kollationsmaschine‹, die große Ähnlichkeit mit im Zweiten Weltkrieg entwickelten Auswertungsgeräten für Luftaufnahmen besitzt. Mit Hilfe von Linsen und Beleuchtungssystemen brachte Hinman die Bilder gleicher Seiten von Druckausgaben zur Deckung, um zu prüfen, ob diese Ausgaben identisch seien und ggf. Abweichungen sichtbar zu machen. Dieses Verfahren diente jedoch den speziellen Belangen der Shakespeare-Forschung (Vergleich verschiedener Exemplare der Folioausgabe) und ermöglichte hier ein 40mal schnelleres Kollationieren als mit der Hand. Für andere Autoren ist es nur in ähnlich gelagerten Fällen (z. B. Molière) zu verwenden.

Einen generellen Fortschritt ermöglichte erst der Einsatz von Rechenmaschinen (Computern) bei der Textrekonstruktion, die, richtig programmiert, in der Lage sind, lineare wie komplexe, d. h. mit Verbesserungen und Streichungen versehene Textfassungen zu speichern und, wenn nötig, in kurzer Zeit abzurufen oder zu kollationieren, Parallelstellen aufzufinden oder sprachstatistische Untersuchungen anzustellen und damit für die Herausgabe alter wie neuer Texte einsetzbar sind. Mit Hilfe der Mengenlehre (vor allem dem Begriff der Schnittmenge) kann man mit dem Computer aber auch die Filiationen von Überlieferungsträgern aufzeigen, so daß der Computer auch bei der Stemmatik gute Dienste zu leisten vermag. Texte werden zwecks maschineller Kollationierung mit Spezialschreibmaschinen auf Lochkarten, Lochstreifen oder Magnetbänder übertragen. Um hierbei Fehlerquellen auszuschalten, arbeitet man an der Entwicklung eines elektronischen Lesegeräts, das auch individuelle Schriftbilder automatisch umsetzt, ist jedoch über Anfänge noch nicht hinausgekommen. – Verschiedene fr. Institutionen (›Ecole Pratique des Hautes Etudes‹, VIe Section, Paris, Sorbonne; ›Institut de Recherche et d'Histoire des Textes‹; ›Laboratoire d'Analyse Lexicographique de l'Université de Besançon‹) sind führend in der Welt auf dem Gebiet des Computereinsatzes bei der Edition von Texten.

7. Die wichtigsten Textreihen der französischen Literatur. Die Entstehung einiger wichtiger fr. Textreihen war bereits besprochen worden (s. o.). Zu ihnen traten im Lauf der Jahre weitere Sammlungen hinzu, in denen mediävistische und moderne Texte veröffentlicht wurden, so daß sich heute folgende Übersicht bietet:

›Bibliothèque de la Pléiade‹, Paris, Gallimard, 1934 ff.
›Classiques français du Moyen Age‹, Paris, Champion, 1910 ff. (CFMA)
›Classiques Garnier‹, Paris, Garnier, 1932 ff.
›Collection Guillaume Budé. Les textes français‹, Paris, Belles-Lettres, 1929 ff.
›Les grands écrivains de la France‹, Paris, Hachette, 1862 ff. (GEF)
›Société des anciens textes français‹, Paris, Picard, 1875 ff. (SATF)
›Société des textes français modernes‹, Paris, Didier, 1905 ff. (STFM)
›Textes littéraires français‹, Genève, Droz und Lille, Girard, 1946 ff. (TLF).

Die meisten dieser Reihen nehmen für sich in Anspruch, kritische Texte zu bieten, doch gilt dies, wenn man einen strengen Maßstab anlegt, zumal bei den modernen Ausgaben, allenfalls für die in den letzten Jahren erschienenen Bände.

Hierzu einige Beispiele: Im 2. Bd. der Ronsard-Ausgabe der Ed. de la Pléiade (Bd. 46, Paris, ^{3}1958) sind die Fußnoten zu S. 979 f. (Ausgabe, S. 1132 f.) anfänglich um eine, später um zwei Seiten verschoben, da man die Paginierung der früheren Ausgabe unbesehen übernahm, und somit nur mit Mühe auffindbar. Die Pléiade-Ausgabe der Romane Marivaux' legt den minderwertigen Text M. Duviquets (Paris, 1825 f.) zugrunde, der eigenmächtig stilistische Verbesserungen am Werk des Autors vorgenommen hatte. Die dreibändige Pléiade-Ausgabe der Sévigné-Briefe von Gérard-Gailly (1953–57) mußte bereits 1972 f. durch eine neue (ed. R. Duchêne) ersetzt werden, die den neueren textkritischen Erkenntnissen Rechnung trägt. Die Montesquieu-Ausgabe von R. Caillois (^{2}1964) enthält nicht nur nicht den Briefwechsel, sondern z. B. von der »Histoire véritable« nur einen unvollständigen Text, ohne dies jedoch zu kennzeichnen. – Wie fehlerhaft Ausgaben der ›GEF‹ sein können, hat z. B. R. Picard anläßlich der Neuausgabe der Tragödien Racines nachgewiesen (in: RHLF 49 [1949], S. 267 f.). Ungenau sind auch die oben nicht aufgeführten Ausgaben der ›Imprimerie Nationale‹, die vom Verlag Louis Conard vertrieben wurden (z. B. Gesamtausgaben von Balzac, Baudelaire, Flaubert, Maupassant, De Vigny), wie besonders an Hand des Gedichts ›L'Esprit Pur‹ von De Vigny nachgewiesen wurde (in: RHLF 17, 1910, S. 619; 19, 1912, S. 409 f.; 26, 1919, S. 119 f.). – Ein willkürlich vorgenommener Vergleich einer Racine-

Tragödie (»Andromaque«) in den Ausgaben ›GEF‹, ›Garnier‹ und ›Pléiade‹ ergab erhebliche Abweichungen und fiel besonders schlecht für die von M. Rat betreute Garnier-Ausgabe aus. – Am zuverlässigsten sind zumeist kritische Einzelausgaben wie die von Rabelais durch Abel Lefranc (Paris, 1912 ff.), der »Pensées« von Pascal durch Z. Tourneur (Paris, 1938), der »Fleurs du Mal« Baudelaires durch G. Blin/Cl. Pichois und der »Petits Poèmes en Prose« durch R. Kopp (Paris, 1968 resp. 1969 ff., Verlag José Corti), um auch hier wieder nur einige Beispiele zu zitieren.

Literatur:

H. Boethius: Textkritik und Editionstechnik, in: Nr. 2; 73–88; *Auerbach,* Nr. 4; 9–15; *Avalle,* Nr. 6; *Bouvier-Jourda,* Nr. 15; 97–124; *Collomp,* Nr. 24; *Contini,* Nr. 26; *B. Fabian:* Text und Textausgaben. In: Nr. 57; 1–31; *Fourquet,* Nr. 47; *Froger,* Nr. 49; *Geiger-Klein-Vogt,* Nr. 53; 7–35; *Kayser,* Nr. 83; 27–52; *Kenny,* Nr. 84; *Maas,* Nr. 98; *Marichal,* Nr. 101; *Martens-Zeller,* Nr. 102; *Praschek,* Nr. 116; *Rudler,* Nr. 121; *Seiffert,* Nr. 124; *Walberg,* Nr. 145; *Wehrli,* Nr. 146; 33–39; *Whitehead-Pickford,* Nr. 152.

V. Die literarischen Gattungen

A. Allgemeine Bedeutung der Gattungsproblematik

Die Einteilung der verschiedenen lit. Formen in Gattungen entspringt dem Bemühen, in der Vielfalt eine Ordnung ausfindig zu machen und diese theoretisch zu erfassen. Dabei greifen das praktische und das theoretische Interesse unmittelbar ineinander; denn nicht nur derjenige, der Lit. erklären und deuten will, sondern auch derjenige, der sie schreibt, ist auf eine Ordnung der vorhandenen Texte angewiesen. In diesem Sinne ist der Versuch, einen ästhetisch orientierten Literaturbegriff von dem sehr viel allgemeineren Textbegriff abzugrenzen (s. Literaturbegriff, Kap. I S. 2 ff.), eng mit dem Gattungsproblem verknüpft. Und innerhalb dieser Eingrenzung wiederum wird der Schriftsteller, der beschließt, z. B. einen Roman zu schreiben, zuvor nicht nur Romane lesen – hätte er das nicht getan, wäre er kaum auf die Idee des Romanschreibens gekommen – sondern er wird sich auch Klarheit verschaffen darüber, was zum Wesen eines Romans gehört, nach welchen Prinzipien er aufgebaut ist, welche Sprache, welche Ideen, welche Formen in ihm erscheinen können.

Das Gattungsproblem betrifft also Autor und Interpreten gleichermaßen. Gattungen zu definieren bedeutet, die wichtigsten gemeinsamen Merkmale einer Gruppe von Texten zusammenzufassen und das Verständnis dessen, was man für das Wesentliche hält, begrifflich zu fixieren. Gattungsdefinitionen gehören deshalb zum Umstrittensten, aber auch zum Aufschlußreichsten, womit es der Literaturwissenschaftler zu tun hat. Bei der intensiven Beschäftigung mit Lit. wird immer eine der ersten Fragen die sein, welcher Gattung der einzelne Text zugeordnet werden kann. Erst mit dieser Zuordnung nämlich findet man die lit. oder allgemein sprachliche Nachbarschaft, aus der er stammt und durch die er beeinflußt ist. Einen Text ohne einen solchen Kontext gibt es genauso wenig, wie es eine Sprache gibt, die nur aus einem Wort besteht.

Gliederungsversuche nach Gattungen sind in der europäischen Lit. seit ihren Anfängen unternommen worden. Zu den frühesten Belegen gehören eine Reihe von Äußerungen Platons und die Poetik des Aristoteles. Da sich die Diskussion der Gattungsproblematik noch in neuester Zeit mit diesen Quellen, vor allem mit der Schrift des Aristoteles, auseinandergesetzt hat, ist deren Kenntnis notwendig. Bevor einige der wichtigsten fr. Poetiken vorgestellt und zentrale Aspekte der modernen Gattungstheorie erläutert werden, seien deshalb die Grundlagen aus der Antike kurz zusammengefaßt.

B. Grundlagen der Gattungsdiskussion in der Antike

1. Platon. Von Platon (427–347 v. Chr.) gibt es keinen Text, der sich ausführlicher mit den Gattungen auseinandersetzt; wohl aber kommt er in seinen Werken im Zusammenhang mit Fragen der Dichtkunst auf dieses Problem zu sprechen. Besonders aufschlußreich ist eine Passage in der »Politeia«; angesichts der grundsätzlichen Entscheidung, ob Tragödie und Komödie überhaupt in dem idealen, Gerechtigkeit verwirklichenden Staat, der in diesem Buch entworfen wird, zugelassen werden sollen, wird auch eine Unterteilung verschiedener Formen der Dichtkunst diskutiert. Ausgehend von Homers »Ilias« führt Platon die Unterscheidung von »einfacher Erzählung« und »Darstellung« ein; Homer, so erläutert er, erzähle einerseits selbst, andererseits versetze er sich in andere Gestalten und rede so wie diese, indem er deren wörtliche Rede »darstelle«. Platon fehlt hier die uns heute geläufige Differenzierung von Autor, Erzähler und Figur. Seine Unterscheidung ist stattdessen an der Art und Weise des Vortrags der Rede, am Redekriterium orientiert. Demgemäß gliedert er Komödie und Tragödie als Gruppe der »darstellenden«, d. h. dialogischen Dichtung. Dem gegenübergestellt werden die ›Dithyramben‹ (ursprünglich kultische Chorlieder zu Ehren des Dionysos), in denen »der Bericht des Dichters selbst« vorherrscht. Als eine Mischform schließlich ordnet er das homerische Epos ein, da es sowohl aus Erzählung wie aus Dialogen bestehe. Die von Platon vorgeschlagene Einteilung ist deshalb erwähnenswert, weil neueste Versuche der Gattungsdefinition unter Berufung auf ihn das Redekriterium als wesentliches Differenzierungsmerkmal aufgegriffen haben.

2. Aristoteles. Die Poetik des Aristoteles (384–322 v. Chr.) ist nur als Fragment überliefert, gehört aber gleichwohl zu den einflußreichsten kunsttheoretischen Abhandlungen der europäischen Tradition. Bereits zu Beginn erwähnt Aristoteles eine zentrale Frage der Gattungsproblematik, jene nämlich, nach welchem Unterscheidungskriterium die verschiedenen lit. Werke geordnet werden sollen. Aristoteles führt an, daß sowohl nach der »Art der Nachahmung«, dem Inhalt, als auch nach der sprachlichen Form, z. B. dem Versmaß, gegliedert werde. Damit verweist er auf zwei Kategorien, die bis heute zur Differenzierung der Gattungen dienen, jene des Inhalts und jene der Form. Als Beispiel für die formale Gliederung nennt er den ›Jambos‹, der nicht nur ein Versmaß bezeichne, sondern als Gattungsname für die Gruppe der Streit- und Schmähgedichte stehe. Die enge Verknüpfung bestimmter Inhalte mit bestimmten Metren führt zu einer inhaltlichen Charakterisierung des Versmaßes: der Hexameter, das Versmaß der großen Epen, wird entsprechend dem Inhalt des Epos zum »heroischen Versmaß«. Die primär inhaltliche Unterscheidung wird am Beispiel von Tragödie und Komödie dahingehend näher bestimmt, daß die eine edlere, die andere gemeinere Menschen nachahme. Schließlich wird als weiteres Distinktionsmerkmal das bereits von Platon verwandte Redekriterium genannt, wobei Aristoteles nun allerdings bereits zwischen direkter Rede der Figuren (im Drama oder Epos), Bericht einer dritten Person (Erzähler) und Rede des Autors trennt.

Insgesamt gibt die Poetik des Aristoteles keinen systematischen Überblick über die zu seiner Zeit existierenden Gattungen. Nach den einleitenden Überlegungen zur Gliederung der Dichtkunst und der allgemeinen Bestimmung allen künstlerischen Schaffens als Nachahmung (Mimesis) steht die Analyse der *Tragödie* nach Ursprung, Aufbau und Wirkung im Mittelpunkt dieser Abhandlung. Sechs Teile gehören bei Aristoteles zum Bestand der Tragödie, nämlich, Mythos, Charakter, Rede, Absicht, Szenerie und Musik. Davon betreffen Rede und Musik »die Mittel, mit denen nachgeahmt wird«; die Szenerie ist durch die fortdauernde Anwesenheit des Chores in der antiken Tragödie bestimmt. Als Absicht der Tragödie beschreibt Aristoteles die Reinigung der Affekte (›Katharsis‹) des Jammers und des Schauderns (Furcht und Mitleid). Die Charaktere sind dem Mythos untergeordnet, womit die Handlung der Tragödie gemeint ist. Die Analyse der Tragödienhandlung steht im Mittelpunkt der Gattungsdefinition. Aristoteles unterstreicht die Notwendigkeit einer einheitlichen, in sich abgeschlossenen Handlung. Sie soll klar nach Anfang, Mitte und Ende aufgebaut sein, wobei diese Gliederung durch die Schicksalswende (›Peripetie‹) und das abschließende Erkennen der Schuld (›Anagnorisis‹ = Wiedererkennen) in sich strukturiert wird. Darüber hinaus müssen die dargestellten Ereignisse im Bereich des Wahrscheinlichen liegen und der Held der Tragödie ein ›mittlerer Charakter‹ sein, d. h. weder in seinen negativen noch in seinen positiven Qualitäten ins Extrem gesteigert. Überschaubarkeit der Handlung und Verständlichkeit der Charaktere orientieren sich also am Grundsatz psychologischer Wahrscheinlichkeit, um so der Aufgabe der Wirkung auf die Zuschauer zu genügen. Diese Gattungsdefinition wird u. a. für das fr. Theater der Klassik (17. Jh.) von Bedeutung sein.

Ihrer Anlage und Intention nach ist die Poetik des Aristoteles sowohl als kritische Beschreibung der damaligen Lit. als auch als Anleitung zum Schreiben neuer Werke konzipiert. Dazu gehört, daß die verschiedenen Gattungen abschließend nach ihrem Rang bewertet werden. Als die nach Inhalt und formaler Gestaltung erhabensten Gattungen hebt Aristoteles das Epos und die Tragödie hervor und erkennt von diesen beiden wiederum der Tragödie den ersten Platz zu, weil sie »das Ziel der Nachahmung bei einem geringeren Umfange« erreiche, größere Einheitlichkeit der Handlung besitze und in der formalen Ausgestaltung vielseitiger sei.

3. Horaz. Da die Poetik des Aristoteles erst im 15. Jh. wiederentdeckt und neu veröffentlicht wurde, erlangten lat. Poetiken maßgeblichen Einfluß auf das Literaturverständnis. Neben der Poetik des griechischen Philosophen ist so die des röm. Dichters Horaz (65-8 v. Chr.) zu einer der wichtigsten Schriften über die Dichtung für die europäische Tradition geworden. In ihr ist vor allem dargestellt, welche Bedingungen der Dichter zu erfüllen hat, um ein gültiges Kunstwerk zu schaffen. Sowohl die formalen als auch die inhaltlichen Aspekte dieses Themas verknüpft er mit einer allgemeinen Bestimmung der Aufgabe der Lit. (»aut prodesse volunt aut delectare poetae« Vers 333). Die Beschreibung der Gattungen nimmt relativ geringen Raum ein, da Horaz offensichtlich auf einen bereits etablierten Gattungskanon zurückgreifen kann. Im einzelnen erwähnt er folgende Gattungen: das Epos, das nach wie vor durch das Werk Homers vorbildlich repräsentiert wird (im MA wird an seine Stelle die ›Aeneis‹ des Vergil treten); die Elegie, zu der sowohl »das Weihepigramm für die Götter« als auch die Totenklage gezählt wird; der Jambus, wie er in den Spottgedichten des Archilochos zuerst verwirklicht wurde; die Lyrik, die göttliche und irdische Helden, die Freuden des Weins und den Kummer der Liebe im Lied besinge; und schließlich Tragödie und Komödie, bei denen Horaz seinen lat. Dichterkollegen vorhält, daß sie der Gabe der Griechen, »vollkommen zu reden«, nur durch »Mühe und Aufwand des Feilens« Gleichwertiges gegenüberstellen könnten; insgesamt beschäftigt sich Horaz mit der Bühnenhandlung am ausführlichsten; so verweist er, unabhängig von Aristoteles' Poetik, nicht nur auf die Regeln der Einheitlichkeit der Handlung und der Wahrscheinlichkeit, sondern er fügt auch weitere Vorschriften zur Form und zum Inhalt hinzu. Unter ihnen wird die Einteilung des Dramas in fünf Akte, die Schicklichkeit des Dargestellten und die Abgrenzung verschiedener Seinsbereiche im Laufe der Tradition zum festen Gattungsgesetz.

4. *Quintilian.* Das gleiche Schema der Gattungen begegnet im 10. Buch der »Institutio Oratoria« Quintilians (ca. 30–96 n. Chr.), das ebenfalls wegen seines großen Einflusses auf die folgenden Jahrhunderte zu erwähnen ist. Die Besprechung der verschiedenen lit. Formen ist hier dem Programm der Rhetorik untergeordnet, so daß die einzelnen lit. Gattungen und Werke als Beispiele vorbildlicher sprachlicher Gestaltung Erwähnung finden. Bei der Auseinandersetzung der Kirchenväter mit der antiken Lit. und philosophischen Tradition wird später eben dieses Argument des guten Stils einen wichtigen Rechtfertigungsgrund abgeben für die Beschäftigung mit den »heidnischen« Autoren. Hinsichtlich der Gattungen unterstreicht der wertende Vergleich griechischer und lat. Autoren in Quintilians Abhandlung die schon bei Horaz beobachtete Kanonisierung der Gattungseinteilung. Aus ihr entwickelt sich in den folgenden Jahrhunderten das Prinzip der Stiltrennung mit der Gliederung in einen erhabenen, einen mittleren und einen niederen Stil (s. Lehre von den drei Stilen, Kap. VI, S. 86). Demzufolge legt die Wahl einer bestimmten Gattung den Autor sowohl hinsichtlich der Themen, Motive und Figuren in der Darstellung, als auch hinsichtlich des sprachlichen Ausdrucks fest. Dem Weltverständnis in Form der gestuften Seinspyramide entspricht die Hierarchie der Gattungen. Dieses Prinzip der Unterscheidung inhaltlich und formal definierter Gestaltungsebenen wird im Laufe der Jahrhunderte ausdifferenziert und dient als Schulprogramm für den Erwerb lit. Fertigkeiten. In dem Maße der Idealisierung bestimmter Werke, bzw. der entsprechenden Autoren und Epochen entwickelt sich so ein normatives Gattungsverständnis. An ihm hat sich die lit. Produktion bis zum Ende des 18. Jhs. orientiert.

C. Grundzüge der Gattungsentwicklung in Frankreich bis zum 19. Jh.

1. Gattungen des Mittelalters. Eine detaillierte Aufzählung der lit. Gattungen des MA in Frankreich kann hier nicht gegeben werden. Es sei jedoch erwähnt, daß die Erörterung literaturtheoretischer Fragen nicht in Form selbständiger Poetiken, sondern als Teil der Grammatik oder Rhetorik erfolgte, und zwar innerhalb der ›septem artes liberales‹, (s. Kap. VI, S. 81). Wichtig ist außerdem, daß Tragödie und Komödie im MA nicht als dramatische, sondern als epische Gattungen verstanden werden, wobei die Tragödie inhaltlich mit dem klassischen Epos zusammenfällt und die Komödie entweder den alltäglichen Bereich der Wirklichkeit oder ganz allgemein eine Handlung mit gutem Ausgang darstellt. Als dramatische Gattungen entwickeln sich seit dem 12. Jh. unabhängig von der klassischen Tradition weltliche und geistliche Spiele, wobei die ersteren in Frankreich ›farces‹ und ›soties‹ (Schwank- und Narrenspiele), die letzteren ›miracles‹, mystères‹ oder ›moralités‹ heißen. Aus dem Bereich der erzählenden Gattungen sind für das fr. MA vor allem die ›chansons de geste‹ und der höfische Roman zu erwähnen. Die Gruppe der moralisierenden und belehrenden Schriften wird unter dem Sammelbegriff der didaktischen Literatur zusammengefaßt. In der Lyrik schließlich werden vor allem von den Provenzalen eine ganze Reihe neuer Formen entwickelt, auf die hier nicht weiter eingegangen werden kann (s. Kanzone, Kap. VII, S. 101).

2. Renaissancepoetiken. Erst die großen Renaissancepoetiken des 16. Jh. unternehmen wieder den Versuch, die verschiedenen lit. Formen zu einem Gattungskanon zusammenzufassen. Sie orientieren sich dabei an den antiken Vorbildern. Die früheste überlieferte fr. Poetik, die den Renaissancepoetiken allerdings um etwa hundert Jahr vorausgeht, ist *Eustache Deschamps'* »L'Art de dictier« von 1392. Er behandelt lediglich die kürzeren Gedicht- und Liedformen in der Muttersprache, geht also weder auf die lat. Lit. seiner Zeit noch auf die klassischen Vorbilder ein und berücksichtigt dementsprechend auch die größeren Formen wie Epos und Drama nicht. Den Übergang von der einheimischen Lit. zur Renaissancepoetik stellt in Frankreich der »Art poétique françoys« (1548) von *Thomas Sébillet* dar. In ihm werden die vertrauten Formen der volkssprachigen Literatur zu den Werken der Antike in Beziehung gesetzt. So gilt das Sonett als vollendete Form des Epigramms; der ›chant lyrique‹ und die ›chanson‹ entsprechen in ihrer Thematik – Liebe und Wein – der Ode; die Elegie, zu der Sébillet auch die Epistel zählt, wird von der antiken Poetik übernommen. Die als ›dialogues‹ zusammengefaßten dramatischen Gattungen sind im einzelnen ›éclogue‹, ›moralité‹ und ›farce‹. Die ›moralités‹ werden z. T. mit der gr. Tragödie verglichen, die ›farce‹ mit der lat. Komödie, der sie allerdings unterlegen sei. Im Hinblick auf das Epos, das als »grand' oeuvre« bezeichnet ist, kann ein Vergleich nicht angestellt werden, da nach Sébillet die zeitgenössische Lit. über kein Beispiel verfügt, das Homers »Ilias«, Vergils »Aeneis«, Ovids »Metamorphosen« oder dem »Roman de la rose« (13. Jh.) des Guillaume de Loris und Jean de Meung ebenbürtig wäre.

Eine ausdrückliche Hinwendung zur Antike wird von *Joachim du Bellay* in seiner »Deffence et illustration de la langue françoyse« (1549) vollzogen. Sie ist neben den Schriften zur Poetik seines Freundes Ronsard das wichtigste Manifest jener Gruppe von Dichtern zur Zeit von François Ier, die sich selbst als ›Pléiade‹ bezeichnete. Von der einheimischen Lit. läßt du Bellay in der »Deffence« nur den »Rosenroman« gelten; im übrigen streitet er der zeitgenössischen Literatur in Frankreich ab, sich mit den klassischen Vorbildern messen zu können und richtet sich damit gegen Sébillet. Unter dem Eindruck der reichen künstlerischen Produktion in Italien fordert er seine Dichterkollegen zur Nachahmung der antiken lit. Gattungen auf und entwirft in diesem Zusammenhang ein Programm zur Bereicherung der fr. Lit. und Sprache. Die Anerkennung der Vorbildlichkeit der Antike schließt, wie er aus der italienischen Lit. gelernt hat, eine hohe volkssprachige Lit. nicht aus. Dementsprechend ist die Aufforderung zur Vervollkommnung der fr. Sprache das Hauptziel der »Deffence«; und sie bedeutet damit zugleich eine Absage an die Überzeugung der Humanisten, daß die neueren Sprachen den klassischen unterlegen seien. Hinsichtlich des Gattungskanons entspricht du Bellay weitgehend Sébillet, verzichtet aber eben aufgrund seiner Ablehnung der französischsprachigen lit. Tradition auf die Parallelisierung von volkssprachigen und klassischen Werken. Insgesamt erwähnt er: Epigramm, Elegie, Ode, Epistel, Satire, Sonett, Ekloge, Komödie, Tragödie und schließlich das als ›long poème‹ bezeichnete Epos. Letzterem widmet er ein ganzes Kapitel und beklagt dort, daß es bisher nicht gelungen sei, eine große und erhabene fr. Nationaldichtung zu schaffen.

3. Vom Beginn der Klassik bis zur französischen Revolution. Für die Folgezeit wichtiger als die Schrift du Bellays ist jedoch die Poetik *J. C. Scaligers* (»Poetices libri septem«, 1561) und *Castelvetros* Kommentar zur Poetik des Aristoteles von 1570. Auf diese Werke nämlich berufen sich die verschiedenen Autoren, die seit der »Querelle du Cid« (1637) zur Entwicklung der »doctrine classique«, der Ästhetik der klassischen fr. Literatur im 17. Jh., beitragen. Der Streit um Corneilles »Cid« hatte einen äußeren Anlaß, nämlich erhöhte Honorarforderungen Corneilles aufgrund des Erfolgs seines Stücks und darauf folgende Auseinandersetzungen mit Dichterkollegen (Corneille war einer von fünf Schriftstellern, die Richelieu offiziell förderte). Er weitet sich jedoch schnell zur grundsätzlichen Kontroverse über die Bestimmung der Kunst aus, und dies nicht zuletzt auch deshalb, weil Richelieu die 1635 von ihm gegründete ›Académie Française‹ als staatlich protegierte Schiedsinstanz in den Streit einschaltet. In deren Namen veröffentlicht *Jean Chapelain* seine »Sentiments sur le Cid« (1637), die Kritik an Corneilles Stück üben. Unter Berufung auf Aristoteles, d. h. dessen Deutung bei Castelvetro und Scaliger, fordert Chapelain die Berücksichtigung der ›drei Einheiten‹ (des Orts, der Zeit und der Handlung), von denen nur die Einheit der Handlung tatsächlich auf Aristoteles zurückgeht. Außerdem wirft er Corneille vor, gegen die Gesetze der Wahrscheinlichkeit (›vraisemblance‹) und des gesellschaftlichen Anstands (›bienséance‹) verstoßen zu haben, indem er im »Cid« Chimène den Mörder ihres Vaters lieben läßt.

Besonders das Gesetz der drei Einheiten wird anschließend in der »Pratique du théâtre« (1657) des *Abbé d'Aubignac* zum Dogma erhoben, so daß *Corneille* 1660 zu seiner Rechtfertigung die »Trois discours sur le poème dramatique« veröffentlicht. Am Beispiel der Definition der dramatischen Gattungen (besonders der Tragödie) geht es in diesen Auseinandersetzungen letztlich um die Behauptung künstlerischer Freiheit, für die, wenn auch nur indirekt, Corneille ficht, gegenüber einem gesellschaftlich fixierten ästhetischen Regelkanon. Über das Gesetz der drei Einheiten hinaus verpflichtet die »doctrine classique« dabei die Lit. zur moralischen Vorbildlichkeit; und diese ist gewährleistet durch Nachahmung der Natur (›imitation de la nature‹). Der darin implizierte normative Naturbegriff versteht die absolutistische Gesellschaft als Verwirklichung der Vernunft (›raison‹), die sich als ›bon sens‹ und ›bon goût‹ konkretisiert und durch das ›plaire‹ als ästhetisches Wohlgefallen ihre »Natürlichkeit« unter Beweis stellt.

Ihre abschließende Darstellung erfährt die ›doctrine classique‹ in *Boileaus* »Art Poétique« von 1674. Diese Poetik sei unter dem Aspekt ihres Beitrags zur Gattungsthematik zusammengefaßt. Im zweiten von insgesamt vier Gesängen bespricht Boileau die kleineren Gattungen: Idylle, Ekloge, Elegie, Ode, Sonett, Epigramm, Rondeau, Ballade, Madrigal, Satire, Vaudeville und Chanson. Diese Reihenfolge entspricht nicht der Wertung, die Boileau unter diesen Gattungen vornimmt. Zwar beginnt er mit der Idylle, weil sie zusammen mit der Ekloge dem Bereich der Bukolik und mithin nach klassischer Tradition dem niederen Stil zugehört; doch die folgenden Gattungen rangieren keineswegs alle über Idylle und Ekloge. Während der Idylle z. B. durchaus »Eleganz« zuerkannt wird, heißt es von der letztgenannten Chanson, daß sie zuweilen von einer »groben Muse« inspiriert sei. Elegie, Ode und Sonett werden allerdings eindeutig über der Bukolik eingestuft, wobei die Ode wegen ihrer heroischen Thematik, das Sonett wegen seiner strengen Form über der der Liebesthematik verpflichteten Elegie stehen. Das Epigramm wird abgewertet als pointenfixierte Effekthascherei; Rondeau, Ballade und Madrigal finden als ehrwürdige einheimische Formen eine kurze Erwähnung. Die hervorragendste Bewertung indes erfährt die Satire – und darin drückt sich nicht zuletzt auch die persönliche Neigung Boileaus aus. Für ihn ist die Wahrheit in der Satire am unmittelbarsten gegenwärtig, weil sie die Exzesse der Mode anprangere und den Maßstab der ›raison‹ am klarsten zur Geltung bringe.

Diese ›Vernunft‹ als Fundament der ›bienséance‹, d. h. als ständisch-aristokratische Norm ist die Instanz, vor der sich auch bei Boileau alle Gattungen zu legitimieren haben. Dementsprechend werden im dritten Gesang Tragödie, Epos und Komödie nach den Gesetzen der Wahrscheinlichkeit und der Schicklichkeit beschrieben. Die Bestimmung der Komödie nimmt dabei unter allen Definitionen am direktesten Bezug auf das französische 17. Jh., wenn dort zur Wahl der Stoffe empfohlen wird, den Hof von Versailles (la cour) und die Stadtaristokratie von Paris (la ville) zu studieren. Auch wird nur hier ein zeitgenössischer fr. Autor, nämlich Molière, für würdig befunden, ausführlich besprochen und mit den Vorbildern der Antike verglichen zu werden. Trotz der bedeutenden lit. Produktion im Frankreich der zweiten Hälfte des 17. Jhs. – der Epoche der fr. Literatur, die schon von der darauffolgenden Generation als die klassische der fr. Lit. schlechthin bewertet wurde – zögert Boileau nicht, insgesamt in seiner Poetik am Vorbild der Antike festzuhalten und aus dieser Vorbildlichkeit in den meisten Fällen ein äußerst kritisches Urteil über die Gegenwart abzuleiten.

Bis weit ins 18. Jh. hinein behält Boileaus Poetik Gültigkeit. Zugleich aber löst sie wegen der Kritik an den Zeitgenossen auch einen Streit aus, der mit zur Auflösung des überlieferten Gattungskanons beiträgt: die ›Querelle des Anciens et des Modernes‹, in der es um die Frage geht, ob die Vorbildlichkeit der Antike weiterhin Maßstab für die Beurteilung der Kunst sein soll (dies die Forderung der ›Anciens‹), oder ob nicht vielmehr die jeweilige Gegenwart aufgrund ihrer Eigenart eine ganz andere Gesetzlichkeit für das ästhetische Urteil verlangt (›les Modernes‹). Zu den wichtigsten Schriften in diesem Streit gehört *Charles Perraults* »Parallèle des Anciens et des Modernes« (1688–1697), die die Position der ›Modernes‹ vertritt. Für die Gattungseinteilung bedeutet die These der ›Modernes‹ letztlich, daß die traditionelle Hierarchie der Gattungen durchbrochen wird, was zugleich impliziert, daß die durch die ständische Gesellschaftsordnung begründete Stufung des ästhetischen Werts ihre Gültigkeit verliert. Diese grundlegende Veränderung im ästhetischen Normensystem manifestiert sich im Laufe des 18. Jhs. hinsichtlich der Gattungen darin, daß in zunehmendem Maße zwei Gattungen an Bedeutung gewinnen, die darauf angelegt sind, die Regeln der Stiltrennung zu sprengen: der Roman und das bürgerliche Drama.

Noch bei Boileau ist der Roman einer Behandlung in der Poetik nicht würdig; stattdessen schreibt Boileau einen satirischen »Dialogue des Héros de Roman« (1687). Im 18. Jh. jedoch bereitet sich dann jene Auffassung vom Roman vor, die ihn im 19. Jh. zur hervorragenden lit. Gattung werden läßt und derzufolge das »Romanhafte« nicht länger das Erfundene und Unwahre sein wird, sondern die den Roman als einen Spiegel beschreibt, der die komplexe Wirklichkeit als ein Ganzes einfängt. In ihm werden schließlich alle Stillagen möglich sein, und gerade unter diesem Aspekt bietet er für die traditionelle Poetik den Sprengstoff, der ihre Auflösung mitbewirken wird. Das bürgerliche Drama, das in Frankreich von *Diderot* (»De la poésie dramatique«, 1758) als ›genre sérieux‹ definiert wird und sich gleichsam auf der Mitte zwischen Tragödie und Komödie befindet (daher auch ›genre moyen‹), trägt im 18. Jh. die verschiedensten Namen, die die Stücke inhaltlich oder formal klassifizieren. Die Relation zu den überlieferten Gattungen der Bühnendichtung läßt es zuerst lediglich als eine Ergänzung des traditionellen Gattungsschemas erscheinen. Doch bereits die verallgemeinernde Beschreibung des ›genre sérieux‹ bei Diderot als ›drame‹ trägt ebenfalls den Ansatz zur Überwindung des normativen Gattungssystems in sich, insofern dessen Bestimmung sowohl Tragödie als auch Komödie umfassen kann.

Insgesamt machen sich die Schwierigkeiten einer extrem verkürzten Zusammenfassung der Gattungsdiskussion besonders bei der Darstellung des 18. Jhs. bemerkbar. Mehr als andere Jhh. ist es eines der Veränderung gewesen. Das kommt in der ›Querelle des Anciens et des Modernes‹ beispielhaft zum Ausdruck. Darüber hinaus bedingt die Individualisierung des Literaturbetriebs unter dem Einfluß der Genieästhetik eine Vielfalt lit. Formen, der sich die poetologische Reflexion der Zeit nicht gewachsen zeigt. Stattdessen konzentrieren sich die Poetiken (z. B. *Batteux:* »Les Beaux-Arts réduits à un même principe«, 1746; *Marmontel:* »Poétique Française«, 1763) auf die allgemeineren Fragen der Analyse von ästhetischer Wahrnehmung. Durchaus repräsentativ für das Gattungsverständnis des 18. Jhs. kann der »Lycée ou cours de littérature ancienne et moderne« (1797 ff.) von *La Harpe* gelten, der einerseits bei Auswahl und Beurteilung lit. Werke dem klassischen Kunstideal verhaftet bleibt, andererseits aber schon um eine zusammenhängende Darstellung der Geschichte der Lit. sich bemüht.

4. Die Historisierung des Gattungsverständnisses. Im geschichtlichen Zusammenhang bedeutet die fr. Revolution die endgültige Zerstörung der gesellschaftlich-ständischen Grundlage des hierarchisch-normativen Gattungsgebäudes. Das Revolutionspathos der Freiheit klingt noch nach in *Victor Hugos* »Préface de Cromwell« (1827), in der die Befreiung der Kunst gefordert wird von »le despotisme des systèmes, des codes et des règles«. Was zuvor als Vorbildlichkeit der Antike den Maßstab für neue lit. Werke setzt, das wird jetzt im Bewußtsein der Andersartigkeit und auch der Überlegenheit der eigenen Zeit als Bevormundung, als Hemmnis für die künstlerische Produktion empfunden. Implizierte die Beispielhaftigkeit der klassischen Autoren eine Aufhebung der zeitlichen Distanz, so fordert das entwickelte historische Bewußtsein dazu auf, diese Distanz explizit zu machen. Dementsprechend entwirft Hugo in seiner ›Préface‹ ein Entwicklungsmodell, das die lit.

Gattungen der Lyrik, Epik und Dramatik mit der Entfaltung des menschlichen Geistes korreliert. Die Entwicklung der lit. Produktion dient als Beispiel für die europäische Kulturgeschichte allgemein. Nach diesem Modell folgt auf eine durch die Lyrik charakterisierte Frühzeit eine epische Stufe, die wiederum im Dualismus des Christentums als dramatischer Welterfahrung ihre Ablösung erfährt. Da so für Hugo das Drama adäquater Ausdruck der Moderne ist, kann und soll es das menschliche Leben in seiner Gesamtheit zur Anschauung bringen. Daraus leitet Hugo ab, daß sich das Drama über die traditionellen Gattungsgrenzen hinwegsetzen müsse, wenn es seinem Auftrag gerecht werden will, eine »peinture totale de la réalité« zu entwerfen.

Im Rahmen einer Geschichte der Gattungsproblematik bezeichnet die »Préface de Cromwell« Hugos außer dem endgültigen Bruch mit der traditionellen Poetik zugleich den Beginn der modernen Gattungsdiskussion. Vor allem drei Aspekte sind es, die bereits in der ›Préface‹ begegnen und die bis in die Gegenwart das Verständnis der Gattungen nachhaltig geprägt haben, nämlich die Klassifizierung der verschiedenen Gattungsbezeichnungen unter den Sammelbegriffen ›Epos‹, ›Drama‹ und ›Lyrik‹, die Dynamisierung des Gattungssystems durch die Idee der Evolution und schließlich die Qualifizierung der Gattungen aufgrund der Beschreibung ihres Wirklichkeitsbezugs. Bereits vor Hugo hatte *Goethe* in seinen »Noten und Abhandlungen zu besserem Verständnis des West-Östlichen Divan« (1818) Epos, Lyrik und Drama als die »drei echten Naturformen der Poesie« definiert und sie von den einzelnen »Dichtarten« als den jeweiligen konkreten Ausformungen der universalen Naturformen unterschieden. Auf diese für die Gattungsthematik wichtige Differenzierung wird später noch einzugehen sein. Im Zusammenhang mit Hugo und im Hinblick auf das französische 19. Jh. indes ist hier weiter zu vermerken, daß die Idee der Evolution besonders von *Ferdinand Brunetière* aufgegriffen und unter dem Einfluß des englischen Biologen Darwin zu einem Erklärungsmodell für die Entstehung und die Aufeinanderfolge der Gattungen ausgearbeitet wird. In seiner Abhandlung ›Evolution des genres dans l'histoire de la littérature« von 1890 entwirft Brunetière gemäß seiner biologistischen Vorlage eine Gattungstheorie, die die Existenz der einzelnen Gattungen mit Hilfe der Lebensmetaphorik von Geburt, Reife und Verfall erklärt. Entsprechend der Darwinschen Geschichtsphilosophie ist das Prinzip der Evolution der Fortschritt vom Einfachen zum Vielgestalten, von der Homogenität zur Heterogenität und Komplexität, wobei wie in der Natur die »concurrence vitale« für eine »sélection naturelle« sorge, so daß als Ergebnis die »persistance du plus apte« gesichert sei. Ist das Ziel Brunetières, eine den Nat.wiss. vergleichbare Objektivität und Allgemeingültigkeit der lit. Erkenntnisse anzustreben, so ist doch nicht zu übersehen, daß die Entscheidung der Frage, wann eine Gattung den Höhepunkt ihrer Entfaltungsmöglichkeiten erreicht hat, wann also ihre Reife überleitet zum Verfall und welche Gattung jeweils im Gesamtplan die lebensfähigste ist, eine subjektive Wertung des Urteilenden voraussetzt, die das angestrebte Objektivitätsideal ausschließt. Gegenüber der traditionellen Poetik aber ist hervorzuheben, daß hier der geschichtsphilosophisch fundierte Versuch unternommen wird, die Gesamtheit der lit. Erscheinungsformen zu systematisieren und die Veränderungen dieses Systems historisch zu erklären. An die Stelle des normativen tritt so bei Brunetière wie zuvor bereits bei Hugo ein historisches Gattungsverständnis. Zugleich schärft das Bemühen, die Gattungen in ihrer Gesamtheit zueinander in Beziehung zu setzen, das Bewußtsein, daß die traditionelle Poetik restriktiv war, d. h. nur jene Gattungen anerkannte, die durch die antiken Vorbilder sanktioniert waren und die sich in das hierarchisch-ständische Wirklichkeitsverständnis integrieren ließen.

D. Aspekte der modernen Gattungstheorie

1. Die ontologische Bestimmung. Für die Gattungsdiskussion im 20. Jh. ist zuerst die 1902 veröffentlichte Ästhetik (»Estetica«) des italienischen Literaturwissenschaftlers und Philosophen *Benedetto Croce* von Bedeutung. In Reaktion auf die nat.wiss. beeinflußten Theorien und Modelle zur Erklärung der lit. Produktion, in denen seiner Meinung nach das wesentlich Ästhetische der Kunst einer abstrakten Begrifflichkeit geopfert wird, bezweifelt Croce den Erkenntniswert der lit. Analyse unter dem Gattungsaspekt und geht sogar so weit, die Existenz von lit. Gattungen überhaupt zu leugnen. Was Croce zufolge allein Realität besitzt, ist das einzelne Kunstwerk als eine geschichtliche Individualität; und Aufgabe der Literaturkritik muß es sein, auf adäquate Weise diese Individualität zu beschreiben und zu beurteilen. Maßstab solcher Erfassung des Kunstwerks ist die universale Idee der »bellezza«. Künstler wie

Kritiker werden nur dort ästhetisch-schöpferisch tätig, wo sie intuitiv die Idee der Schönheit erfahren und dieser Erfahrung mit den Mitteln der ästhetischen Gestaltung Ausdruck verleihen. Demgegenüber ist die auf dem Wege der Abstraktion von der jeweiligen Kunsterfahrung gewonnene Bestimmung einer Gattung ein zwar logisch durchaus möglicher, für die ästhetische Erkenntnis jedoch fruchtloser Denkprozeß. Selbst wenn man davon absieht, daß Croce mit der Identifikation von ästhetischer Erfahrung und intuitiver Erkenntnis die Überprüfbarkeit des ästhetischen Urteils und damit seine Mitteilbarkeit von der subjektiven Einstimmung abhängig macht, so ist doch nicht zu verkennen, daß sein Kunstverständnis sowohl wesentliche Möglichkeiten der lit. Gestaltung unberücksichtigt läßt, als auch im Hinblick auf die Gattungen eine im Sprachgebrauch und in der lit. Produktion fest verankerte Terminologie bloß negiert, statt sie von der traditionell-normativen in eine analytisch-deskriptive Begrifflichkeit umzuarbeiten. Andererseits verdankt die Lit.wiss. gerade der Radikalität, mit der Croce die Existenz der Gattungen verneinte, ein intensives Bemühen der Forschung, die Seinsweise der Gattungen zu klären. Einige wichtige Aspekte dieser Diskussion seien im folgenden vorgestellt.

Der historische Überblick hatte gezeigt, daß die Zusammenfassung der verschiedenen Gattungen unter den Oberbegriffen ›Epos‹, ›Drama‹ und ›Lyrik‹ erst zu Beginn des 19. Jhs. üblich wird und dementsprechend als »heilige Dreizahl« weder überzeitliche Geltung noch universale Anwendbarkeit beanspruchen kann. Wir können zwar davon ausgehen, daß sie sich inzwischen allgemein eingebürgert hat, müssen jedoch zugleich fragen, was mit der Rede z. B. von »dem Epos« gemeint sein mag. Offensichtlich kann der verallgemeinernde Begriff nur aufgrund der Kenntnis einer Vielzahl »epischer« Texte gewonnen werden. Damit ist entweder das Definitionsproblem auf die Bestimmung »des Epischen« als einer allen epischen Texten gemeinsamen Qualität verlagert, oder aber es wird ein bestimmter Text zum Modell des Epischen erklärt und in bezug auf ihn die Gattung der epischen Texte beschrieben. Letzteres Vorgehen böte die größere Anschaulichkeit, da es die allgemeine Bestimmung an einem konkreten Werk festmacht; es erliegt jedoch auch notwendigerweise der Gefahr, das gewählte Beispiel aus seinen historischen Bezügen herauszulösen und ihm eine Vorbildlichkeit zuzuschreiben, die sich nur in einem normativen Gattungskonzept unterbringen läßt. Die Erkenntnis der Geschichtlichkeit der Gattungen schließt hingegen solche

Normativität aus. Es geht also darum, z. B. »das Epische« als ein allen so bezeichneten Texten zugrunde liegendes Konstruktionsprinzip zu erfassen, wobei einerseits der Tatsache Rechnung getragen werden muß, daß sich dieses Prinzip stets nur in einzelnen, historisch unterschiedlich geprägten Werken manifestieren kann, es andererseits zugleich über eine zumindest relativ konstante Struktur verfügt. Um diese letztere herauszufinden, ist der Literaturwissenschaftler auf Abstraktion angewiesen. Mit ihr stellt sich indes das fundamentale philosophische Problem des ontologischen Status der Gattungsbegriffe. Es läßt sich umschreiben mit der Frage, ob man dem abstrakten Begriff gegenüber den konkreten einzelnen Gegenständen, die er zusammenfaßt, eine eigene Existenz einräumt (›Begriffsrealismus‹), oder ob man seine Existenz, wie es Croce im Hinblick auf die Gattungen tat, leugnet und die Benennung des einzelnen Werks als allein gültige Abstraktion zuläßt (›Begriffsnominalismus‹). Diese in der Philosophiegeschichte als ›Universalienproblem‹ (W. Stegmüller) diskutierte Frage steckt den Rahmen ab, innerhalb dessen jede Gattungstheorie geortet werden muß.

Zu den einflußreichsten Abhandlungen über die Seinsweise der Gattungen in neuester Zeit gehören die »Grundbegriffe der Poetik« von *Emil Staiger*, die zuerst 1946 erschienen. Ausgehend von Goethes Unterscheidung zwischen Dichtarten und Naturformen der Dichtung differenziert Staiger zwischen den Begriffen ›Epik‹, ›Lyrik‹ und ›Dramatik‹ einerseits und ›dem Epischen‹, ›dem Lyrischen‹ und ›dem Dramatischen‹ andererseits. Die erste Gruppe charakterisiert er als Sammelbegriffe, die der Klassifizierung einer Vielzahl von Texten dienen, die bestimmte formale Merkmale gemeinsam haben oder einfach im Laufe der Tradition einer der drei Klassen zugeordnet worden sind. Die zweite Begriffsgruppe beschreibt er als »Grundhaltungen«, die nicht nur in der Lit. anzutreffen sind, sondern die Merkmale der menschlichen Existenz überhaupt sein sollen. Auch ohne die Lit., nämlich z. B. in der Erfahrung eines Naturereignisses, kann nach Staiger der Mensch gewahr werden, was das Lyrische, das Epische oder das Dramatische ist. Es kennzeichnet Staigers begriffsrealistische Position, wenn er erklärt, daß er die Definition der Grundhaltungen nicht von bestimmten Werken ableite, sondern sie in der Beschreibung von Ideen gewinne, die letztlich unabhängig von der jeweiligen konkreten Erfahrung existieren.

Entsprechend diesen Voraussetzungen definieren die Grundhaltungen nicht nur die Seinsweise der Gattungen, sondern zugleich auch wesentliche Aspekte der menschlichen Erfahrung überhaupt. Außerdem entspricht der Allgemeinheit der Grundhaltungen eine generelle, rudimentäre Sprachtheorie. In ihr hypostasiert Staiger die Einheiten Silbe, Wort und Satz als die ursprünglichen Elemente der Sprache, und diese werden zu den Grundhaltungen des Lyrischen, Epischen und Dramatischen in Beziehung gesetzt. Damit in Verbindung gebracht wird weiterhin ein Phasenmodell der sprachlichen Kommunikation, demzufolge zu unterscheiden ist zwischen der Phase des sinnlichen Ausdrucks, der des anschaulichen Ausdrucks und der des begrifflichen Denkens. Daraus wird abgeleitet, daß die Grundhaltungen »fundamentale Möglichkeiten des menschlichen Daseins überhaupt« seien, »weil die Bereiche des Emotionalen, des Bildlichen und des Logischen das Wesen des Menschen konstituieren« (Staiger 1971, 148). Schließlich wird das Epische, Lyrische und Dramatische mit den drei Zeitstufen der Vergangenheit, Gegenwart und Zukunft parallelisiert und auf diese Weise in Anlehnung an die Philosophie Heideggers fundamentalontologisch begründet. Entsprechend der Heideggerschen Identifizierung von Sein und Zeit nämlich gilt für die Grundhaltungen, daß sie in ihren unterschiedlichen Zeitperspektiven doch alle gemeinsam in der »ursprünglichen Zeit« ruhen und damit das eigentliche Sein des Menschen erfassen und ihm Ausdruck verleihen. Für Staiger sind somit die Gattungen im Sein des Menschen selbst angelegt.

In der wissenschaftlichen Diskussion ist daraufhin herausgearbeitet worden, daß die Bestimmung der Grundhaltungen bei Staiger zur Verabsolutierung eines Sprach- und Seinsverständnisses gerät, das einen Anspruch auf zeitlose Gültigkeit impliziert und zugleich doch deutlich seine historische Bedingtheit zu erkennen gibt. Der Literaturbegriff, von dem Staiger ausgeht, ist am Werk und an der Zeit Goethes orientiert und verallgemeinert von daher einen lit. Wertmaßstab, der die Fundamentalpoetik im Hinblick auf die Vielfalt der Texte restriktiv werden läßt. Staiger selbst macht darauf aufmerksam, daß mit seiner Poetik nur solche Werke erfaßt werden können, die »aus dem Grunde der reinen Zeit« als dem »originalen Sein« erschaffen sind (ibid., S. 161); und er schlägt zur Bezeichnung all jener Texte, die diesem Kriterium nicht entsprechen, den Begriff des »Artistischen« vor. Was jedoch so als Selbstbescheidung der Fundamentalpoetik vorgetragen wird, verbirgt lediglich, daß nur das als wahre Dichtung in die poetologische Reflexion aufgenommen wird, was dem Postulat des »originalen Seins« gerecht wird.

2. *Die kommunikationstheoretischen Ansätze.* Die neueste Gattungsforschung ist darum bemüht, die Restriktionen der Normativität, wie sie im Literaturkonzept Staigers verborgen sind, zu vermeiden. Sie geht deshalb von einem Literaturverständnis aus, das sich zur Erklärung des Strukturbegriffs der modernen Linguistik bedient. So wie dort die Sprache als ein System von Zeichen verstanden wird, in dem alle einzelnen Elemente sich gegenseitig bedingen, so wird hier die Summe der zu einer Zeit vorhandenen Texte als Komplex lit. Formen betrachtet, dessen Gesamtheit das System lit. Kommunikation bildet. In Anlehnung an die Vorstellungen der Russischen Formalisten wird dieses System als ein »evolutionierendes Bezugssystem« beschrieben, was besagen soll, daß die lit. Formen einer Epoche sowohl miteinander, also synchron korreliert sind, als auch diachron durch das Vorher und Nachher der lit. Tradition geprägt werden. Anstelle der überlieferten Hierarchie der klassischen Poetik, die gleichsam statisch die einzelnen Gattungen nebeneinander stellte und eine Verschränkung der Formen und Themen verbot, wird das lit. Bezugssystem nun dynamisch verstanden als ein beständiges Rivalisieren der einzelnen Elemente mit dem Ziel der Dominanz innerhalb des Systems. Das Vorherrschen bestimmter Gattungen zu bestimmten Epochen wird mit einem Evolutionsmodell erklärt, das die einzelnen Gattungen in der Bewegung eines Dreischritts von Kanonisierung, Automatisierung (Abnutzung) und Umbesetzung zeigt. So ist das einer bestimmten Gattung zugehörige einzelne Werk in Auseinandersetzung sowohl mit der Reihe der ihm gleichzeitigen lit. Formen als auch mit seiner eigenen Gattungsgeschichte zu denken. Dieses rein innerliterarische Bezugssystem hat die jüngste Gattungsforschung (H. R. Jauss) historisch zu konkretisieren versucht. Entsprechend der grundlegenden informationstheoretischen Erkenntnis der Dreidimensionalität des Zeichens (Sender, Empfänger und Kode) wird das Publikum, und mithin die Rezeption der Lit. als historische Instanz in die Reflexion mit einbezogen. Auf diesem Hintergrund werden die Gattungen als zwischen Publikum und Werk vermittelnde Strukturen beschrieben. Sie bilden gleichsam den vorkonstituierten Rahmen, der das Verständnis des einzelnen Textes ermöglicht. So wie das einzelne Werk nicht aus dem Nichts erschaffen wird, sondern seine Entstehung der Auseinanderset-

zung mit bereits bestehenden Formen verdankt, so bedarf es zum Verständnis dieses Werks der Einbettung in einen dem Publikum vertrauten Kontext. Ziel der historischen Analyse ist es, diesen Kontext bei einem bestimmten geschichtlichen Publikum als dessen Erwartungshorizont zu beschreiben und dabei sowohl die Prägung dieses Horizonts durch die lit. Gattungsstruktur, als auch umgekehrt deren Veränderung durch die allgemeinen historischen Bedingungen der jeweiligen Epoche aufzuzeigen. Auf diese Weise soll die Geschichte der Gattungen, und das heißt zugleich die der Lit. als wechselseitige Beziehung zwischen Lit. und Gesellschaft erfaßt und erklärt werden. Die Theorie der Gattungen als Beschreibung der Strukturen lit. Kommunikation ist so einzugliedern in den Gesamtzusammenhang bestehender oder auch möglicher Kommunikationssysteme.

Über diese Historisierung des Gattungsverständnisses hinaus ist in der neuesten Forschung weiter der Versuch unternommen worden, innerhalb des Systems lit. Kommunikation eine Schicht von Strukturen freizulegen, die gleichsam als grundlegende kommunikative Normen dem geschichtlichen Wandel enthoben sind. In Anlehnung an das linguistische Modell der generativen Grammatik wird dabei unterschieden zwischen den »generischen Tiefenstrukturen« und den »Oberflächenstrukturen« (K. W. Hempfer). Den Oberflächenstrukturen entspricht die »Variabilität historischer Textgruppen« – also z. B. die Entwicklung der Gruppe, die als Roman im 18. Jh. klassifizierbar wäre; und diese wird ihrerseits mit den »generischen Invarianten« der Tiefenstruktur in einen systematischen Zusammenhang gebracht, insofern die konkreten Ausformungen der Gattungen als Transformationen der Tiefenstruktur verstanden werden. Ziel dieser Gattungstheorie ist es, ohne normative Vereinseitigung ein analytisches Modell zu erstellen, das durch Differenzierung der verschiedenen Abstraktionsebenen die historische Vielfalt der »Textsorten« (so der linguistische Terminus für die lit. Gattungen) systematisch erklärbar macht. Die zentralen Probleme dieser Theorie sind zum einen die Bestimmung der generischen Invarianten, zum andern die Beschreibung und Operationalisierung der Transformationsregeln, die den Zusammenhang zwischen Tiefenstruktur und Oberflächentransformation darstellen. Mit Hilfe des bereits bei Platon eingeführten und in der strukturalen Linguistik neuformulierten Redekriteriums wird die Tiefenstruktur des Dramatischen und des Narrativen nach performativer (dialogischer) bzw. berichtender Sprechsituation differenziert. Die Lyrik wird, wohl aufgrund historischer Vorbehalte, nicht aufgenommen, obwohl sich eine Bestimmung als repetitiv-rhythmisiertes Sprechen anböte. Stattdessen werden eine Reihe weiterer Invarianten vorgeschlagen (das Komische, das Satirische usw.), ohne daß deren Invarianz an einem ähnlich universalen Kriterium wie dem der Sprechsituation exemplifiziert würde. Was das zweite Problem, das der Transformationsregeln, anbelangt, so wird darauf verwiesen, daß es vermutlich erst als Teiltheorie einer noch zu erstellenden allgemeinen Texttheorie zu lösen sein wird.

E. Zusammenfassung

Die hier kurz skizzierten Theorieentwürfe sind nicht nur für den Studienanfänger schwierig. Das wird gerade auch an der zuletzt besprochenen Gattungstheorie deutlich, deren praktische Anwendbarkeit mit dem – nicht näher explizierten – Aufstellen bestimmter Hypothesen zum Transformationsprozeß steht und fällt. Es seien deshalb zum Schluß einige kritische Aspekte zusammengefaßt, die als eine erste Orientierung dienen können:

1) Gerade auch im Bereich der Gattungsforschung geht lit. wiss. Arbeit stets von der Fähigkeit zur Interpretation einzelner Texte aus und muß in letzter Instanz auch dorthin zurückkehren. Selbst die brillanteste Theorie verliert dort ihre Relevanz, wo sie für das Deuten und/oder Produzieren von Texten überflüssig wird.

2) Aus der Betrachtung der Poetik-Tradition bis in dieses Jahrhundert ergibt sich, daß die Definition einer Gattungstheorie notwendigerweise ein bestimmtes Literaturverständnis voraussetzt, das seinerseits stets die Annahme eines bestimmten Verhältnisses von Kunst und Wirklichkeit impliziert. Jede Gattungstheorie – wie überhaupt jede Theorie, die die Grundlagen der Kunst und Literatur betrifft – muß sich deshalb der Frage stellen, von welchem Wirklichkeitsverständnis sie ausgeht. Da außerdem, will man nicht auf das historische Bewußtsein verzichten, das Verständnis der Gegenwart eine Deutung der Geschichte einbeschließt, ist der theoretische Entwurf auf seine geschichtsphilosophischen Implikate hin zu überprüfen.

3) Die jeweilige Gattungsdefinition gewinnt in dem Maße an Konkretheit, als sie inhaltliche Aussagen über Formprinzip, Themenwahl, Produktionstechniken und Rezeptionsbedingun-

gen trifft. In dieser Hinsicht sind die Definitionen der traditionellen Regelpoetiken zweifellos die eindeutigsten, da sie ja Anleitung zur Verfertigung eines in seiner Qualität am Vorbild überprüfbaren Werks sein wollen. Nun steht dem darin implizierten Wirklichkeitsverständnis heute freilich die Überzeugung entgegen, daß an die Stelle des einheitlichen, letztlich religiös fundierten Weltbildes die Pluralität möglicher Wirklichkeitsdeutungen zu treten hat. Diese Distanz zur Tradition, die mit der Entwicklung des historischen Bewußtseins identisch ist, darf jedoch nicht zu dem positivistischen Irrtum verleiten, daß es auch beim geschichtlichen Verstehen vollkommen wertneutrale Erkenntnis geben könne. Solange der Grundsatz der Pluralität beibehalten wird, muß zugleich auch zugestanden werden, daß in der Entscheidung für eine unter verschiedenen möglichen Theorien ein Werturteil im Spiel ist.

4) In der Poetik Staigers ist dieses Werturteil greifbar im restriktiven Literaturbegriff, den er seiner Gattungstheorie zugrundelegt. Die neueren Forschungsbeiträge bemühen sich gerade hier um Objektivität. Grundsätzlich gilt, daß, je allgemeiner ein Begriff gefaßt ist, er umso wertfreier verwendet werden kann; in gleichem Maße verliert er allerdings auch an spezifischer Aussagekraft. Es ist deshalb zu fragen, ob der gleichsam universale Begriff der »literarischen Kommunikation«, auf den die neueste Gattungsforschung zurückgreift, das zentrale Problem eines inhaltlich relevanten Literaturbegriffs nicht überspielt. Bei eingehender Prüfung stellt sich nämlich heraus, daß im Unterschied zur allgemeinen Theorie die Untersuchungen zu einer bestimmten Gattung bisher stets auf einen wertenden Literaturbegriff zurückkommen. Einen Forschungsbeitrag, der entsprechend den Russischen Formalisten eine Gattungsdefinition im Rahmen des Systems sämtlicher vorhandenen lit. Elemente einer Epoche, oder, noch umfassender gemäß der modernen Semiotik, im Rahmen kommunikativer Zeichensysteme aufstellt, gibt es bisher nicht. Solange er nicht vorliegt, sind die entsprechenden Theorieentwürfe unmittelbar auf ihre Anwendbarkeit hin zu befragen.

Daraus ergibt sich für die Aufgabenstellung zu Studienbeginn, daß hinsichtlich der Kenntnis der lit. Gattungen zuerst eine möglichst große Zahl von Werken der traditionellen Gattungen gelesen werden sollte; als erste und gewiß vorläufige Orientierung mag dabei folgender Leitsatz gelten: »Wo uns etwas erzählt wird, da handelt es sich um Epik, wo verkleidete Menschen auf einem Schauplatz etwas agieren, um Dramatik, und wo ein Zustand empfunden und von einem ›Ich‹ ausgesprochen wird, um Lyrik.« (*Kayser*, Nr. 83, S. 332). Weiterhin sollte versucht werden, aufgrund des Studiums einer Gruppe von Texten, die den gleichen Titel tragen (z. B. jener Texte, die als »Komödie« veröffentlicht wurden), einen Katalog gemeinsamer Merkmale aufzustellen. Dabei wird man sinnvollerweise auf bereits erarbeitete Beschreibungskategorien zurückgreifen; so ist z. B. als allgemeine Gliederung der Bauformen szenisch-theatralischer Texte die von V. Klotz systematisierte Unterscheidung des ›geschlossenen Dramas‹ (drei Einheiten, geringe Personenzahl, Akt- und Szeneneinteilung, Dialog in Form von Rededuell, tektonischer Handlungsaufbau usw.) vom ›offenen Drama‹ (Zeitsprünge, Ortswechsel, verschiedene Handlungsstränge usw.) gewiß nützlich. Dasselbe gilt für die Analyse narrativer Strukturen (F. K. Stanzel, E. Lämmert), bei der sich inzwischen die Differenzierung von Erzählformen (episches Erzählen, Fiktionalität – Wirklichkeitsbericht), Erzählfunktionen (allwissender, ›auktorialer‹ Erzähler; medialer, ›personaler‹ Erzähler; Ich-Erzähler) und Redeformen (Bericht, Dialog, erlebte Rede usw.) eingebürgert hat.

Über solche Merkmalskataloge hinaus kommt der historischen Analyse der verglichenen Werke dann zentrale Bedeutung zu; denn durch sie läßt sich die Entwicklung einer Gattung im Verlaufe einer oder mehrerer Epochen beschreiben und auch die Besonderheit des einzelnen Werks erklären. Dabei ist, wie bereits ausgeführt, sowohl die innerliterarische Tradition, als auch der »Sitz im Leben« der Werke, d. h. ihre Verflechtung in einen allgemein historisch-gesellschaftlichen Lebenszusammenhang, zu berücksichtigen. Hinsichtlich dieser historischen Konkretisierung stellt sich die Frage, in wieweit eine Reduktion der geschichtlichen Dimension auf den Erwartungshorizont eines bestimmten Publikums sinnvoll und möglich ist. Umfassender in der geschichtlichen Bestimmung der Gattungen ist das methodische Konzept der soziologisch-ästhetischen Forschung. In ihrem Bemühen um gesellschaftsgeschichtliche Zuordnung von Werken und Gattungen geht sie explizit von der These des »interessegeleiteten Weltbilds« (E. Köhler) aus und vermeidet so die Verkürzung des geschichtlichen Horizonts auf ästhetische oder formale Teilaspekte. Für sie verhält sich das System der Gattungen als Ganzes homolog zur geschichtlichen Totalität des Wirklichen, wodurch dieses System als hypothetisches Konstrukt gekennzeichnet und zugleich die Notwendigkeit inhaltlich verbindlicher Wirklichkeitsaussagen postuliert ist. Auf diese Weise kann die Beschäftigung mit der Gattungsforschung Einblick in die historische Bedingtheit der Lit. gewähren und das Verständnis für ihre Funktion im gesellschaftlichen Handlungszusammenhang schärfen.

Literatur:

Arnold, Nr. 2; 227–341; *Behrens,* Nr. 9; *Fubini,* Nr. 50; *Hempfer,* Nr. 69; *Jauss,* Nr. 80; *Kayser,* W., Nr. 85; 156–186 u. 330–387; *Köhler,* Nr. 88; *Krauss,* Nr. 89; 5–43; *Klotz,* Nr. 87; *Lämmert,* Nr. 92; *Staiger,* Nr. 130; *Stanzel,* Nr. 133.

A. Zur Definition von »Rhetorik« und »Stilistik«

1. Rhetorik. Gegenstand der Rhetorik ist die Kunst der Rede als bewußte sprachliche Gestaltung einer Mitteilung im mündlichen Vortrag. Dementsprechend kennzeichnet die Rhetorik sowohl der praktische Aspekt der Beherrschung verschiedener Vortragsweisen, als auch der theoretische der Beschreibbarkeit sprachlicher Ausdrucksmöglichkeiten. Im Unterschied zur primär gegenstandsbezogenen Information, die ebenfalls mündlich vorgetragen werden kann, ist die Redekunst auf das Ziel der Beeinflussung einer Zuhörerschaft ausgerichtet. Als grundlegendes Paradigma gilt allgemein die Parteirede vor Gericht. So lassen sich die Elemente, die im Rahmen der Rhetorik wirksam werden, folgendermaßen zusammenfassen: das Mitteilungsinteresse des Redners, der in einer bestimmten Situation bei einem ihm gegenwärtigen Publikum eine bestimmte Wirkung erzielen möchte, bedingt Inhalt und Form seiner sprachlichen Äußerungen und sein Erscheinungsbild beim Vortrag (Gestik und Mimik).

2. Stilistik. Der Begriff ›Stilistik‹ (zuerst in Dtld. im 18. Jh. verwandt) ist aus der traditionellen Rhetorik hervorgegangen und war ihr ursprünglich untergeordnet; ihm liegt die gr.-lat. Bezeichnung ›stilus‹ für ›Griffel‹ zugrunde, dem Instrument, mit dem in der Antike auf Wachstafeln geschrieben wurde. Verallgemeinert zur Beschreibung einer bestimmten Sprachqualität wird der Begriff des *Stils* früh in die rhetorische Terminologie aufgenommen und dient dort der hierarchischen Gliederung der Sprache in niederen, mittleren und erhabenen Stil (s. Lehre von den drei Stilen, S. 85 f.). Diesem normativen Sprachverständnis entstammt auch die Stilistik, die zuerst die Lehre vom Gebrauch des »richtigen« Stils betrifft und sich dabei an der Sprache der Lit. als Vorbild orientiert. Im didaktischen Bereich hat sich diese Bedeutung z. T. bis heute erhalten, wenn auch die Literatursprache ihre normative Funktion inzwischen weitgehend eingebüßt hat.

Von der normativen Stilistik der rhetorischen Tradition ist die deskriptive Stilistik, wie sie seit Beginn dieses Jhs. von Lit.-wiss. und Linguistik entwickelt worden ist, zu unterscheiden. Ihr Aufgabenbereich ist die lexikalische, grammatische und semantische Analyse sprachlicher Äußerungen, wozu im Falle der Lit.wiss. noch die ästhetische Analyse tritt. Dabei wird gemäß dem Allgemeinheitsgrad der Fragestellung differenziert zwischen *Sprachstil* (Beschreibung eines Sprachsystems; in diesem Sinne ist versucht worden, eine Unterscheidung von affektiven und verstandesmäßigen Elementen in der fr. Sprache zu erarbeiten: Ch. Bally: »Stylistique générale et stylistique française« Bern 1944), *Epochen-* oder *Zeitstil* (z. B. L. Spitzer: »Die syntaktischen Errungenschaften der Symbolisten«, 1918), *Personal-* oder *Autorenstil* (z. B. P. Guiraud: »Langage et versification d'après l'oeuvre de Paul Valéry. Etude sur la forme poétique dans ses rapports avec la langue«, Paris 1953) und *Text-* oder *Werkstil* (z. B. E. Staiger: »Die Kunst der Interpretation«, Zürich 1955). Diese Einteilung zeigt eines der möglichen Klassifikationsschemata. Außer der Analyse solcher Stiltypen hat in der neueren Forschung das Interesse der *Stiltheorie* als dem Problem unterschiedlicher Definitionen von Stil gegolten. Die zahlreichen inzwischen vorliegenden Definitionsvorschläge lassen sich entsprechend dem ihnen zugrunde liegenden sprachtheoretischen Modell vorläufig in zwei Gruppen zusammenfassen: sie beschreiben Stil entweder in seiner Differenzqualität zu einer linguistisch formalisierten, allgemeinen Sprachstruktur und erläutern diese Differenz mit Metaphern wie: Wahl aus vorhandenem Repertoire, oder: Abweichung von der Normalsprache, etc. (strukturalistisches Modell); oder sie bestimmen Stil als Funktion sprachlicher Handlungen in kommunikativen Situationen, die ihrerseits auf ihre je typischen Merkmale hin gegliedert werden (funktionalistisches Modell). Insgesamt ist festzustellen, daß die Stilistik sich gegenüber der traditionellen Rhetorik verselbständigt hat. Die Grundsätzlichkeit ihrer sprachtheoretischen Fragestellung stellt sie vor ähnliche Definitionsprobleme, wie sie beim Literaturbegriff (s. Kap. I, passim) begegnen und wie sie notwendigerweise den normativen Rahmen der traditionellen Rhetorik sprengen. Das darf indes nicht darüber hinwegtäuschen, daß auch für die moderne Stilistik die Existenz des praktischen Kriteriums stilistischer Richtigkeit bzw. Adäquatheit eine ständige Herausforderung zur Überprüfung der theoretischen Grundlagen bedeutet. Schließlich ist zu vermerken, daß sich Lit.wiss. und Linguistik aufgrund des besonderen Gewichts semantischer Analyse in der Stilistik unmittelbar ergänzen können.

B. Rhetorische Grundbegriffe

1. Zur Geschichte der Rhetorik. In Homers Epen wird die Gabe der Beredsamkeit als Göttergeschenk gepriesen; man hat dies als frühesten Beleg für die Rhetorik werten wollen. Historisch korrekt hingegen muß das Entstehen der Redekunst im Zusammenhang mit der Entwicklung der Demokratie im 5. Jh. v. Chr. in Athen gesehen werden. Erst im Rahmen der demokratischen Öffentlichkeit gewinnt die Rhetorik allgemeine Bedeutung; denn erst hier, wo der Bürger in Auseinandersetzung mit anderen seine Interessen vertritt, wird die Rede zu einem politischen Instrument. Dem Bedürfnis, sich in der Kunst der Rede zu schulen, entsprechen die Sophisten, die als Rhetoriklehrer umherziehen. Ihr Unterricht ist jedoch nicht allein auf die Schulung des argumentativen Geschicks ausgerichtet; ihrem Verständnis zufolge bedingen sich vielmehr richtiger Gebrauch der Sprache und Erkenntnis der Wahrheit gegenseitig. So erheben sie für sich den Anspruch, als Lehrer der Redekunst zugleich auch Erzieher und Philosophen zu sein. Mit ihrem Namen erklären sie sich zu Lehrern der Weisheit, der ›sophia‹. Diesen pädagogischen Sinn ihrer Tätigkeit aber streitet Platon ab, der die Rhetorik – wie die Dichtung – in seiner Staatslehre kritisiert, da nach seiner Meinung die studierte Redekunst allenfalls zu advokatorischer Gerissenheit führe, nicht aber der Wahrheitsfindung diene. Aristoteles hingegen widmet der Rhetorik eine umfassende Abhandlung, in der er u. a. mittels der Affektenlehre die Möglichkeiten emotionaler Beeinflussung durch die rhetorischen Mittel analysiert.

Seit dem 2. Jh. v. Chr. kommen gr. Rhetoren nach Rom. Aufgrund ihres Wirkens erlangt dort die Redekunst in den letzten beiden vorchristlichen Jahrhunderten große Bedeutung. Die wichtigsten Abhandlungen zur Rhetorik, die in dieser Zeit entstehen, sind die anonyme *Rhetorica ad Herennium* und Ciceros *Orator* (beide 1. Jh. v. Chr.). Bis in die Renaissance haben sie zum Kanon der vorbildlichen Texte gehört. Die politische Rede, die in ihnen im Mittelpunkt steht, verliert jedoch mit der Aushöhlung der republikanischen Amtsgewalten durch Augustus ihre zentrale Funktion. Stattdessen werden im Laufe des 1. Jh. n. Chr. die Lehren der Rhetorik auf die Dichtung übertragen. Von der Redekunst wandelt sich die Rhetorik zur Schreibkunst. Fortan wird sie als Schulfach mehr und mehr den Bezug zur Praxis verlieren. In dieser Entwicklung stellt die *Institutio oratoria* Quintilians (erschienen vermutlich 95 n.

Chr.) den zusammenfassenden Abschluß der antiken Rhetorik dar. Man hat sie als »die umfassendste und wirkungsvollste Darstellung der Rhetorik« (E. R. Curtius) bezeichnet. Für Quintilian bedeutet die Ausbildung zum Redner einen Erziehungsprozeß, der den ganzen Menschen von seiner Kindheit an betrifft. Ziel ist der »bonus orator«, der sich nicht allein durch seine Redekunst, sondern auch durch seine moralische Vorbildlichkeit auszeichnet. Die charakterlichen Qualitäten sind Voraussetzung für die rhetorischen Fähigkeiten. Da für Quintilian außerdem die Verknüpfung von Rhetorik und Dichtung bereits selbstverständlich ist, heißt Beherrschung der Sprache für ihn vor allem auch Kenntnis der Lit. So gründet sich die Wertschätzung Quintilians bis in die Gegenwart auch darauf, daß er als einer der ersten ein Bildungsideal entwirft, das wesentlich auf der lit. Bildung aufbaut.

Mit dem Verlust des Öffentlichkeitsbezugs tritt der praktische Aspekt der Publikumswirksamkeit der Rede in der Folgezeit in den Hintergrund, und stattdessen gewinnt der theoretische der übungsweisen Erprobung unterschiedlicher Sprachformen an Bedeutung. Lediglich im sakralen Bereich wirkt die Rhetorik auch praktisch weiter. Sie wird von den sog. *Kirchenvätern* – Hieronymus, Augustin, Cassiodor, und Isidor von Sevilla; unter ihnen vor allem von Augustin – in das christliche Lehrgebäude integriert, indem diese sie in den Dienst der Bibelexegese stellen und als Predigtlehre weiterentwickeln. Die Predigtlehre oder Homiletik verselbständigt sich im Laufe der Tradition zu einer eigenen Disziplin, bewahrt indes unter sprachästhetischem Aspekt gleichwohl ihre Affinität zur Rhetorik. Das beweist unter anderem auch die Bewertung der Predigtkunst am Hofe Ludwig XIV; denn die Predigten eines Bossuet oder Bourdaloue gelten gemeinhin als ein Höhepunkt der fr. Rhetorik.

Im profanen Bereich findet die Rhetorik Eingang in das spätantike und ma. Schulprogramm der *septem artes liberales*, das seit dem 5. Jh. auf die Siebenzahl festgelegt ist, die ihrerseits unterteilt wird in die sprachlichen Disziplinen des Trivium (Grammatik, Rhetorik und Dialektik) und die mathematischen des Quadrivium (Arithmetik, Geometrie, Musik und Astronomie). Seneca hatte bereits die Erklärung für »liberales« geliefert: es handelt sich um das Bildungsprogramm des freien Bürgers. Im Unterschied zur Grammatik als dem Wissen vom korrekten Sprachgebrauch wird die Rhetorik als »ars bene dicendi« definiert, womit in erster Linie die stilistische Schulung in dem bereits erwähnten normativen Sinne gemeint ist. Der Praxisbezug, der dabei im Laufe der Jahrhunderte das Interesse an der Rhetorik wachhält, betrifft zum einen die Verwaltungsangelegenheiten, die gewisse sprachliche und formale Fertigkeiten voraussetzen, und zum andern die Dichtung. Während des ganzen MA und noch bis zur Aufklärung ist die Dichtungslehre nicht von der Rhetorik zu trennen. Diese liefert, anders als die Poetiken des Aristoteles und des Horaz (s. Kap. V, S. 57 ff.), konkrete Anleitung zur Sprachgestaltung. Am sinnfälligsten wird diese enge Verknüpfung von Poetik und Rhetorik an der Tatsache, daß die fr. Dichterschule am Hofe von Burgund im 15. Jh. (Georges Chastelain, Jean Molinet, Jean Le Maire de Belges) sich in dem Bewußtsein ihrer Sprachmeisterschaft den Namen ›rhétoriqueurs‹ zulegt.

Darüber hinaus ist im klassischen und humanistischen Ideal der ›eloquentia‹ bis in die Neuzeit die Überzeugung von der Notwendigkeit lit. Bildung lebendig geblieben. Als Schulfach und akademische Disziplin jedoch fällt die Rhetorik seit dem 18. Jh. dem Protest der Genieästhetik gegen die normative Tradition zum Opfer.

2. *System der antiken Rhetorik.* Zu Recht ist darauf hingewiesen worden, daß es ein festes System der antiken Rhetorik nie gegeben hat, daß vielmehr die jeweiligen historischen Gegebenheiten die Regeln der Redekunst immer wieder neu geprägt haben. Gleichwohl hat es sich eingebürgert und erscheint zur vereinfachenden Erklärung auch sinnvoll, die wichtigsten Aspekte als rhetorisches System zusammenzufassen. So unterscheidet man seit Aristoteles drei Arten der Rede (*genera dicendi*), die drei verschiedenen Praxisbereichen zugeordnet sind: die Gerichtsrede (*genus iudiciale*) mit den Funktionen der Anklage und Verteidigung; die politische Rede (*genus deliberativum*) mit dem Ziel der ablehnenden oder befürwortenden Einflußnahme auf eine Entscheidung in der Volksversammlung; und schließlich die Lobrede oder der Tadel einer Person, eines Ereignisses oder eines Gegenstandes vor einem Publikum (*genus demonstrativum*). Während die ersten beiden Redearten unmittelbar handlungsorientiert sind, bietet die demonstrative oder epideiktische Gattung Anlaß zur Entfaltung der sprachkünstlerischen Fähigkeiten des Redners; von Anfang an steht sie deshalb der Dichtung am nächsten. Mit dem zunehmenden Praxisverlust nähern sich im übrigen auch die beiden ersten Re-

dearten, auf theoretische und damit primär stilistische Übungen reduziert, der demonstrativen an.

Das Anfertigen einer Rede wird in fünf Arbeitsphasen gegliedert. Der erste Arbeitsgang betrifft die Stoffindung (*inventio*), bei der der Redner jene Argumente, Vergleiche und Bilder sammelt, die dem Anlaß der Rede entsprechen. Die Beschreibung dieser Arbeit bedient sich einer räumlichen Metapher, insofern den Stoffen »Orte«, *Topoi* im Gedächtnis zugeordnet werden. Im Laufe der Tradition bildet sich eine Fülle solcher Topoi (z. B. Musenanrufung, Unsagbarkeitstopos, Ideallandschaft usw.), die zum allgemeingültigen Repertoire lit. Themen und Motive werden und damit über den Rahmen der Findungslehre hinausgehen. Als Vorrat lit. Stoffe und Formen kondensiert sich in ihnen lit. fixierte Erkenntnis in Form von ›Gemeinplätzen‹ (dies die Übersetzung des lat. ›loci communes‹ für gr. topoi), d. h. als allgemein verfügbares und allgemein anerkanntes Wissen. E. R. Curtius hat als Antwort auf einseitig nationalistische Tendenzen der Lit.wiss. historische Toposforschung in der Absicht betrieben, die »Sinneinheit« der europäischen Lit. in der Gemeinsamkeit ihrer Verpflichtung gegenüber der antiken Topik aufzuzeigen. Die zweite Arbeitsphase der Anordnung des Stoffs (*dispositio*) ist mit der ersten eng verknüpft, da die Stoffe in der Regel in sich nach ihrer Zugehörigkeit zur Einleitung (exordium), zum Mittelteil (argumentatio) oder zum Schluß (peroratio, conclusio) gegliedert sind. Nach der Sichtung des Materials ist deshalb der nächste – und wichtigste – Arbeitsgang die sprachliche Formulierung (*elocutio*), nämlich die stilistische Ausarbeitung der Rede bzw. des lit. Werks. Bei ihr müssen die vier Stilqualitäten der grammatischen Korrektheit (puritas), der Klarheit (perspicuitas), des Schmucks (ornatus) und der Übereinstimmung des gewählten Stils mit der zur verhandelnden Sache (aptum) überprüft werden. Die beiden letzten Aspekte des ›ornatus‹ und des ›aptum‹ bilden in der lit. orientierten Rhetorik bald das Zentrum der rhetorischen Übung überhaupt. Im Rahmen des ›ornatus‹ hat die Rhetorik einen Begriffsapparat geschaffen, der über die Tradition der Schulrhetorik hinaus als Instrumentarium für die Analyse von Texten gedient hat und noch weiter dienen kann; und im Zusammenhang des ›aptum‹ entwickelt sich die Lehre von den drei Stilarten (genera elocutionis), die bis ins 18. Jh. wesentlichen Einfluß auf die lit. Produktion ausübte. Beide Bereiche sollen im folgenden kurz behandelt werden. Die beiden letzten Arbeitsphasen der Vorbereitung einer Rede betreffen speziell den praktischen Aspekt des Vortrags und haben deshalb in der Schulrhetorik keine große Rolle gespielt. Immerhin ist es aufschlußreich zu wissen, daß erst das Auswendiglernen (*memoria*) und das genaue vorherige Studium der Vortragsweise der Rede (*pronuntiatio*) die Vorbereitung des Redners abschlossen. Alle fünf Arbeitsphasen sind im übrigen am Maßstab der Publikumswirksamkeit orientiert und ursprünglich dementsprechend flexibel interpretiert worden.

Zur Gliederung des ›ornatus‹. Auch zur Beschreibung der stilistischen Ausarbeitung des Stoffs verwendet die klassische Rhetorik ein räumliches Bild. Die einzelnen sprachlichen Ausschmückungen werden verglichen mit den Bewegungen eines Tänzers und heißen dementsprechend ›Figuren‹ (figurae). Die Handbücher der Rhetorik weichen in der Unterteilung der verschiedenen Figuren stark voneinander ab. Hier seien nur einige wenige der wichtigsten Figuren, deren Kenntnis für die Textanalyse von Nutzen ist, mit Beispielen erläutert. Die Einteilung entspricht dabei nur einem unter verschiedenen möglichen Klassifikationsschemata der Figuren.

1) Klangfiguren: die *Paronomasie* (la paronomase) verbindet gleich- oder ähnlichlautende Wörter, z. B. »qui s'excuse s'accuse«; die *Onomatopoesie* (l'onomatopée) ist der rhetorische Terminus für Lautmalerei, z. B. »vrombir« als Verb zur Beschreibung des Summens von Insekten oder von Motorengeräusch.

2) Wortfiguren: die *Hyperbel* (l'hyperbole) meint die Übertreibung eines Ausdrucks im vergrößernden oder verkleinernden Sinn, z. B. »un géant« statt »un homme de haute taille«; als deren Gegenteil fungiert in der antiken Rhetorik die *Litotes* (la litote), die ein Positivum durch eine negative Formulierung ausdrückt, z. B. »ce n'est pas mauvais« statt »c'est très bon«.

3) Satzfiguren: Als *Ellipse* (l'ellipse) wird die in Gedanken zu ergänzende Auslassung eines oder mehrerer Wörter in einem Satz bezeichnet, z. B. »chacun son tour« statt »chacun doit agir à son tour«; deren Gegensatz ist der *Pleonasmus* (le pléonasme), die Verbindung von Wörtern mit gleicher oder ähnlicher Bedeutung, z. B. »prévoir à l'avance«, »le jour d'aujourd'hui«; man spricht in diesem Zusammenhang auch von einer *Tautologie* (la tautologie); ein weiteres Begriffspaar bilden der Parallelismus und der Chiasmus; der *Parallelismus* (le parallélisme) betrifft die Wiederkehr derselben Wortreihenfolge in zwei oder mehreren Sätzen oder Satzgliedern, z. B. »heureux celui qui sait

attendre, malheureux celui qui a trop attendu«; der *Chiasmus* (le chiasme) bezeichnet die Überkreuzstellung einander entsprechender Satzglieder, z. B. »il faut manger pour vivre et non pas vivre pour manger«.

4) Gedankenfiguren: die *Gradation* (la gradation) steigert eine Aussage in aufsteigender (Klimax) oder absteigender (Antiklimax) Bewegung. Die *rhetorische Frage* ist die in Frageform gekleidete Bekräftigung einer Aussage, auf die keine Antwort erwartet wird. Als *Antithese* wird die Gegenüberstellung zweier sich widersprechender Aussagen bezeichnet, die in äußerster Verkürzung in der Wortfigur des *Oxymoron* – Zusammenfügung widersprüchlicher Begriffe, z. B. »la douce amertume« – begegnet.

5) Unter dem Begriff der *Tropen* wird der bedeutungsverändernde Gebrauch von Wörtern oder Redewendungen zusammengefaßt: hierher gehört die *Metapher* (la métaphore); sie wurde in der klassischen Rhetorik (Quintilian) als abgekürzter Vergleich definiert; sie besteht in der Übertragung eines Wortes oder einer Wortgruppe aus dem eigentlichen Bedeutungszusammenhang auf einen anderen, häufig vom Konkreten zum Abstrakten, z. B. »la source« in »une source de chagrins«. Eng mit der Metapher verknüpft ist die *Metonymie* (la métonymie), bei der ein Wort durch ein anderes, das mit ihm in einem Bedeutungszusammenhang steht, ersetzt wird, z. B. »boire un verre« statt »le contenu d'un verre«; auf ähnliche Funktionen weisen die Begriffe der *Synekdoche* (la synecdoque) und des *pars pro toto*. In der Lyrik ist seit der Romantik häufig die *Synästhesie* (la synesthésie) anzutreffen, bei der unterschiedliche Sinneswahrnehmungen verknüpft werden, z. B. das Klingen von Farben, das Leuchten von Düften (vgl. dazu Baudelaires Sonnet ›Correspondances‹, wo es programmatisch heißt: »les parfums, les couleurs et les sons se répondent«).

Diese Aufzählung ließe sich lange fortsetzen. Die angeführten Begriffe können nicht beanspruchen, das Mindestmaß des auf diesem Gebiete Wissenswerten zu erfüllen. Der Sinn ihrer Erwähnung liegt vielmehr darin, zum einen zu zeigen, wie sehr rhetorische Figuren auch im umgangssprachlichen Sprachgebrauch Verwendung finden, zum andern anzudeuten, daß die Kenntnis dieser Terminologie das Bewußtsein für sprachästhetische Formen schärfen und damit der Fähigkeit der Beschreibung und Analyse von Texten dienen kann.

Zur Lehre von den drei Stilen. Die Lehre von den drei Stilen ist zuerst in der peripatetischen Schule, also in der Nachfolge des Aristoteles seit dem 4. Jh. v. Chr. ausgebildet worden. Sie begegnet im lat. Sprachraum zuerst in der Herennius-Rhetorik, in der in bezug auf die Gerichtsrede bereits zwischen erhabenem, mittlerem und niederen Stil unterschieden wird. Diese Einteilung findet sich auch bei Cicero wieder, der sie mit den von ihm definierten Pflichten des Redners (›officia‹), nämlich ›docere‹, ›delectare‹, ›movere‹ (belehren, erfreuen, bewegen), in Verbindung bringt. Quintilian wird im Anschluß daran jedem einzelnen Stil ein bestimmtes officium zuweisen, so daß er mit dem *sermo humilis* das Belehren, mit der *oratio temperata* das Erfreuen und mit dem *sermo gravis* die emotionale Bewegung verknüpft. Quintilian unterstreicht im Hinblick auf Lit. und Sprache allerdings auch das Hypothetische der Dreigliederung, da es in Wirklichkeit in der Sprache eine Vielzahl möglicher Stile gebe. Die Einteilung der drei Stile ist deshalb ursprünglich nichts anderes als ein Hilfsmittel bei der Vorbereitung einer Rede zur näheren Bestimmung des ›aptum‹, d. h. der Adäquatheit von Sachverhalt und sprachlicher Erfassung desselben.

Für die Lit. ist die Lehre von den drei Stilen erst in der Folgezeit bedeutsam geworden. Auf *Donatus* (4. Jh.), den Lehrer des Hieronymus, geht die Exemplifizierung der drei Stile an den Werken des Vergil zurück. Das »Rad des Vergil« (rota Vergilii), wie man seine Einteilung während des MA nannte, verbindet die ›Bucolica‹ mit dem niederen Stil, die ›Georgica‹ mit dem mittleren Stil und die ›Aeneis‹ mit dem erhabenen Stil. Den drei Stilen werden bestimmte Tätigkeiten (Hirte, Bauer, Feldherr), Tiere (Schaf, Rind, Pferd), Werkzeuge (Hirtenstab, Pflug, Schwert), Pflanzen (Buche, Apfelbaum, Lorbeer) und Landschaften (Wiese, Feld, Stadt) zugeordnet. Sie dienen als Beispiele für eine umfassende Hierarchisierung der Sprachebenen. Diese Gliederung ist Ausdruck der ständischen Gesellschaftsordnung und erlangt für die Lit. deshalb vor allem zu jenen Zeiten besondere Bedeutung, da die Lit. den ständestaatlichen Interessen verpflichtet ist. So ist die Regel der *Stiltrennung*, die die Vermischung der verschiedenen Stilebenen verbot und mithin eine Begrenzung auf einen bestimmten Sprach- und Vorstellungsbereich für ein Werk befahl, in Zusammenhang zu sehen mit dem Bestreben der herrschenden Schicht, klare Standesgrenzen aufzurichten. Ein anschauliches Beispiel hierfür liefert noch die Lit. der fr. Klassik im 17. Jh. Den unmittelbaren Einfluß der Lehre von den drei Stilen auf die lit. Produktion dokumentieren auch die aus ihr abgeleiteten Vorschriften zur Gattungseinteilung (s. Kap. V, S. 60). Allerdings hat diese Lehre nie die sprachliche und lit. Arbeit vollständig beherrscht; ihre unterschiedliche Geltung im Laufe der Geschichte seit der Spätantike legt vielmehr Zeugnis ab von den gesellschaftlichen Antagonismen, die sich in ihr spiegeln. Mit der Überwindung des Ständestaates durch die fr. Revolution findet auch die Lehre von den drei Stilen ihr Ende.

C. Stilistik in der Literaturwissenschaft

Im Rahmen der Lit.wiss. hat die Auseinandersetzung mit dem Phänomen des Stils zu einer eigenen Form des Interpretierens geführt, die als *Stilanalyse* bezeichnet wird. Die Grundzüge dieser Stilanalyse sind in den ersten drei Jahrzehnten dieses Jahrhunderts entwickelt worden, und zwar sowohl in Deutschland, als auch in Italien (Benedetto Croce) und – wenn auch erst später – in Spanien (Dámaso Alonso). Danach hat sie in Frankreich die ›explication de texte‹, im angelsächsischen Sprachraum den ›new criticism‹ nachhaltig beeinflußt. Als ihr wichtigster Vertreter in der deutschen Romanistik kann *Leo Spitzer* gelten.

Als Spitzer 1928 seine »Stilstudien« veröffentlichte – ihnen waren 1918 bereits die »Aufsätze zur romanischen Syntax und Stilistik« vorausgegangen – konnte er auf zwei wichtige Anregungen zur Stilistik zurückgreifen, die beide nicht aus der Lit.wiss. stammten. Der Begründer der sog. Genfer Schule der Linguistik und zugleich der erste Vertreter einer strukturalistischen Sprachwissenschaft, *Ferdinand de Saussure,* hatte in Reaktion auf die historische, nach Entwicklungsgesetzen suchende (›diachrone‹) Sprachforschung des 19. Jh. zwischen 1906 und 1911 den Versuch unternommen, die Sprache zu einem bestimmten Zeitpunkt (›synchron‹) als ein in sich geschlossenes Gefüge, als ein System von Ausdruckszeichen zu untersuchen. Er hatte dabei als grundlegende Unterscheidung die zwischen ›langue‹ als dem grammatikalisch und lexikalisch kodifizierten System und ›parole‹ als dem jeweils individuellen Sprechakt eingeführt. Damit war in der Sprachwissenschaft die Grundlage für die in der Stilanalyse wesentliche Differenzierung von allgemeiner Sprachnorm und individuellem Ausdruck geschaffen. Die zweite Anregung, die nachhaltig vor allem auch auf die Germanistik wirkte, ging von der Kunstgeschichte aus, dort besonders von *Heinrich Wölfflins* 1915 erschienenen »Kunstgeschichtlichen Grundbegriffen«. In diesem

Werk wurden die kunstgeschichtlichen Epochen mit Hilfe von Kategorien beschrieben, die als Gegensatzpaare aus der Abstraktion verschiedener Gestaltungsformen gewonnen worden waren (z. B. geschlossene und offene Form, Vielheit und Einheit, Klarheit und Unklarheit, etc.). Im Anschluß daran wurde in der Lit.wiss. versucht, Kataloge von Stiltypen zu erstellen und auf diese Weise den Stil mehrerer Werke bzw. den Stil einer bestimmten Epoche zu bestimmen. Wie in den benachbarten Disziplinen, so ist auch in der Lit.wiss. der unmittelbare Anlaß für die Entwicklung der Stilanalyse die Kritik an den Verfahrensweisen der Forschung gegen Ende des 19. Jhs. Dort hatten in der Lit.wiss. biographische, entstehungsgeschichtliche und weltanschauliche Fragen die Deutung des einzelnen Texts überlagert. Demgegenüber hebt Spitzer, ebenso wie sein Lehrer Karl Voßler, hervor, daß es in der Lit.wiss. wesentlich auf die Erfassung der ästhetischen Merkmale der lit. Werke ankomme. Die Texte sollen nicht als bloße Dokumente für allgemeine Kulturgeschichte dienen, sondern als »Wortkunstwerke« interpretiert werden. Dem entspricht, daß man sich auf die formale und inhaltliche Gestaltung einzelner Werke konzentriert. In »Linguistics and literary history« (Princeton 1948) hat Spitzer in dem einleitenden Aufsatz gleichen Titels programmatisch seine Methode beschrieben. Didaktisch vereinfacht sei das Wesentliche daraus als ein dreigliedriger Arbeitsgang zusammengefaßt. So führt Spitzer dort an Hand von Beispielen aus, daß er aufgrund mehrmaliger Lektüre eines Textes zuerst an der Oberfläche stilistische Besonderheiten, d. h. die den Text in seiner Abweichung von der sprachlichen Normalform charakterisierenden Merkmale, sammelt. Anschließend überprüft er, ob sich diese Besonderheiten auch in anderen Werken desselben Autors als relevante Stilmerkmale feststellen lassen. Schließlich gruppiert er die herausgehobenen Details so, daß sie zum Ganzen des Werks in Beziehung gesetzt werden können und in ihnen ein »kreatives« Prinzip erkennbar wird. Auf diese Weise führt der Weg von der Oberfläche der Texte mittels der stilistischen Analyse zum Sinnzentrum des Werks eines Autors. Die dem Leser auffälligen Merkmale des Texts werden dabei sowohl zum linguistischen als auch literarhistorischen Kontext in Beziehung gesetzt; und in diesem Zusammenhang wird die Eigenart eines Autors zu bestimmen versucht, so daß dieses Verfahren der Stilanalyse als Erforschung von *Personalstilen* begriffen werden kann.

Spitzer selbst verweist ausdrücklich auf die Zirkelhaftigkeit seiner Methode und beruft sich dabei auf den *hermeneutischen Zirkel.* Dieses in der Bibelexegese praktizierte und von Schleiermacher in die Philosophie eingeführte Verstehensmodell besagt, daß das Erfassen des Erkenntnisgegenstands von einem Vorverständnis seiner Ganzheit zur Analyse der Einzelaspekte vordringt und von da aus zurückkehrt zur Deutung des Ganzen (s. Kap. I, S. 9 f.). Die für die Erklärung notwendige, deshalb »heuristische« zeitliche Staffelung der Verstehensschritte ist Ausdruck der gegenseitigen Bedingtheit von Einzelbeobachtung und Ganzheitsaussage. An Spitzers Methode läßt sie sich deutlich ablesen, da der von ihm beschriebene erste Schritt, die Suche nach auffälligen stilistischen Details, hinsichtlich der Beurteilung ihrer Wichtigkeit für das zu interpretierende Werk von einer, wenn auch begrifflich noch unspezifischen, allgemeinen Vorstellung des wesentlichen Inhalts dieses Werks abhängig ist. Und diesem Aspekt des horizontbestimmenden Vorverständnisses des ganzen Werks entspricht auch die Differenzierung von allgemein sprachlicher Norm und stilistisch signifikanter Abweichung, die sehr viel umfassendere Kenntnisse als die des einen Werks oder Autors voraussetzt. Die Interpretation der stilprägenden Einzelheiten bewegt sich also bereits im Rahmen der Gesamtdeutung des Erkenntnisgegenstands, noch bevor sie explizit zur Perspektive der Ganzheit zurückkehrt. Gegen den Vorwurf, dieses Zirkelverfahren stelle eine ›circulus vitiosus‹, nämlich eine Scheinargumentation, dar, die im bloß subjektiven Meinen verharre, hat Spitzer geltend gemacht, daß im Gegenteil der notwendig subjektive Eindruck einer ästhetischen Erfahrung durch die Erprobung am stilistischen Detail auf seinen Wahrheitsgehalt hin überprüft wird; zudem werde durch eine mögliche Korrektur des ersten Eindrucks auf diesem Wege keineswegs nur eine vorgefaßte Überzeugung bestätigt. Die Kontroverse, die hier angeschnitten ist, hat bis in die Gegenwart hinein die hermeneutische Diskussion beschäftigt. Als philosophisches Thema der Analyse von Verstehen im allgemeinen und der Interpretation von Kunst im besonderen verweist sie auf das Problem der methodischen Begründung der Lit.wiss. (s. Kap. VIII, passim). Das kann hier nicht weiter ausgeführt werden. Hingegen sei kurz das Weiterwirken des Spitzerschen Interpretationsmodells angedeutet. Das eigentliche Anliegen Spitzers nämlich, die Lit.wiss. zur Konzentration auf das Studium der Texte statt ihrer Begleitumstände zu veranlassen, wurde von vielen aufgegriffen. Unter den verschiedenen Literaturwissenschaftlern, die sich um eine Fortentwicklung der stilanalytischen Methode bemühten, seien Emil Staiger und Wolfgang Kayser erwähnt. Staiger, dessen Beitrag zu einer Fundierung der Lit.wiss. in einer philosophischen Anthropologie an anderer Stelle skizziert wurde (s. Kap. V, S. 70 ff.), forderte in der Einleitung seines Buches »Die Zeit als Einbildungskraft des Dichters« (Zürich 1939) dazu auf, das einzelne lit. Werk als Kunstwerk zu deuten; ihm zufolge ist die wichtigste Aufgabe der Lit.wiss. die ›Werkinterpretation‹. Im Unterschied zu Spitzer wird dabei in die allgemeine Definition von Stil eine Wertung aufgenommen, denn zum Kriterium des wirklichen Kunstwerks wird für Staiger die »Stimmigkeit« des Stils. Der auch von Staiger befürwortete hermeneutische Zirkel wird so von der allgemeinen Denkstruktur des wechselseitigen Verstehens des Einzelnen aus dem Ganzen und des Ganzen aus dem Einzelnen zum Maßstab eines einseitig historisch fixierten Kunstverständnisses; denn die eigentlich erst zu leistende Integration von Einzelnem und Ganzem wird von Staiger vorweggenommen durch das Postulat der Stimmigkeit. Auch bei Wolfgang Kayser steht das einzelne Kunstwerk im Mittelpunkt der Analyse; und auch bei ihm verfährt die Werkinterpretation gemäß dem Programm, das Künstlerische des Kunstwerks unter Beweis zu stellen, so daß ein wertendes Verständnis des Stils auch hier anzutreffen ist. Der *Werkstil*, um den es im Unterschied zu Spitzer dabei geht, wird als Ausdruck einer »Haltung«, als sprachlich strukturierte Darbietung einer Perzeption verstanden. »Das dauernde Walten der gleichen Perzeptionskategorien durch das Werk hin und ihr Zusammenklang zur Struktur, zum Gefüge« (Nr. 83, S. 298) schafft die »Einheit und Individualität der Gestaltung« (ibid., S. 292), die das Wesen des bedeutenden Sprachkunstwerks bestimmt. Wird so deutlich, daß der Stilbegriff hier anders als bei Spitzer normativ vorgeprägt ist, so muß doch auch erwähnt werden, daß gleichwohl die Differenziertheit der Textanalyse beispielhaft bleibt.

Die Methode der Stilanalyse, die unter Bezugnahme auf Staiger und Kayser heute zumeist als *werkimmanente Methode* bezeichnet wird, hat die Lit.wiss. in den beiden ersten Nachkriegsjahrzehnten nachhaltig beeinflußt. Seit der Mitte der sechziger Jahre ist sie hingegen in zunehmendem Maße der Polemik anheimgefallen; und dabei wurde nicht selten ein simplifizierendes Zerrbild entworfen, das als Kontrast der eigenen Profilierung dienen sollte. Zwar muß ausdrücklich darauf hingewiesen werden, daß inzwischen der Mangel an historischem

Bewußtsein bei primär werkimmanenter Literaturanalyse eindeutig festgestellt worden ist. Andererseits aber läßt sich nach wie vor gerade aus stilanalytischen Einzeluntersuchungen lernen, wie sorgfältig Texte gelesen und interpretiert werden können – auch wenn das Ziel solcher Interpretation nicht länger im Nachweis besonderer ästhetischer Vollkommenheit liegen muß. Dem Interessierten wird nicht verborgen bleiben, daß das heute oft verächtlich so benannte ›close reading‹ – i. e. die anhaltende und intensive Auseinandersetzung mit den formalen und inhaltlichen Problemen, die ein Text stellt – aufgrund seiner Überprüfbarkeit am zugrunde liegenden Sprachmaterial der Willkür allzu abstrakter Aussagen Schranken setzt. Die Lit.wiss. verdankt der Stilanalyse z. B. Leo Spitzers ein Ethos interpretatorischer Klarheit und Verständlichkeit, auf das sie nur zu ihrem eigenen Schaden verzichten kann.

D. Zur Aktualität der Rhetorik

War die Stilanalyse in der ersten Hälfte dieses Jhs. an einer Bereicherung der Lit.wiss. um die Dimension des Ästhetischen bemüht, so ist gegenwärtig die Grundlegung der Lit.wiss. in einer allgemeinen Kommunikationstheorie eine vieldiskutierte Frage. Wenn in diesen Zusammenhang auch nur vereinzelt eine, die Theorie und Praxis der Rede vermittelnde historische Rhetorik Einlaß gefunden hat, so ist doch zu beobachten, daß sich die Rhetorik wieder größeren Interesses erfreut. Das mag zum einen am Einfluß angelsächsischer Forschung auf diesem Gebiet liegen; bedingt durch die politischen Verhältnisse hat man sich dort seit längerem wieder mit der Rhetorik auseinandergesetzt. Es ist aber zum andern auch dadurch hervorgerufen worden, daß man in der antiken Rhetorik einen Aspekt behandelt fand, auf den man sich in den letzten Jahren verstärkt auch in der Lit.wiss. konzentrierte: den der Wirkung. Solange die antike Rhetorik mit unmittelbarem Praxisbezug gelehrt wurde, bildete die Kunst der Beeinflussung des Publikums durch die Rede den Kern der Lehre. In der Lit.wiss. hat in jüngster Zeit die Frage der Wirkung allerdings eher ihrem je historischen Publikum gegolten. Wirkungsforschung, seit jeher ein wichtiger Aufgabenbereich lit.wiss. Arbeit, wurde als eine Möglichkeit historischer Präzisierung der lit.wiss. Fragestellung aktualisiert. In diesem Zusammenhang lieferte das Wirkungskriterium der Rhetorik gleichsam eine Bestätigung für das besondere Interesse an der Rezeptionsanalyse. Bleibt diese Entsprechung insgesamt eher formaler Natur, so hat doch gerade der praktische Aspekt der Rhetorik auch für die Lit.wiss. neue Geltung gewonnen. Die im antiken Rednerideal beschriebene Verantwortlichkeit im Gebrauch der Rede hat nichts an Aktualität eingebüßt. Es wird sich deshalb lohnen zu verfolgen, inwieweit Erkenntnisse der Rhetorik in die Versuche eingearbeitet werden, Sprache – und also auch Lit. – als kommunikatives Handeln zu erklären.

Literatur:

Arbusow, Nr. 1; *Arnold,* Nr. 2; 115–207; *Asmuth/Berg-Ehlers,* Nr. 3; *Curtius,* Nr. 29 u. 30; *Enkvist,* u. a., Nr. 40; *Fontanier,* Nr. 46; *Guiraud,* Nr. 58; *Jens,* Nr. 81; *Kayser,* Nr. 83; 271–329; *Lausberg,* Nr. 94 u. 44; *Norden,* Nr. 110; *Schlüter,* Nr. 123; *Senger,* Nr. 125; *Todorov,* Nr. 141; *G. Ueding,* Einführung i. d. Rhetorik. Geschichte, Technik, Methode. 1976.

VII. Französische Metrik

A. Der Versbau

1. Prosa und Vers. Unabhängig von der Ausgestaltung einer spezifischen, für eine bestimmte Sprache gültigen Metrik setzt dieser Begriff allgemein die Unterscheidung von ›gebundener‹ und ›ungebundener‹ Rede, von Prosa und Vers voraus. Die gebundene Rede unterscheidet sich von der ungebundenen durch eine von der Umgangssprache abweichende Strukturierung von Satzsegmenten oder Sätzen. Strukturierungselement ist der Vers. Zur Veranschaulichung der Begriffe ›Metrik‹ und ›Vers‹ empfiehlt es sich, ihre sprachliche Herkunft in Erinnerung zu behalten. Der gr. Begriff ›Metron‹ bedeutet ›Maß‹ und zeigt damit an, daß die Sprache ›gemessen‹ wird, also auf eine in ihr verwirklichte Ordnung hin untersucht wird. Der lat. Begriff ›versus‹, bereits an der Schriftsprache orientiert, verwendet das Bild zweier parallel gezogener Linien zur Beschreibung des Schriftbilds der gebundenen Rede. Mit diesem Bild ist zugleich ausgesagt, daß ein Vers für sich allein prinzipiell nicht existieren kann, daß es zu seiner Konstitution vielmehr der Wiederholung einer identischen Struktur bedarf.

2. Die Versstruktur. Bei der Beschreibung der Struktur des Verses geht man von der lautlichen Einheit der Silbe aus. Dabei unterscheidet sich die Bewertung der Silbe in der Metrik der rom. Sprachen sowohl von der klassischen (gr.-lat.) als auch von der der germanischen Sprachen. Den griechischen und lateinischen Vers charakterisiert der Wechsel von langen und kurzen Silben; man spricht in diesem Zusammenhang vom ›quantitierenden‹ Prinzip des Versbaus. Unter den verschiedenen Möglichkeiten der Kombination kurzer und langer Silben haben sich folgende vier ›*Versfüße*‹ als die grundlegenden herauskristallisiert: der ›Jambus‹ als regelmäßige Folge von Kürze und Länge (◡ -), der ›Trochäus‹, bestimmt durch den Wechsel von Länge und Kürze (- ◡), der ›Anapäst‹, bestimmt durch zwei kurze und eine lange Silbe (◡ ◡ -) und der ›Daktylus‹, bestimmt durch eine lange und zwei kurze Silben (- ◡ ◡). Als rhythmische Elemente gelten diese Versfüße auch für die deutsche Metrik. Da in den germanischen Sprachen aber anstelle der Längen und Kürzen der Vers sich durch die Betonung der Silben gliedert (›akzentuierendes‹ Prinzip), entspricht hier der langen eine betonte (›Hebung‹), der kurzen eine unbetonte Silbe (›Senkung‹).

Die Struktur des fr. Verses hingegen ist bestimmt durch die Zahl seiner Silben und durch einen festliegenden Akzent am Versende, zu dem bei längeren Versen ein zweiter fester Akzent im Innern des Verses hinzutritt. Im übrigen kennt der fr. Vers keinen regelmäßigen Wechsel von Akzenten oder Quantitäten. Das Prinzip der Silbenzählung, die Beibehaltung des gewohnten Wortakzents und die Hervorhebung des Versendes gilt für den rom. Vers allgemein; dem entspricht, daß in den rom. Sprachen das betonte Versende früh durch besondere formale Ausgestaltung hervorgehoben wird (vgl. ›Assonanz‹ und ›Reim‹). Gehört heute auch im Deutschen der Reim zu den Merkmalen der gebundenen Rede, so hat er doch in der geschichtlichen Entwicklung zuerst die Struktur des rom. Verses geprägt und dort stets eine wichtigere Rolle gespielt als in den germanischen Sprachen.

3. Das Prinzip der Silbenzählung. Da die Silbenzählung das entscheidende Kriterium für die Einteilung der verschiedenen Versarten im Franz. ist, sei zuerst geklärt, was bei der Zählung zu beachten ist. Dabei geht es vor allem um die Frage der Bewertung aufeinandertreffender Vokale. Im Altfranzösischen ist dieses Problem von geringerer Bedeutung, da im Unterschied zum Neufranzösischen alle geschriebenen Vokale, also auch das unbetonte ›e‹, gesprochen werden und dementsprechend metrisch silbenbildend sein können. Als Grundregeln für das Afr. sind zu merken: 1. unbetontes ›e‹ im Vers vor Konsonant wird gesprochen und gezählt; 2. auslautendes -e am Versende wird gesprochen, aber nicht gezählt; 3. auslautendes -e vor Vokal wird verschliffen oder ausgestoßen und zählt metrisch nicht (Verschleifung = ›Synalöphe‹ bedeutet, daß beide Vokale so eng ausgesprochen werden, daß sie lautlich eine Einheit bilden; wird der Vokal ausgestoßen, spricht man von ›Elision‹); 4. betontes ›e‹ und alle anderen Vokale, die aufeinanderstoßen, sind je für sich silbenbildend, wenn sie das auch ihrer etymologischen Herkunft nach sind; 5. die aufeinanderstoßenden Vokale bilden zusammen eine Silbe, wenn im Etymon nur eine Silbe bestand (z. B. Diphtongierung im Afr.).

Im Neufranzösischen ist die Situation vor allem deshalb komplizierter, weil aufgrund der lautlichen Entwicklung das unbetonte ›e‹ (›e caduc‹) zunehmend schwächer artikuliert und schließlich gar nicht mehr gesprochen wird. Daraus ergibt sich eine Diskrepanz zwischen der Alltagssprache und den Ausspracheregeln der gebundenen Rede, die bei der Silbenzählung Unklarheiten schaffen kann. Ohne hier auf Detailfragen einzugehen, mögen folgende Hinweise zur allgemeinen Orientierung dienen: 1. entgegen umgangssprachlichem Gebrauch, aber entsprechend der Regelung im Afr. wird unbetontes ›e‹ zwischen Konsonanten im Vers (ob im Wortinnern oder im Auslaut) gesprochen und gezählt; dies gilt allerdings nicht für das ›e‹ der Endsilbe der Wörter, wenn der Endkonsonant verstummt ist; 2. im Zusammenstoß mit Vokal verstummt das unbetonte ›e‹; 3. im Wortinnern zählen die übrigen zusammenstoßenden Vokale wie im Afr. gemäß dem Etymon; 4. besondere Beachtung verdient im Neufranzösischen die Behandlung des ›Hiat‹. In Anlehnung an die lateinische Definition wird er im 17. Jh. in Frankreich definiert als Zusammentreffen der Vokale zweier Wörter (also nicht im Wortinnern), wobei auslautendes unbetontes -e nicht als Hiatvokal gilt. Der Hiat ist in der fr. Dichtung seit Ronsard (1524–1585) bis zu Beginn des 19. Jhs. ebenfalls gemäß antikem Vorbild verpönt. Die Beachtung des Hiat ist weniger für die Silbenzählung von Bedeutung, als vielmehr für die Aussprache, und zwar in den Fällen, wo durch Verstummen von Konsonanten der Hiat erst später eintritt (z. B. ›h aspiré‹ und Nasalkonsonanten hinter Nasalvokal).

4. Die Zäsur. Außer durch Gleichzahl der Silben sind im Fr. jene Verse, die neun Silben und mehr haben, durch einen festen Akzent in der Mitte des Verses charakterisiert. Dieser Einschnitt im Vers heißt ›Zäsur‹ (fr. ›césure‹ oder ›coupe‹) und wird durch eine Sprechpause markiert, der zumeist ein syntaktischer Einschnitt entspricht. Die durch die Zäsur entstehenden Halbverse heißen im Franz. ›hémistiches‹ (gr. hemistichos = Halbzeile). Man unterscheidet zwischen männlicher und weiblicher Zäsur; bei männlicher Zäsur endet der Halbvers unmittelbar auf der betonten Silbe, bei weiblicher Zäsur folgt auf die betonte eine unbetonte Silbe mit auslautendem -e, wobei diese unbetonte Silbe im Versganzen nicht mitzählt. Die traditionellen Zäsurverse im Franz. sind der Zehnsilber und der Zwölfsilber (›Alexandriner‹). Beim Zehnsilber liegt die Zäsur im Normalfall nach der vierten Silbe, zuweilen auch nach der sechsten, nur selten aber nach der fünften. Beim Zwölfsilber zerlegt die Zäsur den Vers in zwei gleiche Hälften zu je sechs Silben, mit einer Pause nach der betonten sechsten Silbe; diese klassiche Form des Alexandriners erfährt allerdings bereits im 17. Jh., wenn auch relativ selten, eine Abwandlung durch die Verwendung von zwei Zäsuren statt einer. Der auf diese Weise dreigeteilte Alexandriner heißt im Franz. ›alexandrin ternaire‹. In der Romantik ist diese Dreigliederung häufiger; dabei sind die gebräuchlichsten Unterteilungen: 1. Zäsur nach der 4. und 8. Silbe (4+4+4); 2. Zäsur nach der 3. und 8. Silbe (3+5+4) und 3. Zäsur nach der 2. und 8. Silbe (2+6+4).

5. *Das Enjambement.* Verlangt die klassische Poetik für die Zäsur einen Einschnitt auch im syntaktischen Gefüge (vgl. Boileau, Art Poétique, Chant I, V. 106 f.), so gilt dies in noch stärkerem Maße für den Vers insgesamt. Da der Hauptakzent am Versschluß liegt und im Franz. die Betonung auf dem Satzende erfolgt, ist die Forderung nach Übereinstimmung von Verseinheit und syntaktischer Einheit naheliegend. Diese Übereinstimmung wird so sehr zum Regelfall, daß die Abweichung davon mit einem eigenen Begriff gekennzeichnet wird. Das Hinübergreifen des syntaktischen Gefüges in den folgenden Vers wird ›Enjambement‹ (›Versüberschreitung‹) genannt; jener Teil, der in den folgenden Vers „hinüberschreitet", in seiner syntaktischen Zugehörigkeit also zurückweist, heißt ›rejet‹. Die Bedeutung des Enjambement ist in seinem rhythmischen Effekt zu sehen, dem nicht selten auch eine inhaltliche Bewegung entspricht. Die durch das Enjambement bedingte geringere Betonung des Versendes führt zu einer Hervorhebung des im ›rejet‹ stehenden Syntagmas, die ganz natürlich auch eine inhaltliche Gewichtung mit sich bringt. In der Regel wird das Enjambement nur bei längeren Verszeilen (wie bei der Zäsur vor allem Zehn- und Zwölfsilber) bewußt registriert, da in kürzeren Versen die Übereinstimmung von Verseinheit und syntaktischer Einheit nicht so strikt befolgt werden kann. In Nachahmung des antiken Vorbilds verwenden Ronsard (1524–1585) und du Bellay (1522–1560) das Enjambement im Zehn- und Zwölfsilber häufig, im 17. Jh. jedoch gilt es als dem ›hohen Stil‹ nicht angemessen; es kommt dann gegen Ende des 18. Jhs. wieder zu Ehren und wird im 19. Jh. (besonders von Victor Hugo [1802–1885] in bewußter künstlerischer Absicht verwandt.

B. Alliteration und Assonanz

Die in der altgermanischen Dichtung wichtige Funktion des Stabreims (›Alliteration‹), der Wiederholung des gleichen konsonantischen Anlauts bei zwei oder mehreren Wörtern zur Strukturierung des Verses, ist für die rom. Dichtung von der geringeren Bedeutung eines zusätzlichen rhetorischen Kunstmittels. Die in den germanischen Sprachen mit Hilfe der Alliteration erreichte Verknüpfung der Halbverse spielt hier keine wichtige Rolle, weil in den rom. Sprachen der Vers wesentlich auf seinen Schluß hinzielt und dieser durch den Reim eine besondere Ausgestaltung erfährt. Der Reim taucht zuerst in der christlichen, lat. Hymnendichtung des Frühmittelalters (6./7. Jh.) auf. Er ist dann in der provenzalischen Lyrik der Troubadours gegen Ende des 11. Jhs. bereits voll ausgebildet. Im Afr. begegnet er in den frühesten Dichtungen in unvollständiger Weise, nämlich als ›Assonanz‹. Darunter versteht man die Übereinstimmung des letzten betonten Vokals am Versende bei mindestens zwei Verszeilen. Assonanz ist z. B. in der ›Cantilène de Sainte Eulalie‹, in der ›Passion du Christ‹, in der ›Vie de Saint Alexis‹ und in der ›Chanson de Roland‹ verwandt. Assoniert nur der letzte Vokal, so spricht man von einer männlichen Assonanz, von einer weiblichen dagegen, wenn auf den betonten Vokal noch ein unbetontes ›e‹ folgt.

C. Der Reim

Bereits in der ›Vie de Saint Léger‹ (10. Jh.) findet sich im Afr. der vollständige Reim; dieser wird definiert als Übereinstimmung der Reimwörter in ihrem Tonvokal und den darauffolgenden Lauten. Man unterscheidet auch beim Reim zwischen männlichem und weiblichem Schluß, wobei als weibliche solche Reime gelten, in denen auf die betonte Silbe eine Silbe mit unbetontem ›e‹ folgt (z. B. rivage/plumage), als männliche hingegen diejenigen, die auf anderen Vokal als unbetontes ›e‹ oder auf Konsonant enden. Seit dem 17. Jh. bis ins 19. Jh. gilt die Vorschrift, daß männliche und weibliche Reime in regelmäßigem Wechsel (›alternance des rimes‹) stehen müssen. Der damit beabsichtigte Wechsel des Klangcharakters beim Reim ist jedoch mit dem Verstummen des unbetonten ›e‹ verlorengegangen. Zur allgemeinen Bestimmung des Reims gehört außerdem die ›Reinheit des Reims‹, d. h. die klangliche Übereinstimmung der Silben gemäß bestimmten Normen. Das betrifft nicht die Konsonanten, bei denen es zwischen Übereinstimmung und Nicht-Übereinstimmung keine Mitte gibt, wohl aber die Vokale, bei denen z. B. zu beachten ist, ob sie offen oder geschlossen sind. Maßgeblich ist hier die Aussprache und nicht das Schriftbild. Außerdem reimen Nasalvokale nur mit Nasalvokalen, also nicht mit Oralvokalen. Man unterscheidet weiterhin verschiedene Formen der *Reimfülle*; dies betrifft die Anzahl der gleichklingenden Laute. Vier Grade der Reimfülle sind zu nennen: 1. die ›rime faible‹, oder ›pauvre‹: Gleichklang nur des betonten Vokals (männlich: loi/roi, sang/rang; weiblich: nue/tue; 2. die ›rime suffisante‹: Gleichklang von Tonvokal und folgendem Konsonant (männlich: cheval/égal: weiblich: bise/guise; 3. die ›rime riche‹ oder ›pleine‹: Gleichklang des Tonvokals und des Konsonanten, der dem Tonvokal vorausgeht (männlich: perdu/vendu; weiblich: avoue/dévoue); 4. die ›rime double‹ auch ›superflue‹, ›léonine‹: Gleichklang von Tonvokal und den ihm vorausgehenden Konsonanten und Vokal, also Gleichklang zweier Silben (männlich abonder/inonder; weiblich: narine/marine). Schließlich unterscheidet man verschiedene Arten der *Reimanordnung*. Es mag hier genügen, die vier Grundtypen zu erwähnen; dabei werden die Reime durch Buchstaben gekennzeichnet. 1. der fortgesetzte Reim (›rime continue‹): lauter gleiche Reime folgen aufeinander (aaaa . . ., bb . . .); 2. der Paarreim (›rimes plates‹, ›rimes jumelles‹): zwei gleiche Reime sind zu einem Reimpaar verknüpft (aabbccdd. .); 3. umschlingender oder umschlungener Reim (›rimes embrassées‹): ein Paarreim wird von einem anderen Reim umschlossen (abba, cddc,. : .); 4. der Kreuzreim (›rimes croisées‹, ›rimes alternantes‹): zwei Reime wechseln sich jeweils ab (abab, cdcd,. . .).

D. Die Versarten

Im Franz. werden die Versarten nach der Zahl der Silben benannt; man spricht also von »un vers de trois (quatre, cinq) syllabes«. Die häufigsten Versarten im Franz. – und nur diese sollen hier kurz besprochen werden – sind der Acht-, Zehn-, und Zwölfsilber. Sie sind zugleich auch die ältesten fr. Versarten. Ihre Definition leitet sich, entsprechend dem Namen, allein aus der Silbenzahl ab. Daß der Zehn- und der Zwölfsilber zudem durch eine Zäsur charakterisiert sind, wurde bereits erwähnt. Der Achtsilber ist der älteste fr. Vers; in ihm sind die »Passion du Christ« und die »Vie de Saint Léger« (10. Jh.) verfaßt. Der Zehnsilber erscheint zum erstenmal im Alexiuslied (11. Jh.), der Zwölfsilber zuerst in der Karlsreise (12. Jh.). Der Zwölfsilber verdankt seine Bezeichnung als »Alexandriner« dem »Roman d'Alexandre« des Lambert le Tort (Ende 12. Jh.). Im MA ist der *Achtsilber* die am häufigsten gebrauchte Versart. In ihm hat Chrétien de Troyes (12. Jh.) seine Romane geschrieben; er gilt zur damaligen Zeit als der Vers der erzählenden Gattungen; außer dem höfischen verwenden ihn auch der antikisierende und der allegorische Roman, die Reimchronik, die Legende, die fabliaux etc. Er ist jedoch auch in der ma. Lyrik zu finden. Im 16. Jh. erklärt Ronsard (1524–1585) ihn zum Metrum der Ode, im 17. Jh. verwendet La Fontaine (1621–1695) ihn unter anderen in seinen Fabeln. Bis in die Gegenwart ist der Achtsilber ein vor allem in der Lyrik häufig gebrauchtes Versmaß geblieben. Der Erfolg des *Zehnsilbers* ist im MA wesentlich bestimmt durch die weite Verbreitung des Rolandslieds. In seiner Nachfolge wird der Zehnsilber zu der für das Heldenepos gültigen Versart. Noch Ronsard verfaßte seine „Franciade« in Zehnsilbern. Wie der Achtsilber begegnet er seit dem MA auch oft in der Lyrik, wird dann aber seit dem 16. Jh. vom Alexandriner abgelöst. Im 17. und 18. Jh. bleibt er auf die niederen Gattungen beschränkt, wird im 19. Jh. aber von Sainte-Beuve (1804–1869) wieder zum »vornehmen« Vers erklärt. Als der allgemein bekannteste fr. Vers kann heute der *Alexandriner* gelten. Ronsard stellt ihn dem im 16. Jh. vorherrschenden Zehnsilber gegenüber und nennt ihn den »vers héroique«. Im 17. Jh. gilt er als der einzige Vers, der für alle Gattungen des hohen Stils in Frage kommt. Auf Ronsard geht ursprünglich die im 17. Jh. weit verbreitete Meinung zurück, der Alexandriner sei die beste aller möglichen Versarten; aufgrund dieser Überzeugung wurde er auch »le grand vers« genannt. Seine Bevorzugung im 17. Jh. führte dazu, daß er seither der am häufigsten gebrauchte fr. Vers überhaupt wurde, während bis zum 16. Jh. Acht- und Zehnsilber vorherrschten.

E. Die Strophe

Die Gliederung mehrerer Verse durch syntaktische Einheit und durch Wiederholung einer gleichbleibenden Reimanordnung bezeichnet man als ›Strophe‹. Die in Versen geschriebene

Dichtung kann in Strophen gegliedert sein, sie kann aber ebenfalls unstrophisch aus einer fortlaufenden Reihung von Versen bestehen. Die Zahl der Strophen eines Gedichts ist nicht festgelegt; sie unterliegt den jeweils herrschenden Gattungsgesetzen, die ihrerseits sehr flexibel gehandhabt werden. So hat z. B. das höfische Minnelied im MA meist fünf Strophen, manchmal aber auch nur drei oder vier. Es gibt andererseits einige Gedichte mit fester Form. Davon soll zum Schluß dieses Kapitels noch kurz die Rede sein. Die einmal gewählte Strophenform wird in der Regel ebenso wie die Versart beibehalten, doch gibt es auch da Ausnahmen. Eine Durchbrechung dieses Prinzips liegt nicht vor, wenn innerhalb eines Gedichts zwei verschiedene Strophenformen regelmäßig miteinander wechseln; beide Strophen zusammen bilden dann wieder eine Einheit. Zwischen Gedicht und Strophe läßt sich im übrigen keine scharfe Grenze ziehen. Es gibt einerseits feste Strophenformen, die selbständig als Gedicht auftauchen, andererseits Gedichte, die als Ganzes durchkomponiert sind und dabei in zwar ungleiche, aber doch strophische Einheiten aufgegliedert sind (vgl. dazu die Struktur des Sonetts S. 102), schließlich Gedichte, die auf eine strophenähnliche Gliederung ganz verzichten. Vor allem seit der Romantik herrscht in der Behandlung der strophischen Formen eine große Freiheit. Im Zusammenhang der Tradition hingegen hat im MA das Vorbild der Provenzalen die strophische Dichtung in Frankreich geprägt und gefördert. Dabei ist die Einteilung in Strophen nicht ausschließlich auf die Lyrik beschränkt, sie gilt z. B. auch für die auf der Bühne aufgeführten Mysterien und Mirakelspiele. Unter dem Einfluß der antiken Dichtung wird das Drama dann vom 16. Jh. an nicht mehr strophisch gestaltet. Insgesamt bleibt die strophische Gliederung deshalb ein Merkmal der Lyrik. Dem deutschen Wort »Strophe“ entsprechen im Franz. drei Begriffe, nämlich ›la strophe‹, ›la stance‹ und ›le couplet‹. Allerdings ist die Bedeutung von stance und couplet heute eingeschränkt; ›couplet‹ bezeichnet die Strophe in einer chanson heiteren Inhalts, ›stance‹ hingegen die Strophe in religiösen oder philosophischen Gedichten und in der Elegie. Als allgemein gebräuchlicher und inhaltlich nicht fixierter Begriff kann somit ›la strophe‹ gelten. Außer der geforderten syntaktischen Einheit und der Wiederholung einer identischen Reimanordnung wird die Strophe generell nach Versart und Anzahl der Verse beschrieben. Bei Strophen, die nur eine Versart enthalten, spricht man von ›strophes isométriques‹, bei solchen mit verschiedener Versart von ›strophes hétérométriques‹. Die Anzahl der Verse bewegt sich im Franz. normalerweise zwischen vier und zehn Verszeilen. Die einzelnen Strophenformen tragen ihren Namen nach der Zahl der Verse. Die seltene zweizeilige Strophe, die von einem einfachen Reimpaar dadurch zu unterscheiden ist, daß sie nicht in fortlaufender Reihung durchgeführt wird und außerdem inhaltlich deutlich in sich abgeschlossen ist, entlehnt mit der Bezeichnung ›le distique‹ den griechischen Terminus. Der Dreizeiler (›le tercet‹) setzt sich entweder aus einem Reimpaar und einem reimlosen Vers oder aus drei gleichen Reimen zusammen. Sowohl ›distique‹ als auch ›tercet‹ treten in der Regel als Kurzgedichte auf (z. B. in der Spruchdichtung). Die weiteren Strophenbezeichnungen sind: ›quatrain‹, ›quintil‹, ›sizain‹, ›septain‹, ›huitain‹ etc; man kann stattdessen auch von ›strophe de quatre, cinq ... vers‹ sprechen. Keine Strophenform liegt indes vor bei der afr. ›laisse‹. Sie begegnet im afr. Heldenepos und besteht aus einer Reihung isometrischer Verse mit gleicher Assonanz oder gleichem Reim in verschiedener Länge und ohne inhaltliche Gliederung. Es ist schließlich darauf zu verweisen, daß das Franz. in der Kanzonenstrophe und in der Odenstrophe u. a. zwei durch die Gattungsnorm relativ fest bestimmte Strophenschemata besitzt. Die *Kanzonenstrophe* umfaßt mindestens sechs Verse, nach oben hin ist sie nicht begrenzt, beläuft sich insgesamt aber meist auf nicht mehr als zwölf Verse. Sie kann isometrisch oder heterometrisch gebaut sein, und auch hinsichtlich Reimanordnung und Reimgeschlecht bestehen keine besonderen Regeln. Der Gesamtaufbau indes ist festgelegt. Die Kanzonenstrophe ist zweigeteilt in Aufgesang und Abgesang, wobei der Aufgesang sich in zwei symmetrische Teile (Stollen) untergliedert, während der Abgesang zwar gegliedert sein kann, ohne daß dies jedoch wie beim Aufgesang vorgeschrieben ist. Innerhalb dieses Schemas haben vor allem die Provenzalen, auf die die fr. Kanzonenstrophe zurückgeht, eine Fülle von Variationsmöglichkeiten entwickelt. Die *Odenstrophe*, so wie sie von Malherbe (1555–1628) bestimmt wurde und bis ins 18. Jh. als vornehmste lyrische Form galt, besteht aus zehn achtsilbigen Versen. Die ersten vier Verse stehen im Kreuzreim, die letzten vier im umschlingenden Reim, und zwischen beiden Vierergruppen ist ein Paarreim. Die Variationen, die Malherbe und seine Schüler bereits an diesem Schema vornahmen, betreffen die unterschiedliche Zuordnung des Reimpaars zur ersten oder zweiten Strophenhälfte. Insgesamt umfaßt die Ode Malherbes bis zu zwanzig Strophen.

F. Das Sonett

Abschließend sei eine Gedichtform besprochen, die sich aus mehreren Strophen zusammensetzt und deren Gesamtaufbau festliegt, nämlich das Sonett (›le sonnet‹). Es wurde im 13. Jh. in Italien aus der provenzalischen Kanzonenstrophe entwickelt, deren Grundschema sich im Sonett erhalten hat. Entsprechend dem Aufgesang und Abgesang der Kanzonenstrophe ist das Sonett zweigeteilt, wobei hier nun beide Teile wiederum in zwei Strophen untergliedert sind. Der klassische Dichter des Sonetts in Italien ist Petrarca (1304–1374). In Frankreich wurde das Sonett mit großem Erfolg von den Dichtern der Pléiade (Ronsard, du Bellay) verwandt und ist seitdem eine der am häufigsten gebrauchten festen Gedichtformen geblieben. Es besteht aus zwei gleichgebauten Vierzeilern (quatrains) und zwei Dreizeilern (tercets). Dabei sind in den verschiedenen Epochen unterschiedliche Formen des Sonetts entwickelt worden. Für das Franz. ist die wichtigste Form die des sog. ›sonnet régulier‹. Bei ihm haben die beiden Vierzeiler umschlingenden Reim, die beiden Dreizeiler zuerst ein Reimpaar, dem dann ein Kreuzreim in den letzten vier Zeilen folgt. Insgesamt ergibt sich also folgende Reimanordnung: abba/abba – ccd/ede. Seit Ronsard ist der gebräuchliche Vers für das Sonett der Alexandriner.

G. Metrische Analyse und Interpretation

Dieser Überblick vermittelt nur einen flüchtigen Eindruck von der Vielfalt der Gestaltungsmöglichkeiten gebundener Rede im Fr. Die Kenntnis des hier Zusammengefaßten mag den Blick für sprachästhetische Formen besonders der Lyrik schärfen. Was der Überblick indes nicht deutlich werden läßt, ist die Bedeutung, die die Analyse metrischer Strukturen für die Interpretation haben kann. Diese erschließt sich erst in der Auseinandersetzung mit dem einzelnen Text. Um ihn aber aufschlüsseln zu können, bedarf es zuvor der rudimentären Kenntnisse, die hier zusammengetragen sind.

Die exakte metrische Strukturanalyse war einst beliebte Schulpflichtübung. Sie entwickelte dabei zuweilen eine Selbstgenügsamkeit, die großzügig über die Fragen der inhaltlichen Deutung hinwegging. Heute ist die Kenntnis der Metrik statt Allgemeingut eher Geheimwissenschaft; dementsprechend fällt es zumeist schwer, die formale Analyse der gebundenen Rede in die Interpretation zu integrieren. Auf eben diese Integration aber kommt es an. Formale Gestaltung und inhaltliche Aussage sind in spannungsvoller Wechselbeziehung und als Teile eines Ganzen zu begreifen. Dabei kann es durchaus vorkommen, daß das Verständnis der metrischen Struktur ins Zentrum der Analyse rückt. Die Äußerung Paul Valérys (1871 bis 1945), daß die Entstehung eines Gedichts aus der Faszination durch einen bestimmten Sprachrhythmus herrühren kann, mag als Hinweis genügen. Bewußte Entfaltung der Musikalität der Sprache gehört zu den ursprünglichen Möglichkeiten ihrer künstlerischen Gestaltung. Sie als Wert an sich zu betrachten, macht sie zum sinnentleerten Formenspiel; sie zu verkennen aber bedeutet eine Verarmung der Ausdrucksqualitäten der Sprache.

Literatur:

Deloffre, Nr. 31; *Elwert,* Nr. 37; *Guiraud,* Nr. 59; *Mazaleyrat,* Nr. 104.

VIII. Methoden der französischen Literaturwissenschaft

A. Vorbemerkung

Die Diskussion über die adäquate oder gar ›richtige‹ Form der Deutung eines lit. Werkes ist in der lit.wiss. Methodenlehre ebenso unabgeschlossen wie der Prozeß des Verstehens eines Textes. Im allgemeinen bildet sich jeder Leser eines Textes über diesen ein abschließendes Urteil, in dem er sein Verständnis zum Ausdruck bringt. Sieht man von Texten älterer Sprachstufen oder sog. ›hermetischen‹ Texten ab, wird kaum jemand einen Text nicht verstehen und nicht sein Verständnis als ›Wahrheit‹ des Textes ansehen. Dabei steht erfahrungsgemäß oft eine Form des Verstehens einer anderen entgegen; die Gründe für die verschiedenen ›Wahrheits‹-aussagen desselben Textes liegen meist in der unterschiedlichen Informiertheit oder Bildung oder auch ideologischen Position der Leser. Doch selbst bei der hypothetischen Annahme einer gleichen Ausgangslage können die Aussagen über einen Text variieren – je nach dem Grad an Bewußtheit, mit dem die Voraussetzung des Verstehens reflektiert und die Entscheidung für ein meth. Verfahren getroffen wurde.

Das deutsche Lehnwort *Methode* stammt aus dem Griechischen und heißt: ›das (einer Sache) Nachgehen, der Nach-Weg‹. Über Methode reflektieren bedeutet also, den Weg bewußt machen, der zu einer Erkenntnis geführt hat. Wissenschaftliche Erkenntnis geschieht immer mittels (einer) Methode, auch dann, wenn dies dem erkennenden Subjekt nicht bewußt wird. Die nachträgliche Reflexion über die Methode dient daher in erster Linie der Bestätigung dieses Ergebnisses, seiner Rechtfertigung als wissenschaftlich legitimiert. Dem Charakter wissenschaftlicher, d. h. verifizierbarer Erkenntnis angemessener ist jedoch die vorherige Reflexion über Mittel und Wege, mit denen das erstrebte Ziel erreicht werden kann. Auch lit.wiss. Tätigkeit sollte darum ein Nachdenken über den Weg vorausgehen, auf dem das gewünschte Ziel erreichbar scheint, so wie jeder Wissenschaft überhaupt eine den Gesetzen der Logik unterworfene Methodenlehre vorausgeht.

Die in den letzten zwei Jahrzehnten im Bereich der Lit.wiss. erhobene Forderung nach Methoden*reflexion* sowie die daraus resultierende Methoden*diskussion* ist einerseits auf dem Hintergrund eines ›Unbehagens‹ am meth. nicht hinreichend abgesicherten Charakter dieser Wissenschaft und ihrer Ergebnisse zu sehen. Im Vergleich zur Systematik der Nat.wiss. und der modernen Sprachwiss. können die sog. Geisteswissenschaften nicht mit ähnlich verifizierbaren Erkenntnissen aufwarten. Dies könnte grundsätzlich Zweifel an der Wissenschaftlichkeit der Lit.wiss. aufkommen lassen, verkennt jedoch nur den eigenständigen Charakter von deren Objekt, das grundsätzlich von dem der Nat.wiss. unterschieden ist (s. Literaturbegriff S. 1 ff.). Das Unbehagen erklärt sich jedoch auch aus der Tatsache einer Wandlung der bisherigen ›Standes‹-Universität zu einer weitgehend demokratisierten ›Gruppen‹-Universität heutigen Zuschnitts. Damit einhergehend läßt sich eine Politisierung der Universität beobachten, die sich in einer zunehmenden Kritik am sog. Methodenpluralismus äußert. Einem solchen liberalen Konzept wird vielfach ein doktrinär anmutender Methodenmonismus entgegengestellt, der in seiner einseitigen Ausrichtung auf ›das gesellschaftlich Relevante‹ nicht weniger fragwürdig erscheint. Der unbestreitbare Nutzen der Methodendiskussion der letzten Jahre manifestiert sich in einem zunehmenden Methodenbewußtsein. Dies bedeutet einen Prozeß wissenschaftlicher Selbstfindung, ermöglicht die Fixierung eines eigenen Standpunktes und ist letzten Endes ein Mittel geistiger Emanzipation.

Die folgenden Ausführungen geben keine vollständige Geschichte der Methoden der fr. Lit.wiss.; sie nennen die wichtigsten Vertreter und die mit ihrer Person verbundenen meth. Verfahren; dabei wird besonderes Gewicht auf die in Frankreich entwickelten gelegt. Impulse der deutschen Romanistik sind in der fr. Lit.wiss. kaum wirksam geworden, in Deutschland entwickelte Verfahren (Spitzer, Auerbach s. S. 87 ff.; 164 ff.) in Frankreich mit nur erheblicher Verspätung rezipiert worden. Diesem relativ autonomen Charakter der fr. Lit.wiss. trägt die folgende Darstellung Rechnung. Verzichtet wird daher auf Querverweise zur deutschen Wissenschaftsgeschichte; statt der in vielen germanistischen Methodendarstellungen nachweisbaren stets gleichen Zitate werden hier nur fr. Referenzen angeführt, die der weiterführenden Beschäftigung mit den entsprechenden Primärtexten dienen sollen. Grundsätzlich ist vorauszuschicken, daß die Darstellung unternommen wird bei gleichzeitiger Einsicht in deren notwendig fragmentarischen Charakter; dennoch ist zu hoffen, daß einem primären Informationsbedürfnis gebührend Rechnung getragen wird.

Die Darstellung folgt chronologischen Prinzipien. Dies hat zunächst den Vorteil, daß die jeweiligen Methoden als geschichtlich entstanden erkannt werden. Methoden entstehen nicht im geschichtslosen Raum; sie sind vielmehr die geschichtlich bedingte Antwort auf geschichtlich bedingte Fragestellungen. Die chronologische Anordnung soll zugleich den dialektischen Prozeß verdeutlichen, der der Herausbildung von Methoden zugrunde liegt: Die zeitlich spätere nimmt die vorhergehende in Form der These oder Antithese in sich auf. Andererseits impliziert die durch die chronologische Anordnung zum Ausdruck gebrachte Synthese des Früheren mit dem Nächstfolgenden nicht zugleich das völlige Außer-Kraft-Setzen des zeitlich Vorhergehenden. Dies würde zwangsläufig zur Monopolisierung der jeweils letzten Methode führen. Die Eigentümlichkeit lit.wiss. Verfahrensweisen ist jedoch ihr verwandeltes Fortleben unter veränderten Fragestellungen. Der Vielfalt lit. Erscheinungen sowie der Vielfalt der dadurch bedingten Fragestellungen kann nur eine »synthetische Philologie« (Auerbach, Nr. 5, 310) gerecht werden, die ihre meth. Schritte aus den Bedürfnissen des Textes ableitet und sich durch die Wissenschaftlichkeit ihrer Ergebnisse rechtfertigt.

B. Zur Vorgeschichte der modernen Literaturwissenschaft

Normative Poetik. Lit.wiss. im heutigen Verständnis ist eine Errungenschaft des 19. Jh.s. Doch selbstverständlich gab es auch in früheren Epochen kritische, auf Literatur bezogene Reflexion. Ihre Autoren waren entweder Theoretiker der Literatur oder die Schriftsteller selbst; häufig sind bekannte Schriftsteller zugleich auch einflußreiche Theoretiker (du Bellay; Boileau). Absicht der ersteren ist es, in Anlehnung an das als vorbildlich angesehene Schrifttum der gr.röm. Antike dem zeitgenössischen Dichter jene Normen zu vermitteln, die bei der Abfassung von Literatur respektiert werden mußten. Auch dem gebildeten Laien sollte ein Leitfaden für die Bewertung von Literatur wie für eigene schriftstellerische Tätigkeit gegeben werden. Musterbeispiele solchen Schrifttums sind du Bellays »Deffence et illustration de la langue françoyse« (1549) sowie Boileaus »Art poétique« (1674). Demgegenüber haben die theoretischen Äußerungen der Schriftsteller häufig apologetischen Charakter und dienen der Begründung und Rechtfertigung, warum Vorschriften antiker Autoritäten nicht berücksichtigt oder eigenwillig interpretiert wurden. Dies ist der Sinn von Corneilles »Examens« (1660) oder von Molières »Critique de l'Ecole des Femmes« (1663). Ganz im Bannkreis antik-klassischer Normen steht auch Voltaire, besonders in »Le Temple du Goût« (1733) und »Le Siècle de Louis XIV« (1756). Doch erhebt er zugleich die Werke des fr. 17. Jhs. auf den gleichen normbildenden Rang, der bisher den Vorbildern der gr.röm. Antike vorbehalten war. Seine Lit.kritik hat *normativen Charakter* und findet ihre Maßstäbe in einer idealisierten Antike; zugleich ist es *idealistische Kritik*, die die lit. Gattungen ebenso wie das Schöne und Wahre als Ausfluß ewiger, vorbildhafter Wesenheiten sieht. Eine solch statische Sicht der Lit. korreliert mit einem ebenso statischen Verständnis geschichtlicher Prozesse.

Sensualistischer Geschmacksbegriff; Klimatheorie. Zugleich ist die Erweiterung des Kanons ›klassischer‹ Autoren bei Voltaire ein Indiz für die allmähliche Erweiterung der historischen Perspektive und allgemeiner für eine Relativierung unhistorischer ästhetischer Kategorien. In seinen „Réflexions critiques« (1718) entwickelte der Abbé Dubos die Theorie, nicht die allen Menschen in gleicher Weise zuteil gewordene, stets sich gleichbleibende *raison* sei in ästhetischen Fragen die kritische Instanz, sondern allein *le coeur*, und wird damit zum Wegbereiter einer undogmatischen sensualistischen Geschmackskritik. Ebenso findet sich seit der ›Querelle des Anciens et des Modernes‹ (1687) der Gedanke eines Einflusses des Klimas auf die Tätigkeiten des menschlichen Geistes. Montesquieu wird dieser sog. *Klimatheorie* in seinem »Esprit des Lois« (1748) breiten Raum einräumen. Die Klimatheorie erfährt schließlich in Mme de Staëls »De la littérature considérée dans ses rapports avec les institutions sociales“ (1800) ihre konsequenteste Ausprägung. Absicht der Autorin ist es, die Wechselwirkungen zwischen religiösen, juristischen, politischen, gesellschaftlichen Institutionen und Literatur aufzuzeigen. Auch klimatische und allgemein geographische Gegebenheiten seien bei der Beurteilung von Literatur zu berücksichtigen. Damit erfaßt der ästhetische Relativismus, der bei Dubos im subjektiven Geschmack des Urteilenden begründet war, bei Mme de Staël den Gesamtbereich lit. Erscheinungen von seiner Entstehung her. Spätestens von diesem Zeitpunkt an hat auch eine normative Kritik, die sich allein an antik-klassischen Leitbildern orientiert, ihre Rechtfertigung verloren.

Institutionalisierung und Säkularisierung der Literatur. Die tiefgreifenden Umwälzungen der politischen und gesellschaflichen Strukturen, die, ungeachtet revolutionärer Umstürze und fast ebenso radikaler Rückschläge im einzelnen, insgesamt den Zeitraum zwischen 1750 und 1830 kennzeichnen, finden in der Zerschlagung herkömmlicher und der Schaffung neuer kultureller Einrichtungen sowie in einem neuen Selbstverständnis der nunmehr kulturtragenden Gruppen ihren Niederschlag (Bénichou, Nr. 10). Die aristokratischen Salons verlieren ihren Einfluß auf das kulturelle Leben; die ›Académie Française‹ wird zeitweilig geschlossen; die Emigration zahlreicher oppositioneller Adeliger und Intellektueller ab 1792 beraubt die Literatur vieler ihrer herausragenden Vertreter; dem steht die Gründung neuer Bildungsinstitutionen gegenüber: 1787 ›Le Lycée‹, eine Art Volkshochschule, die sich in verwandelter Form durch die Wirren der Revolution behaupten kann; das Schulwesen, meist in den Händen freier (kirchlicher) Träger, wird unter Napoleon ebenso neu organisiert und staatlicher Kontrolle unterstellt wie die Universitäten; ihnen werden zahlreiche ›Grandes Ecoles‹ übergeordnet, darunter vor allem die ›Ecole Normale Supérieure‹ (1794); diese spätere Wirkungsstätte berühmter Lit.wissenschaftler hat die Ausbildung eines Elitekaders von Lehrenden zur Aufgabe. All dies hat zur Folge, daß breite Schichten Zugang zu den Kulturgütern finden, die bisher einer Oberschicht vorbehalten waren. Ein bürgerliches Publikum bemächtigt sich des kulturellen Erbes und der kulturellen Institutionen und durchdringt sie mit seinem ordnenden, auf Systematisierung bedachten Geist. Die Laizisierung des Bildungs*systems* geht mit einer Säkularisierung und Institutionalisierung der Bildungs*güter* einher. Schließlich gewinnt mit der Revolution die Presse einen bis dahin nicht gekannten Umfang und Einfluß. Damit sind die Voraussetzungen für das Aufkommen einer neuen lit. Gattung, der ›Literaturkritik‹, geschaffen. Sie wird sich in die zwei noch heute maßgeblichen Richtungen aufzweigen: Die Lit.*kritik* der Zeitungen und Zeitschriften, die sich der Bewertung der Gegenwartslit. annimmt und Sache der Journalisten ist; und die professorale univ. Lit.*wissenschaft*, die sich, rückwärtsgewandt, allein des lit. Erbes der Vergangenheit annimmt (Thibaudet, Nr. 140). Nur von deren Methoden wird im folgenden zu sprechen sein.

C. Ch. A. Sainte-Beuve — Die biographische Methode

Leben und Werk. Charles Augustin Sainte-Beuve (1804–69) ist die erste herausragende Kritikerpersönlichkeit des 19. Jhs.; er vereinigt in sich die Tätigkeiten des Dichters, Journalisten und Lit.wissenschaftlers. Schon früh schließt er sich der romantischen Bewegung an, scheitert jedoch mit seinen z. T. schwülstigen autobiographischen Dichtungen. Als Journalist ist er für verschiedene Zeitungen tätig; sein diesbezügliches Werk umfaßt portraithafte Darstellungen von Autoren und Persönlichkeiten der fr. Lit. und Geschichte ab dem 16. Jh. bis zu Balzac und Baudelaire. Nach dem Scheitern als Dichter richtet sich Ste-Beuves Ehrgeiz auf eine Professur. Aus seiner Lehrtätigkeit als Gastprofessor in Lausanne und Lüttich sowie als Professor am ›Collège de France‹ und der ›Ecole Normale Supérieure‹ sind wichtige Monographien über Vergil, Port-Royal und Chateaubriand hervorgegangen. Monographisch angelegt ist auch der frühe »Tableau historique et critique de la poésie française et du théâtre français au 16è siècle« (1828), die für die Entwicklung der romantischen Lyrik einflußreiche Wiederentdekkung der Lyrik des 16. Jhs. Man kann Ste-Beuve den ersten meth. bildenden Lit.kritiker Frankreichs nennen. Jedoch sind die breit angelegten Monographien aus seiner univ. Lehrtätigkeit meth. nicht in gleicher Weise charakteristisch wie die mehr als 30 Bände der »Portraits littéraires« (1836–39), »Portraits de femmes« (1844), „Portraits contemporains« (1846) sowie besonders der »Causeries du Lundi« (1851–57) und der »Nouveaux Lundis« (1863–70). Letztere erschienen jeweils montags im Feuilleton verschiedener liberaler Zeitungen.

Intuition und Identifikation als Basis der Kritik. Ste-Beuve ist der Schöpfer des lit.wiss. Portraits, dessen Ziel die Darstellung einer lit. oder historischen Persönlichkeit der Vergangenheit oder Gegenwart in ihrer geistigen, seelischen und künstlerischen Individualität ist. In dem frühen Portrait P. Bayles (1835) hat Ste-Beuve sein Verfahren wie folgt beschrieben: Der Kritiker müsse unvoreingenommen und leidenschaftslos sein; sein herausragendes Merkmal sei Intuition und Beweglichkeit des Geistes sowie Anpassungsfähigkeit des Geschmacks; sein Verfahren sei das genaue Gegenteil zu dem des systembedachten Wissenschaftlers; es bestehe in der momentanen Anpassung, ja, Identifizierung mit dem zu portraitierenden Objekt und bestimme sogar den Stil des Portraitisten. Schon in seinem lit. Frühwerk »Vie, poésies et pensées de Joseph Delorme« (1830) hatte Ste-Beuve den Geist des Kritikers mit einem Fluß verglichen, der sich geschmeidig den Gegebenheiten der Landschaft anpaßt.

Es ist einleuchtend, daß Ste-Beuves meth. Ansatz einen Verzicht auf normative Be-(Ver-)urteilung impliziert; zwischen seiner intuitiven, sich dem Objekt anpassenden Kritik und früherer dogmativer Kritik liegt ein breiter Graben; sein Bewertungsmaßstab sind nicht absolute unhistorische Kategorien des Schönen und Wahren, sondern ein anpassungsfähiger persönlicher Geschmack, der, wenngleich klassisch geschult, für viele nicht-klassische Elemente Verständnis aufbringen kann.

Das Portrait. Entsprechend der Flexibilität des Ausgangspunktes sind auch Ste-Beuves Portraits nach keinem einheitlichen Schema angelegt. Verifizierbare Fakten mischen sich mit Anekdoten, biographisch Erschlossenes mit einfühlsam Empfundenem. Von besonderer Wichtigkeit erscheinen ihm Kindheits- und Jugenderlebnisse; gern verweilt er sodann beim Augenblick der ersten großen Schöpfung (die ihm immer verwehrt geblieben ist) sowie der Reifezeit. Die meist chronologische Anordnung der Fakten verfolgt jedoch nicht den Zweck, den Entwicklungsprozeß einer Person aufzuzeigen: Ste-Beuves Portraits sind, wie jene der Malerei, statisch. Absicht seiner Portraits ist es, die geistige Bedeutung eines Autors exemplarisch, beinahe im Sinn einer Typologie, sinnfällig zu machen. Dabei läßt der schmale Rahmen des lit. Portraits zu historischer Präzisierung kaum genügend Raum. Doch trotz der gleichsam geschichtslosen Typologie, zu der sein Portrait tendiert, trägt keine Lit.kritik vor ihm der Geschichtlichkeit lit. Erscheinungen in der verläßlichen Weise Rechnung wie diejenige Ste-Beuves. Sie ist ein beredtes Beispiel für die Einführung einer geschichtlichen Perspektive in die Lit.kritik. Zugleich ist sie ein Plädoyer für die Anwendung all jener philologischen Methoden, die später durch Lanson systematisiert werden (s. S. 117 ff.), die aber in unsystematischer Form schon um die Jahrhundertmitte erprobt wurden. Vorzüglich entspricht dem trotz aller historisch-positivistischen Dämpfung stark subjektiv geprägten Ansatz Ste-Beuves die offene Form des Portraits und der ›Causerie‹ als Medium der Lit.kritik.

Biographie als Kausalprinzip; methodische Annäherung an den Positivismus. Ste-Beuves Interesse am lit. Werk ist primär das Interesse an dessen Autor. In einem späten programmatischen Aufsatz (1862) betont er den Kausalzusammenhang, den er (nicht erst jetzt) zwischen Autor und Werk sieht: »La production littéraire n'est point pour moi [...] séparable du reste de l'homme; je puis goûter une oeuvre, mais il m'est difficile de la juger indépendamment de la connaissance de l'homme même; et je dirais volontiers: tel arbre, tel fruit [...] Connaître et bien connaître un homme de plus [...] c'est une grande chose«. Die Kurzformel seines Verfahrens lautet: »Revenir à l'homme, l'oeuvre à la main«. Das Studium eines Werkes dient also der Kenntnis seines Autors; lit.kritische Tätigkeit wird zur Grundlage einer Wissenschaft vom Menschen: »L'étude littéraire me mène ainsi tout naturellement à l'étude morale.« Im gleichen Aufsatz stellt Ste-Beuve das System dar, zu dem seine auf der lit. Analyse gründende Humanwissenschaft führen soll. In deutlicher Anlehnung an die nat.wiss. Systematik definiert er sein Ziel als das einer Wissenschaft, »où les grandes familles d'esprit et leurs principales divisions seront déterminées et connues«. Er gesteht zwar ein, daß die menschliche Natur durch Freiheit gekennzeichnet sei; dennoch hofft er, in absehbarer Zeit eine »définition exacte des esprits et des talents« geben zu können und bekennt, er betreibe »la méthode naturelle en littérature.« Aus der Überzeugung, daß das individuelle Genie, jene »dernière citadelle irréductible«, mit nat.wiss. Verfahren nicht erfaßt werden könne, hat Ste-Beuve dieses deutlich unter Taines Einfluß entwickelte Programm nie zu verwirklichen gesucht. In der Fülle seiner „Portraits« und »Causeries« ist er der zuvor skizzierten Methode des durch Faktenkenntnis gedämpften Intuitionismus treu geblieben. Das spätere Programm ist jedoch ein Indiz für das unaufhaltsame Eindringen nat.wiss. positivistischen Denkens in die Lit.wissenschaft.

Bewertung. In einer berühmten Gegenüberstellung hat Taine sein Verfahren demjenigen Ste-Beuves entgegengestellt und dessen Einmaligkeit betont (s. S. 113). Von diesem Zeitpunkt an ist Ste-Beuve als einer der Großen in die Geschichte der Lit.-wiss. eingegangen, dessen wesentliches Verdienst die Überwindung einer normativen Kritik ist. Seine intuitive und identifizierende Kritik ermöglichte ihm die Einsicht in die geistige und stilistische Individualität vieler Autoren, die bis dahin nicht zum lit. Kanon gehört hatten. Daher wird die spätere Lit.wiss. immer wieder auf Ste-Beuve rekurrieren. Seine Definition der ›groupes‹ bzw. ›familles d'esprit‹ beeinflußt die Ausbildung von Thibaudets Generationentheorie. Vor allem aber wird sich die immer wieder praktizierte Rückkoppelung eines Werkes an die Autorbiographie (»tel arbre, tel fruit«) in der späteren univ. Lit.wiss. durchsetzen, da sie hierin ein Prinzip der Rechtfertigung ihres Objektivitätsanspruches zu finden glaubt. Von Ste-Beuve leiten sich die zahllosen Biographien her, die nach dem ›L'homme-et-l'oeuvre‹-Prinzip angelegt sind. Die lit.wiss. Fehlorientierung Ste-Beuves, die das Werk vor allem als Mittel zur Darstellung einer Dichterpersönlichkeit ansieht und somit die lit. Qualitäten des Werkes vernachlässigt, hat schon Lanson kritisiert. Das Schwergewicht der späteren, nach dem ›L'homme-et-l'oeuvre‹-Prinzip angelegten Biographien liegt daher auf der lit. Interpretation eines Werkes aus dem Lebenszusammenhang eines Autors. Dieses Ziel verfolgt noch heute die Reihe ›Connaissance des Lettres‹ mit ihren insgesamt mehr als 50 Monographien. Dabei wird die früher fast ausschließliche biographische Orientierung dieser Reihe zunehmend durch die Berücksichtigung umfassender historischer und sozialer Kontexte ausgeglichen.

Eine kritische Darstellung Ste-Beuves kann die offenkundigen Mängel seiner Methode nicht übergehen. Sie liegen zunächst in der einseitigen biographischen Ausrichtung; denn die zeitgenössische oder postume Wirkung eines Werkes ist in den seltensten Fällen an die Kenntnis der Biographie gebunden, sondern geschieht unabhängig von ihr. Dieser meth. Ansatz machte Ste-Beuve auch eine angemessene Beurteilung seiner Zeitgenossen unmöglich: Seine Urteile über die Romantiker, Balzac, Baudelaire u. a. sind durch biographische Kenntnisse verblendete Fehlurteile. In der doppelten Orientierung seiner Lit.kritik (als Kritik vergangener und zeitgenössischer Werke) hat Ste-Beuve insofern gewirkt, als von ihm an die noch heute gültige Zweigleisigkeit der Lit.kritik datiert: Die univ. Lit.*wissenschaft* sieht ihre Domäne in der Interpretation vergangener Autoren und Texte (wo auch Ste-Beuve brauchbare Ergebnisse hinterließ) und überläßt die Bewertung zeitgenössischer Literatur (wo Ste-Beuve versagte) der journalistischen Lit.*kritik*. Und weiter: Trotz ihrer breiten Materialbasis bleibt Ste-Beuves Kritik auf die ›großen Autoren‹ und die ›Meisterwerke‹ beschränkt. ›Große‹ Persönlichkeiten sind aber vor allem die, die sich der eigenen, für demokratische Tendenzen anfälligen Zeit und ihrer lit. Mittelmäßigkeit entgegenhalten lassen. Deutlich und bewußt erfolgt die Auswahl aus den älteren Autoren unter dieser ideologischen Prämisse: Der liberal-konservative Ste-Beuve spiegelt sich in seinem Interesse für die großen historischen und lit. Persönlichkeiten eines ›besseren‹ Frankreichs. Seiner demokratiefeindlichen Haltung entsprechend und in Übereinstimmung mit den Erwartungen seiner Leser bereitet er sie portraithaft zu und scheut dabei auch vor bewußter Faktenklitterung nicht zurück. Das heißt schließlich: Ste-Beuve stellt

Literatur im Medium seiner sensiblen, reich begabten, zugleich aber politisch und beruflich vielfach enttäuschten und verbitterten Persönlichkeit ohne kritische Distanz dar. Dadurch erfährt seine Kritik eine unbestreitbare Einschränkung als lit.-geschichtliche Informationsquelle, ungeachtet ihres meth. Einflusses.

Literatur:

Ch. A. Ste-Beuve, Du génie critique et de Bayle (1835), in: PL; *ders.,* De la tradition en littérature (...) (1858), in: CdL; *ders.,* Châteaubriand jugé par un ami intime en 1803 (1862), in: NL; *ders.,* Hist. de la litt. anglaise par M. Taine (1864), in: NL.

R. M. Chadbourne, La comédie humaine de Sainte-Beuve, in: Etudes franç., 9, 1973; *R. Fayolle;* Ste-Beuve et le 18è siècle, ou comment les révolutions arrivent 1972; *G. Lanson,* Hommes et Livres, 1895 (ibid., Avant-Propos); *ders.,* Ste-Beuve; ce qui fait de lui le maître de la critique et le patron des critiques; und: Après Ste-Beuve; beide in: *Lanson,* Essais etc.; *M. Regard,* Ste-Beuve, 1959 (Con. des Lettres, Bd. 54); *Actes du colloque tenu à Liège* du 6 au 8 oct. 1969: Ste-Beuve et la critique littéraire contemporaine, 1972; s. *A. Thibaudet;* Kap. ›Ste-Beuve‹, in: Histoire 278–292.

D. H. Taine — Der literaturwissenschaftliche Positivismus

Taines Ausgangsposition in Abgrenzung gegen St-Beuve. Neben Ste-Beuve ist Hippolyte Taine (1828–93) der einflußreichste Lit.kritiker des 19. Jh.s. Er gilt als der Begründer der positivistischen Lit.betrachtung. Auf ihn geht das Bemühen zurück, der Lit.wiss. eine wiss. exakte Grundlage zu verschaffen. Was in Ste-Beuves später Phase lediglich als Programm formuliert worden war, versucht Taine zu verwirklichen: Die Übertragung nat. wiss. Methodik und Systematik in den Bereich der Lit.wiss. Ausgangspunkt dieses Verfahrens ist die Annahme grundsätzlicher Gleichheit physischer und psychischer Prozesse: »Mon procédé est tout entier compris dans cette remarque que les choses morales ont, comme les choses physiques, des dépendances et des conditions«. Damit wird das nat.wiss. Kausalitätsprinzip (*conditions, dépendances)* auf geistige (und geschichtliche) Prozesse (*choses morales*) übertragen. Auf dieser Hypothese versucht Taine, ein System wiss. Textaufklärung aufzubauen.

Taine hat seine Methode in genauer Abgrenzung zu derjenigen Ste-Beuves dargestellt (»Essais«, *Préf.* 1ère éd.). Sie bestehe im *faire comprendre* und stützte sich auf *intelligence* und *raisonnement* (Ste-Beuve: *peindre, faire voir; imagination*); deren Tätigkeit sei zunächst analytisch (*décomposer, analyse;* Ste-Beuve: *contempler, sentir*), führe jedoch zu einem systematisierten Ganzen (*philosophie;* Ste-Beuve: *peinture, art*). Der Gegensatz zwischen Ste-Beuves auf Intuition beruhender Methode und der um nat.wiss. Exaktheit bemühten Taines ist nirgends klarer formuliert worden als hier. Das ›irrationale‹ Verfahren Ste-Beuves, dessen Erkenntniswert Taine nicht bezweifelt, möchte er durch seine Methode objektivieren.

›Faculté maîtresse‹ als Wirkungsprinzip. Taine sieht die Erzeugnisse des menschlichen Geistes durch strenge Kausalität gekennzeichnet. Also ist auch das lit. Produkt (schon Ste-Beuve sprach von *la production litteraire,* s. S. 110) Wirkung einer Ursache und kann auf diese ›reduziert‹ und aus ihr erklärt werden. Das generierende Prinzip, das jeder künstlerischen Äußerung zugrunde liegt, bezeichnet Taine mit den Begriffen *état moral, choses morales, forces génératrices, facultés primitives;* am geläufigsten ist der Begriff der *faculté maîtresse;* sie sei »la forme d'esprit originelle d'où se déduisent toutes les qualités de l'homme et de l'oeuvre«, und es gelte, sie zuallererst ausfindig zu machen; denn: »Une fois qu'on a saisi la faculté maîtresse on voit l'artiste entier se développer comme une fleur«. Dem Verfahren jedoch, das zur Auffindung der *faculté maîtresse* führen soll, liegt ein Zirkelschluß zugrunde. Zum einen erscheint es, als werde sie induktiv mittels der Analyse ›positiver‹ Fakten gewonnen und sei das zwangsläufige Ergebnis eines in seinen Schritten genau kontrollierbaren Prozesses; zum anderen beschreibt Taine detailliert sein intuitives Vorgehen: Nach hinreichender Beschäftigung mit einem Autor stelle sie sich gleichsam von selbst ein; der Kritiker nämlich »verra venir au bout de sa plume une phrase involontaire, singulièrement forte et significative, qui résumera toute son opération, et mettra devant ses yeux un certain état psychologique, dominateur et persistant, qui est celui de son auteur«. Damit erweist sich die *faculté maîtresse,* die mittels des von ihr abhängigen Werkes *(dépendances)* induktiv gewonnen werden soll, als spekulative Konstruktion.

›Milieutheorie‹. Taines Ausgangsthese beinhaltete zugleich ein Bedingtsein der *choses morales,* was konkret heißt, daß die *faculté maîtresse* keine autonome Größe, sondern ihrerseits von äußeren Faktoren abhängig ist. Diese findet Taine in der Trias *race, milieu, moment,* die er zum alles determinierenden Kau-

salitätsprinzip erhebt. Der folgenreichste Begriff ist der des *milieu*, d. h. des »ensemble des circonstances auxquelles un peuple est soumis«; *race* wird nur zurückhaltend verwendet, doch ergeben sich lt. Taine unter dem Einfluß von Klima und Landschaft nationale Konstanten (Nationalcharakter); *moment* ist die zeitliche Fixierung einer Erscheinung und läßt sich auf *milieu* zurückführen. Bei verändertem *moment* ändert sich zwangsläufig das *milieu*, das somit zum beherrschenden Faktor wird. Taines Ausgangspunkt läßt sich daher wie folgt resumieren: »Etant donnée une littérature, une philosophie, une société, un art, [...] quel est l'état moral qui l'a produit? et quelles sont les conditions de race, de moment et de milieu les plus propres à produire cet état moral« (»Histoire« XLII). Diese später sog. *Milieutheorie* ist das eigentlich befruchtende Element der Taineschen Lit.kritik; *literatur*geschichtlich hat sie im Naturalismus (Zola) gewirkt, für den der Mensch als das notwendige Ergebnis dieser gemeinsam wirkenden Faktoren anzusehen ist; *wissenschafts*geschichtlich werden hier zum erstenmal wichtige Kategorien der späteren Lit.soziologie (s. S. 162 ff.) eingeführt, insofern als das künstlerische Produkt als von einer geschichtlichen und sozialen Situation bedingt verstanden wird.

Widersprüche. Dies geschieht bei Taine, zumindest theoretisch, auf dem Hintergrund eines konsequenten Kausalitätsdenkens. In der lit.wiss. Praxis, vor allem in seinem »La Fontaine et ses fables«, aber auch in der »Histoire de la litt. anglaise«, der die Theorie als Vorwort dient, fallen Theorie und Praxis weit auseinander. Zu einer exakten Analyse dessen, was *milieu* zu verschiedenen *moments historiques* ist, ist Taine nie gelangt. Alle seine letztlich erst durch Induktion zu gewinnenden Begriffe sind idealistischen Ursprungs. Verschiedene Formulierungen lassen sogar den Schluß zu, daß Taine *race, milieu, moment* als psychologische Größen ansah; es seien »états d'esprit« und »certaines façons générales de penser et de sentir«; so definiert er z. B. *race* als ein »ensemble de dispositions psychologiques innées et héréditaires que l'homme apporte avec lui à la lumière«.

Beim Nachweis der Bedingtheit der *faculté maîtresse* unterliegt Taine also ebenso einem Zirkelschluß wie beim Nachweis der determinierenden Funktion des *état moral:* In beiden Fällen setzt er voraus, was er eigentlich erst beweisen müßte. Die aus dem künstlerischen Produkt induktiv zu erschließende *faculté maîtresse* stellt sich dem Forscher intuitiv und spontan als *état moral* dar; ebenso erweist sich die triadische Bedingtheit der *faculté maîtresse* als des letztlich generierenden Prinzips als eine Illusion. Damit ist das Tainesche System aufgrund seiner inneren Widersprüche zum Scheitern verurteilt.

Wirkung. Trotzdem war seine Wirkung groß. Außeruniv. Lit.kritiker werden seinen lit.soziologischen Ansatz verfeinert aufnehmen; auch die univ. Lit.wiss. wird sich bei der Analyse lit. Werke unter Berufung auf Taine um eine zunehmend differenzierte Berücksichtigung biographischer, zeit- und gesellschaftsgeschichtlicher Faktoren bemühen. Vor allem ist jedoch ihr immer wieder beschworenes Objektivitätsideal eine unmittelbare Folge des Taineschen Einflusses. Das eigentlich wirkende Prinzip dieser Theorie ist daher in dem Bemühen zu sehen, den geisteswiss. Bereich mit nat.wiss. Methoden zu durchdringen. Die Wirkung dieses meth. Ansatzes läßt sich nur durch die Erfolge der Nat.wiss. im 19. Jh. erklären, die auch die Geisteswiss. in ihren Bann zogen.

Geschichtliche Einordnung. So steht Taine unter dem Einfluß der *philosophie positive* A. Comtes (1798–1857), für den nur das ›positiv‹ Vorgegebene, also der Bereich der Fakten erkennbar ist. Die darin implizierte Erkenntnistheorie überträgt Taine entschiedener als Comte auf das als ›positiv‹ angesehene geistige Faktum, das für ihn das Produkt eines streng determinierten Systems ist. An Taine anknüpfend wird F. Brunetière eine Gattungstheorie entwickeln (s. Lit. Gattungen S. 67 ff.), die darwinistisches Evolutionsdenken in die Lit.geschichte überträgt. Das gleiche nat.wiss. Denken erfaßt aber auch den Bereich der Sozialwiss. Schon Comte diente die *philosophie positive* zur Herausbildung einer ›positiven‹, nat.wiss. exakten Gesetzen unterworfenen Politik, die die revolutionäre Epoche beenden sollte; Geschichtsprozesse sollten unter dem Hinweis auf die »invariabilité des lois naturelles« vorausschaubar gemacht werden; daher Comtes Formel: „Le véritable esprit positif consiste surtout à *voir pour prévoir,* à étudier ce qui est afin d'en conclure ce qui sera.« In diesem Sinn entwickelt auch Taine eine deterministische Geschichtsphilosophie, die sich der gleichen Termini bedient, jedoch ebenso idealistisch spekulativ und widersprüchlich ist wie die Lit.theorie; auch sie reduziert Geschichte auf psychologische Kategorien. Der positivistische Geschichtsoptimismus verhinderte jedoch den Deutsch-franz. Krieg 1870/71 und die ›Katastrophe‹ der Kommune nicht. Unter dem Einfluß dieser Ereignisse entsteht Taines umfassendes Geschichtswerk »Les Origines de la France contemporaine« (1875–93), in dem er die Gründe für den ›Niedergang‹ Frankreichs aufzuzeigen sucht. Die durch die Kommune sichtbar gewordene Bedrohung der bestehenden Gesellschaftsordnung hat auch eine stärkere Durchdringung von Taines späteren lit.- und kunsttheoretischen Arbeiten mit christlichen und moralisch erbaulichen Vorstellungen im Gefolge. Dies legt den Gedanken nahe, das positivistische Lehrgebäude Comtes und Taines als Korrelat eines widerstandslos funktionierenden Gesellschaftssystems zu begreifen. Bei Comte (indirekt) aus den Erfahrungen der 89er Revolution hervorgegangen, dient es in den zahlreichen Umbrüchen des 19. Jhs. als ideologisches Mittel zur Bewahrung von Ordnung (Motto von Comtes »Discours sur l'esprit positif«: ordre et progrès). Nach der Revolution von 1848 ergänzt Comte seinen »Cours de philosophie positive« durch ein »Système de politique positive« (1851), mit dem er das Ziel verfolgt »protéger l'ordre, à la fois contre la rétrogradation et l'anarchie«. Spätestens ab 1870 erweist sich auch in Taines Lit.- und Geschichtsphilosophie ihre nur scheinbare Schlüssigkeit.

Literatur:

H. Taine, Essais de critique et d'histoire, 3 Bde., 1858–94 (ibid., Préf. 1ère éd. [1858]; Préf. 2è éd. [1866]; *ders.,* La Fontaine et ses fables, 1853–61; *ders.,* Histoire de la litt. anglaise, 4 Bde., 1863 (ibid. Introduction); *A. Comte,* Discours sur l'esprit positif (ordre et progrès) 1844.

S. Jeune, Poésie et système. Taine interprète de La Fontaine, 1969; *ders.,* Taine et la guerre de 1870, in: Les écrivains franç. devant la guerre de 1870 et devant la Commune, 1972; *P. Nora,* Taine, in: Tableau de la litt, franç., III, 1974; *Fr. Schalk,* Zu Taines Theorie und Praxis, in: Beiträge zur Theorie der Künste im 19. Jh., Bd. 1, 1971; s. *A. Thibaudet,* Kap. ›Taine‹, in: Histoire, 343–351.

E. G. Lanson — Die Grundlegung der modernen französischen Literaturwissenschaft

Allgemeine Charakteristik. Gustave Lanson (1857–1934) ist die einflußreichste Persönlichkeit der univ. fr. Lit.wiss. Sein Werk umfaßt monographische Darstellungen fr. Autoren aus verschiedenen Jh., bibliographische und stilanalytische Arbeiten, Aufsätze zur Methodologie der Lit.wiss.; am bekanntesten ist seine in unzähligen Neuauflagen verbreitete »Histoire de la littérature française« ([1]1894). Lanson steht in der Tradition der fr. Lit.wiss. des 19. Jhs. und damit unter dem Einfluß Ste-Beuves, Taines und Brunetières, dessen Schüler er war. Es verwundert daher nicht, wenn sich Lanson schon früh mit dem Objektivitätsanspruch der Lit.wiss. auseinandersetzt, der von Taine und Brunetière erhoben wird. Meth. Reflexion nimmt im Werk Lansons einen breiten Raum ein. Durch seine theoretischen und praktischen Arbeiten hat er der univ. fr. Lit.wiss. die wiss. Grundlage verschafft; durch die Einbeziehung lit.soziologischer Reflexion eilt er jedoch seiner eigenen lit.wiss. Praxis weit voraus.

Abgrenzung der literaturwissenschaftlichen gegenüber der naturwissenschaftlichen Methode. Zu Beginn seiner Reflexionen steht eine Kritik nat.wiss. Methodik und Systematik; den Ansatz Taines und Brunetières sieht er als gescheitert an, da trotz der scheinbaren Präzision ihrer Analysen stets ein ›unerklärter‹ Rest bleibe, den Lanson als das Eigentliche betrachtet. So wie der Aufschwung der Nat.wiss. erst im Augenblick der Befreiung nat.wiss. Denkens von der Metaphysik erfolgt sei, soll sich auch die Lit.wiss. emanzipieren und dem andersgearteten lit. Objekt anpassen. Die Gemeinsamkeiten des nat.wiss. Objekts mit dem lit.wiss. sieht Lanson allein in seiner Faktizität: der lit.wiss. Gegenstand ist, wie der nat.wiss., ›positiv‹ vorgegeben; allerdings lasse er sich nicht in gleicher Weise katalogisieren; denn »chaque fait (littéraire) est unique en son espèce, non par accident, mais par essence“. Trotz aller ›positiven‹ Gegenständlichkeit sei auch das lit. Objekt kein in der Vergangenheit abgeschlossenes, sondern wirke in der Gegenwart fort. Daher seien auch die Ziele der beiden Wissenschaften andere; die Lit.-wiss. suche nicht die Unterordnung des einzelnen unter ein Allgemeines, suche keine Gesetze, sondern »l'histoire littéraire a pour objet la description des individualités; elle a pour base des intuitions individuelles. Il s'agit d'atteindre non pas une espèce, mais Corneille, mais Hugo« (»Hist«. VII).

›Impressionismus‹ als Erkenntnisinstanz. Entsprechend der Individualität des lit.wiss. Gegenstandes und des darin implizierten Erkenntnis*ziels* sieht Lanson die *intuition individuelle* als erstes Erkenntnis*mittel* an. In seiner Methodenlehre nimmt der Begriff des *Impressionismus* einen wichtigen Raum ein; kein Leser eines Werkes könne sich eines subjektiven Eindrukkes erwehren. Erst *goût* und *plaisir* schüfen die Bereitschaft zu einer weitergehenden Beschäftigung mit einem Werk; der intuitive Eindruck müsse allerdings im Nachhinein abgesichert werden. Auf diesen Prämissen baut Lanson seine kritische Methode auf, deren Ziel die weitestgehende Objektivierung ›impressionistischer‹ Urteile ist: »Notre métier consiste à séparer

partout les éléments subjectifs de la connaissance objective.« Dies läßt sich auf die Kurzformel bringen: »Distinguer *savoir* de *sentir:* je crois bien qu'à cela se réduit la méthode scientifique de l'histoire littéraire« (»Essais« 29 ff.).

Verfahren der Objektivation. Zur Konkretisierung dieses Postulats in der lit.wiss. Praxis hält Lanson folgende Einzelschritte für erforderlich:

- Erstellung eines verläßlichen (kritischen) Textes
- Zuweisung eines (anonymen) Textes zu einem Autor, einer lit. Strömung, Schule, Epoche
- Erstellung und Auswertung der Bibliographie
- Einordnung eines Textes in die Biographie eines Autors; Ersatz von Legenden durch gesicherte biographische Fakten
- Quellenstudium
- Wirkungsgeschichte eines Autors bzw. Buches
- Stilanalysen.

Die verschiedenen Etappen setzen an verschiedenen Ebenen des gleichen Werkes oder Autors an. Der verschiedenartig erforschte Zustand eines Werkes kann zu einem bestimmten Zeitpunkt *einen* methodischen Schritt notwendig machen und *einen anderen* als verfrüht untersagen. Insgesamt also bedingt die Interpretation eines Textes oder des Werkes eines Autors eine Anzahl verschiedener Schritte, die *einem* Ziel untergeordnet sind, der »représentation exacte du génie ou de l'âme d'une époque«. Dabei ist der Forscher auf jeder Stufe seines Vorgehens dem Gebot absoluter Wahrheit verpflichtet: »*faire vrai,* et tant pis pour l'esthétique et pour la morale si elles n'y trouvent pas leur compte« (»Essais« 430 f).

Stilanalyse. Der wichtigste der o. a. Schritte ist der letztgenannte. Er resultiert aus der Überzeugung, daß der Gehalt eines Textes im Formalen einen adäquaten Niederschlag findet und unmittelbar über diesen wirkt: »Les écrits spéciaux deviennent littéraires par la vertu de la forme qui élargit ou qui prolonge leur puissance d'action. La littérature se compose de tous les ouvrages dont le sens et l'effet ne peuvent être pleinement révélés que par l'analyse de la forme« (»Essais« 34). Da aber der Zugang zu einem Werk ›impressionistisch‹ über eben diesen ästhetischen Bereich erfolgt, ist es schlüssig, wenn das Bedürfnis nach Objektivierung des subjektiven Eindrucks sich hier besonders artikuliert. Dies hatte insofern Konsequenzen, als sich daraus zu Beginn des Jhs. die noch heute für das fr. Schul- und Universitätssystem typische Form der *Explication de textes* ergab, der meist ein kürzerer Auszug zugrunde gelegt wird und deren Aufgabe gerade die am Detail ansetzende Objektivierung des subjektiven Eindrucks ist. Die Verfahren einer solchen *Explication de textes* sind folgende:

- Mehrfache Lektüre eines Textes mit dem Ziel einer Paraphrase seines Inhaltes
- Situierung des Abschnittes im Kontext eines Werkes, vor allem bei Auszügen aus Romanen oder Dramen; Klärung der Handlungssituation zu Beginn des Abschnittes
- (Sprachgeschichtliche) Erläuterung unbekannter Begriffe, historischer Anspielungen etc.
- Gliederung entsprechend der handlungsmäßigen bzw. gedanklichen Progression; Subsumierung jeder Textphase unter einen Begriff; Klärung des Verhältnisses der Abschnitte zueinander
- Stilistische Analyse unter den Gesichtspunkten: syntaktische und semantische Eigenheiten; metrische und versifikatorische Besonderheiten (bei lyr. Texten); Verwendung eines abstrakten oder bildlichen Vokabulars; Textsortenzuordnung allgemein; Gattungs- bzw. Autorstil
- Zusammenfassung und Beurteilung
- (ggf. Autorbestimmung und Zuordnung eines Textes zu einer lit. Bewegung).

In seinem »L'art de la prose« (1908) hat Lanson das gleichzeitig entstehende Verfahren der *Explication de textes* zur ersten bedeutenden Stilanalyse der fr. Lit.wiss. ausgeweitet und dabei zahlreiche Analysen für Autor- und Epochenstil anhand von Beispielen aus vier Jh. gegeben. Damit wird »L'art de la prose« zu einer beispielhaften Demonstration der Überwindung einer unhistorischen, dogmatischen Stilkonzeption. Stilistische Eigenheiten werden zum Erkennmittel par excellence für die Vielfalt historisch bedingter individueller Erscheinungen; auch in übergeordnete Geschichtsprozesse läßt sich aufgrund der Geschichtlichkeit stilistischer Phänomene Einblick gewinnen: »Nous étudions l'histoire de l'esprit humain et de la civilisation nationale dans leurs expressions *littéraires*, dans celles-là essentiellement; et c'est toujours au travers d'un style que nous tâchons d'atteindre le mouvement des idées et de la vie« (»Essais« 34, s. Stilanalyse S. 87 ff.).

Objektivitätsanspruch. So wie Stil bei Lanson als Epochen- und Individualstil historisch verstanden wird, ist seine ganze Methode auf Historisierung der lit. Erscheinungen angelegt. Aufgrund dieser geschichtlichen Orientierung erhielt sie das Attribut *historisch;* da sie allein das ›positive‹ lit. Faktum zum Ausgangspunkt ihrer Analysen nimmt, nennt man sie auch *historisch-positivistisch.* Die Übertragung wiss. Verfahren in den Bereich der Lit.wiss. trug ihr die Bezeichnung einer *méthode érudite* bzw. *d'érudition* ein. Eine solche Terminologie formuliert implizit ihren Objektivitätsanspruch, der auch im Begriff der *explication de textes* zum Ausdruck kommt: *explication* verhält sich zu *Interpretation* wie nat.wiss. Exaktheit zu lit.wiss. Annäherungsversuch (›impressionistischem‹ Geschmacksurteil). Zahlreiche Formulierungen Lansons können Zweifel an der These aufkommen lassen, er habe mit seiner Methode einen solchen Anspruch erheben wollen. In Ablehnung Taines und Brunetières bezeichnet er die Literatur schon früh als »une matière où il n'y a point de vérité dogmatique ni rationelle« (»Hist.« X). Offensichtlich hat jedoch nat.wiss. Fortschrittsgläubigkeit auch Lanson in ihren Bann gezogen. Unter Hinweis auf das Anwachsen des positiven Wissensstoffes wird er später daraus die Folgerung eines in absehbare Nähe gerückten Endes philologischer Diskussionen ziehen, so daß lediglich noch Geschmacksdifferenzen als Diskussionsgrundlage blieben. Dieser Erkenntnisoptimismus erfährt allein in der Konfrontation mit dem *Genie* eine gewisse, wenngleich nicht grundsätzliche Einschränkung, da auch er dessen ›Erklärung‹ nicht geben kann: »L'approximation où nous arrivons dans nos déterminations, est *au génie près*« (»Essais« 41). Insgesamt jedoch hält Lanson an der Vorstellung objektiver lit.wiss. Erkenntnis fest; für objektiv gehaltene Erkenntnisse können allein durch neue Fakten relativiert werden, die ihrerseits solange Objektivität beanspruchen dürfen, als sie nicht durch gegenteilige Fakten in Frage gestellt werden.

Einordnung und Ergebnisse. Lansons Methode basiert auf dem Bedürfnis wiss. Begründung lit.kritischer Tätigkeit und ist ohne das Vorbild der Nat.wiss. nicht denkbar. Die Abgrenzung gegen die als falsch angesehene Übertragung nat.wiss. Methoden durch Taine und Brunetière spielt bei ihrer Entwicklung eine bedeutende Rolle. Angesichts des spezifischen Wesens des lit. Gegenstandes, zu dem ein Zugang nur mittels eines subjektiven Geschmacksurteils möglich ist, bemüht sich Lanson um die Entwicklung angemessener Objektivationsverfahren. Vorläufer findet er dazu allein in der Praxis Ste-Beuves, auf dessen Vorbild er sich mehrfach beruft (s. Bibl. S. 113), wie auch in der Textphilologie von G. Paris und J. Bédier (s. Textgeschichte S. 47 ff.), in deren Arbeiten er lit.wiss. Praxis meth. vorbildhaft verwirklicht sieht, und zwar durch die Anwendung einer wiss. Grundhaltung, die die Erfordernisse des lit. Gegenstandes in

Rechnung stellt. Dieser wiss. Geist wurde jedoch nicht unabhängig von Lanson ›erfunden‹; wie die Chronologie wichtiger lit.wiss. Arbeiten des 19. Jhs. zeigt, existierte er unabhängig von ihm und leitete sich von dem einflußreichen Werk Comtes her; Lanson blieb es vorbehalten, ihn zu systematisieren, wirkungsvoll zu artikulieren und zugleich in die lit.wiss. Praxis umzusetzen. Die daraus für die fr. Lit.wiss. resultierenden Konsequenzen sind vielfältig und bestimmen noch die heutige lit.-wiss. Tätigkeit. Ganze Forschergenerationen machten sich den historisch-positivistischen Ansatz Lansons sowie die verschiedenen meth. Verfahren zu eigen, woraus Arbeiten gänzlich verschiedenen Charakters resultierten:

- *Kritische Textausgaben,* allen voran die monumentale Sammlung der ›Grands Ecrivains de la France‹ (GEF): z. B. Molière, Oeuvres, hg. E. Despois u. P. Mesnard, 13 Bde., 1873–93; Voltaire, Lettres philosophiques, hg. G. Lanson, 1909.
- *Quellenforschung:* cf. besonders die umfangreichen ›Quellen‹-angaben in den Ausgaben der GEF.
- *Autor- und Epochenmonographien;* z. B. G. Michaut, La Fontaine, 2 Bde., 1913/14; A. Allaire, La Bruyère dans la maison de Condé, 2 Bde., 1886.
- *Bibliographien:* z. B. G. Lanson, Manuel bibliographique de la litt. française, 1909–14.
- *Monographien kultureller Institutionen, Salons, Tendenzen;* z. B. M. Magendie, La politesse mondaine et les théories de l'honnêteté en France au 17è siècle, 2 Bde., 1925.
- *Wirkungsgeschichte:* z. B. A. Cherel, Fénelon au 18è siècle en France, 1917.
- *Literaturgeschichten:* z. B. G. Lanson, Histoire de la littérature française, 1894 u. ö.
- *Gründung von Zeitschriften,* so vor allem der ›Revue d'Histoire littéraire de la France‹ (RHLF 1894), die bis heute ganz der Erforschung des historisch positiven lit. Faktums verschrieben ist.
- *Kommentierte Textausgaben für Schule und Universität;* cf. die Reihen bei Hachette, Vaubourdolle, Larousse, Bordas.
- *Handbücher* zum Gebrauch von Studenten und gebildeten Laien.

Lansonismus. Eine Reform des Sekundarschulwesens (1902), durch die das Studium moderner Sprachen dem der alten gleichgestellt wurde, begünstigte die Verbreitung der Lansonschen Methode. Das neue, bis 1948 nur wenig veränderte Oberschulsystem bedingte ein Zurückdrängen von Lehrinhalten, die sich in Form und Inhalt am System der antiken Rhetorik orientierte (s. Rhetorik S. 80 ff.); es brachte die Herausbildung neuer

Lehrmethoden und neuen Lehrmaterials mit sich und hatte Rückwirkungen auf die univ. Ausbildung. Lanson, seit 1904 Professor an der Sorbonne, 1919–27 Direktor der ›Ecole Normale Supérieure‹, wurde zur bildungspolitischen Schlüsselfigur, ›seine‹ Methode zur allgemein praktizierten. Die neue schul- und hochschulpolitische Situation hatte eine Zunahme wiss. Schrifttums zur Folge. So konnte es nicht ausbleiben, daß Arbeiten entstanden, die von der von Lanson entwickelten Methode nur den Buchstaben, nicht jedoch den Geist übernahmen. Gegen diese Tendenzen richtete sich das Schmähwort des ›lansonisme‹, das zugleich ein Mittel ideologischer Auseinandersetzungen wurde. Angesichts zunehmender Säkularisierung der Bildungsinstitutionen und -inhalte (Trennung von Staat und Kirche 1905) widersetzt sich die nationale Rechte, darunter auch Ch. Péguy, der sog. ›tyrannie du parti intellectuel‹ und brandmarkt die Lansonsche Methode als unpatriotisch, da sie international (und d. h. auch ›germanisch‹) sei. Dem von Lanson mutig verteidigten »sens profond et bienfaisant du relatif«, zu dem lit.geschichtliches Studium notwendig führe (»Essais« 60), setzen sie den Glauben an absolute nationale Bildungswerte entgegen. *Lansonisme* meint daher zum einen Kritik an ideenlosem Epigonentum, und zum anderen hämische Beschimpfung des politischen Gegners, der die nationalen Belange verrate.

Würdigung. Die wiss.geschichtliche Bedeutung Lansons für die fr. Lit.wiss. kann kaum überschätzt werden. Zum erstenmal gelingt es lit.wiss. Reflexion, sich aus dem Sog nat.wiss. Verfahren zu befreien, den wesensmäßig eigenen Charakter des lit. Gegenstandes zu artikulieren und darauf eine eigenständige Methodologie aufzubauen. Deren erstes Merkmal ist der als unumgänglich betrachtete Beitrag des urteilenden Subjekts: Der Zugang zum individuellen Wesen des lit. Gegenstandes erfolgt über ein individuelles Geschmacksurteil, das es im Nachhinein zu objektivieren gilt. Das zweite Merkmal ist die radikale historische Relativierung des lit.wiss. Objekts. Erst daraus ergibt sich die Einsicht in die geschichtliche Eigenständigkeit lit. Strömungen, Epochen, Individualitäten und Werke sowie deren prozeßhafte Verkettung untereinander. Bisher als isoliert betrachtete Ereignisse werden in einen lit.geschichtlichen Zusammenhang eingeordnet und erhalten so ihren geschichtlich bedingten Aussagewert. Erst von hier an ist Lit.geschichtsschreibung möglich, die jeder Epoche ihren Eigenwert zumißt.

Wichtig zur Bewertung Lansons ist, daß er, zumindest theoretisch, das impressionistische Geschmacksurteil durch die Einsicht in die Geschichtlichkeit ästhetischer Normen relativiert. Dies in doppeltem Sinn: Entsprechend dem Motto »Nous nous appliquerons à sentir historiquement« fordert Lanson: »En littérature comme en art, il nous faudra avoir deux goûts«, einen *goût historique*, der jedes Werk auf dem Hintergrund des geschichtlichen Geschmacks würdigt, dessen Ausdruck es ist; und einen *goût personnel*, der sich seiner Vorlieben und Abneigungen bewußt ist („Essais« 40). Trotz solcher geschichtlich begründeter Differenzierung sieht Lanson beide Pole als objektiv gegeben an. Daß aufgrund der mannigfachen Bedingtheit des Urteilsträgers auch dessen Geschmack nicht absolut und also sein Urteil notwendig relativ ist, stellt er nicht in Rechnung. Hermeneutische Überlegungen, die in Deutschland seit ca. einem Jh. die erkenntnistheoretische Diskussion befruchtet hatten (s. Hermeneutik S. 9 ff.), waren in Frankreich unbekannt geblieben. So verharrt Lanson letztlich bei einem Objektivitätsideal, dem auch die univ. fr. Lit.wiss. noch heute weitgehend huldigt.

Lansons lit.wiss. Praxis deckt sich nur teilweise mit seiner Theorie. Unter dem Einfluß des Soziologen E. Durkheim reflektiert er das Verhältnis von Lit.wiss. und Soziologie und gelangt dabei zu Folgerungen, die in letzter Konsequenz jeden lit.wiss. Objektivitätsanspruch relativieren. Vor allem die Feststellung, ein Buch sei »un phénomène social qui évolue« (»Essais« 70), impliziert wichtige rezeptionsästhetische Konsequenzen (s. S. 165 f.). Die unter Durkheims Einfluß entwickelten Gedanken offenbaren einen Lanson, der seinen absolut verwendeten ästhetischen (und moralischen) Bewertungsmaßstab (theoretisch) überwindet und Genese sowie Rezeption (also auch Interpretation) von Literatur als einen gesellschaftlichen Prozeß versteht. Konnte ihm in bezug auf seine »Histoire« jüngst vorgeworfen werden, nationale Identifizierungsprozesse in Gang zu setzen (s. Seba, Bibl. S. 125), so erweist sich Lanson hier als ein allen Impulsen offener Denker, der sich allein der Forderung nach intellektueller Ehrlichkeit verpflichtet weiß.

Literatur:

G. Lanson, Essais de méthode, de critique et d'histoire littéraire, hg. H. Peyre, 1965 (ibid. besonders: La littérature et la science [1895], 97–127; L'histoire littéraire et la sociologie [1904], 61–80; La méthode de l'histoire littéraire [1910], 31–56); *ders.*, Histoire de la litt. franç., 1894 u. ö. (ibid., Avant-Propos); *ders.*, Hommes et

Livres, Etudes morales et littéraires, 1895 (ibid., Avant-Propos); *ders.*, L'art de la prose, 1908.

P. Clarac, Sur G. Lanson, in: RHLF 67, 1967, 68–78; *S. Fraisse*, Péguy, Lanson et le lansonisme, in: Littérature et Société. Recueil d'études en l'honneur de B. Guyon, 1973, 181–190; *G. Genette*, Rhétorique et enseignement, in: *ders.*, Figures II, 1969, 23–42; *H. Peyre*, Présentation, in: *G. Lanson*, Essais (s. o.), 9–28; *A. F. Poncet/J. Pommier/P. Clarac*, G. Lanson 1857–1934; Discours prononcés le 24 mars 1958 à la Sorbonne, 1958; *J. R. Seba*, Critique des catégories de ›L'Histoire de la Littérature‹: Téléologie et réalisme chez Lanson, in: Littérature 16, 1974, 50–66; *F. Thiekötter*, in: *Arnold*, Nr. 2; 371–374.

F. D. Mornet; P. Hazard — Geistesgeschichtliche Tendenzen

Positivistische Absicherung durch Studium der Minores und Minimi. Daniel Mornet (1879–1954) und Paul Hazard (1878 bis 1944) sind die profiliertesten Nachfolger Lansons; durch sie (bes. Mornet) wird Lansons Methode fest in der Universität verankert und erhält zugleich eine einflußreiche Neuorientierung. Gemeinsames Kennzeichen beider Autoren (und zahlreicher Schüler) ist das neu geweckte Interesse an den sog. kleineren Autoren der Lit.geschichte, denen nunmehr eine wichtige Funktion zugewiesen wird: Die wahre Größe eines Racine z. B. wird erst recht in dem Abstand deutlich, der ihn von zeitgenössischen kleineren Tragödienautoren trennt, die z. T. die gleichen Themen und Situationen dargestellt haben. Das Studium der *minores* und *minimi* der Lit.geschichte dient daher ex negativo zur Verdeutlichung des Genies der ›Großen‹, häufig aber auch umgekehrt zur Relativierung ihrer Größe durch den Nachweis, daß viele ihrer Techniken, Themen etc. bereits von anderen verwendet wurden. Diese rücken nunmehr ins Blickfeld und werden einer Lit.geschichte einverleibt, die nicht nur eine Geschichte der ›Meisterwerke‹ oder ›Klassiker‹ sein möchte.

Das Studium der kleineren Autoren dient jedoch in erster Linie der Absicherung begrifflicher Kategorien, deren sich die bisherige Lit.wiss. zu unkritisch bedient habe. Den Wert seines Verfahrens demonstriert Mornet eindringlich in seinen »Origines intellectuelles de la Révolution française«, die sich inhaltlich und methodisch als eine Korrektur von Taines »Origines de la France contemporaine« (s. S. 116f.) verstehen. Er wirft Taine vor, bei der Suche nach den Ursachen der fr. Revolution allein mit pseudohistorischen, spekulativen Kategorien zu operieren.

Dem setzt Mornet Beobachtungen entgegen, die er aus der Analyse unzähliger Dokumente gewonnen hat: Die revolutionären Ideen sind Gemeingut *aller* denkenden Franzosen gewesen; daher wird die Rolle der ›großen‹ Autoren, so unbestreitbar sie bei der Vorbereitung der Revolution ist, allgemein überschätzt: »En matière politique [...] toutes les thèses audacieuses ou brutales sont soutenues par des écrivains de troisième ou de dixième ordre« (»Orig.« 476). Deren Schriften müßten also zuallererst berücksichtigt werden, wenn man gesichert argumentieren wolle. Dies Postulat führt Mornet zur Auswertung eines weit verstreuten Quellenmaterials. Das von ihm angewandte, von seinen Schülern häufig verabsolutierte Verfahren ist in Lansons Sinn echt *positivistisch* und muß als Vorläufer heutiger statistischer Verfahren angesehen werden.

Der geistesgeschichtliche Ansatz. Mornets positivistischer Ansatz verbindet sich mit einem geistesgeschichtlichen, insofern die analytisch gewonnenen Abstraktionen ihrerseits zu geschichtsgestaltenden Faktoren zu werden scheinen. Es gilt jedoch festzustellen, daß Mornet zu keiner widerspruchsfreien Folgerung gelangt; der Titel seines Buches formuliert implizit die Behauptung, die Ursprünge der Revolution seien geistiger Art. Ebenso schreibt Mornet: »J'ai étudié les origines purement intellectuelles«, um unmittelbar anzufügen: »Les idées n'agissent pas directement ou elles n'agissent que sur les points de détail.« Das revolutionäre Gedankengut habe sich bis 1787 konsequent entwickelt, sei dann aber von der *action* der Revolution abgelöst worden. Die Verlegenheit in der Benennung der ›letztendlichen‹ Gründe der Revolution umgeht Mornet durch ein salomonisches *Sowohl-als auch:* »Les causes essentielles ont été, comme toujours, des causes politiques; on a voulu changer parce qu'on était ou se croyait matériellement misérable. Mais on ne s'est peut-être décidé, et certainement l'on n'a décidé les moyens et les buts du changement, que parce que l'on y avait réfléchi.« Dies führt zu der programmatischen Erkenntnis: »L'histoire des idées ne peut plus être faite qu'en fonction de l'histoire politique«, wobei er einschränkend hinzufügt: „Je n'ai pas voulu aborder cette histoire.« Der im positivistischen Ansatz begründete Gewinn der Mornetschen »Origines« gegenüber denen Taines ist unbestreitbar; andererseits wird nicht nur die politische Geschichte bewußt ausgeklammert; ebenso bleiben alle sozio-ökonomischen Fakten außerhalb des Blickfeldes. Schließlich ist auch die Behauptung, die revolutionären Ideen hätten sich ohne direkte Wirkung bis 1787 entwickelt und seien dann durch die *action* abgelöst worden, rein spekulativ. Trotz der unleugbaren positivistischen Dämpfung werden daher Mornets »Origines« zu einer typischen ›histoire des idées (révolutionnaires)‹.

Dieser geistesgeschichtliche Ansatz kommt in anderen Arbeiten Mornets klarer zum Ausdruck, vor allem in seiner »Histoire de la litt. franç. class.«: Trotz des Bekenntnisses, er habe eine *histoire historique* der klassischen Literatur in ihren *caractères véritables* und *aspects inconnus* schreiben wollen, fehlt die geringste Absicherung der Thesen durch den Verweis auf politische und soziale Geschichte, auf die Geschichte des Buches, des Geschmacks, der Bildungsinstitutionen, ja sogar auf die Biographie der Autoren und die Chronologie ihrer Werke, so daß ›Geschichte‹ rein lit.immanent bleibt: Lit.geschichtliche Prozesse werden autonom, die Darstellung von Autoren und Werken zur Beschreibung geschichtsunabhängiger Wesenheiten.

In den Arbeiten Hazards findet dieser Ansatz eine ungleich deutlichere Ausprägung; so hypostasiert der Verfasser zur Begründung eines als radikal verstandenen Kontrastes zwischen dem 17. und 18. Jh. ein zwischen 1680 und 1715 zu situierendes allgemeineuropäisches Krisenbewußtsein und macht apodiktischer als Mornet geistige Strömungen zum alleinigen Träger geschichtlicher Bewegungen. Angesichts der als revolutionär empfundenen säkularen Unterschiede schreibt Hazard: »On en arrive à cette conviction profonde, que ce sont les forces intellectuelles et morales, non les forces matérielles, qui dirigent et commandent la vie« (»Crise« 12). Der hier postulierte Primat geistiger Prozesse gegenüber historisch-materiellen ist deutliches Kennzeichen sog. geistes- bzw. ideengeschichtlicher Tendenzen in der Lit.wiss. Die ideengeschichtliche Ausrichtung ist innerhalb der Geschichte der fr. Lit.wiss. eine Episode geblieben, die von einer umso deutlicheren Rückkehr zu historisch-positivistischer Tatsachenforschung abgelöst wurde. Trotzdem hat sie eine Fülle einflußreicher Arbeiten hervorgebracht, die zugleich die verschiedenartigen Ausprägungen in der lit.wiss. Praxis deutlich machen.

- *Annäherung lit.wiss. Fragestellungen an philosophiegeschichtliche auf übernationaler Ebene:* E. Gilson, Les idées et les lettres, 1932, sowie die Arbeiten Hazards.
- *Darstellung geistiger Strömungen während fest umrissener Epochen:* D. Mornet, La pensée franç. au 18è siècle, 1926; Fr. Baldensperger, Le mouvement des idées dans l'émigration franç., 1789–1815, 1925; H. Busson, Les sources et le développement

du rationalisme dans la litt. franç. de la Renaissance, 2 Bde., 1922.

- *Problemgeschichtliche Darstellungen:* D. Mornet, Le Sentiment de la nature en France, de J. J. Rousseau à B. de Saint-Pierre, 1907.
- *Themengeschichtliche Epochentypologien:* I. Siciliano, Fr. Villon et les thèmes poétiques du moyen-âge, 1934; A. Béguin, L'âme romantique et le rêve, 2 Bde., 1937.
- *Sozialtypologische Untersuchungen:* G. Reynier, La femme au 17è siècle, ses ennemis et ses défenseurs, 1930.
- *Nationale Wesenszüge und deren Ausprägung in der Literatur:* D. Mornet, Histoire de la clarté franç, 1929; F. Strowski, La sagesse franç., 1925.

Das Zirkelverfahren der Methode. Da Literatur immer auch Träger und Vermittler von Ideen ist, haben diese (und andere) Arbeiten durchaus ihren Nutzen und Berechtigung; ihre Gefahr liegt jedoch in ihren Prämissen sowie den daraus abgeleiteten Folgerungen. Aus der Überzeugung des Primats des Geistes gegenüber der Geschichte folgert die Existenz gewisser geistiger Grundmuster und Verhaltensformen, die Wandlungen nur innerhalb enggezogener Grenzen erlauben. Der Geisteswissenschaftler fragt gerade nicht nach der relativen Vielfalt historischer Erscheinungen, sondern nach dem ahistorischen überindividuellen Allgemeinen, das hinter den Erscheinungen steht. Diese erst induktiv zu erschließende Größe, das *Wesen* oder der *Geist* einer Nation, Epoche, Gattung, eines Autors oder Werkes, wird jedoch vielfach als schon *erfühlt* oder *geschaut* vorausgesetzt, so daß der Beweisführung die Form des Zirkelschlusses zugrunde liegt: Das erst zu Begründende geht als bereits Erfahrenes in den Prozeß der Beweisführung ein. Kennzeichen geisteswiss. Arbeiten ist daher die schnelle Begriffsfindung, die Typisierung und Katalogisierung sowie, daraus resultierend, die Parallelisierung von Erscheinungen, die aufgrund ihrer historischen Disparatheit nur oberflächliche Gemeinsamkeiten aufweisen können.

Geschichtliche Einordnung und Kritik. Eine geisteswiss. Methodenlehre ist in Frankreich nicht entwickelt worden. Wiss.-geschichtlich ist die Strömung jedoch als Reaktion auf Auswüchse des Positivismus und des *lansonisme* zu werten: darüber hinaus artikuliert sich in ihr Geschichtsmüdigkeit, ja -feindlichkeit. Der Anlaß zu Mornets „Origines« ist auf dem Hintergrund ideologischer Auseinandersetzungen der 20er Jahre um eine Neubewertung der Revolution und der Rolle der Intelligenz in ihr zu sehen. Während demokratische Historiker die

Revolution als dem Gang der Geschichte entsprechend notwendig bezeichneten, Robespierre rehabilierten und damit einem ›Intellektuellen‹ eine höchst umstrittene historische Rolle zuwiesen, bedeutete die gleiche Revolution für die royalistische ›Action Française‹ um Ch. Maurras den Anfang einer verhängnisvollen Demokratisierung, dem die Schriftsteller des 18. Jhs. Vorschub geleistet hätten. Zwischen diesen konträren Positionen bemüht sich Mornet um den Nachweis der politischen Wirkungslosigkeit der Intelligenz, deren Ideen Gemeingut *aller* denkenden Franzosen gewesen sei. Damit wurde der Intelligenz ein Freiraum zugebilligt, ihre Tätigkeit als historisch irrelevant eingestuft. Distanziert von den Widerwärtigkeiten der Tagespolitik bewegt sich auch der Geisteswissenschaftler in einem geschichtslosen Raum, erfreut sich der verschiedenen Ausprägungen der letztlich unzerstörbaren *sagesse française,* verfolgt die Geschichte der *clarté française,* fragt nach ihrer überzeitlichen *valeur* und gelangt zu der triumphierenden, jedoch konsequenzlosen Folgerung: »L'esprit, voilà ce qu'était l'Europe« (Hazard, »Pensée«, letzter Satz).

Die Kritik an der geistesgeschichtlichen Orientierung der Lit.wiss. hat früh eingesetzt: Schon Bray formuliert den später von Curtius aufgenommenen Vorwurf, ein Kunstwerk sei nicht in erster Linie ein philosophie-, religions- oder kulturgeschichtliches Dokument, sondern habe einen geschichtlich bedingten ästhetischen Eigenwert, der der primäre Gegenstand des Lit.historikers sei; durch ihre relative Leichtigkeit führe die *histoire des idées* zum Ruin der Lit.wiss. (Bray 549 ff; Curtius, Nr. 29; 21, 385, 394). In Frankreich läßt sich die Reaktion an einem Zitat A. Adams ablesen, der seinen ›neo-positivistischen‹ Ansatz versteht als Überwindung jener »constructions de l'esprit qui imposent au génie des écrivains et à leurs oeuvres des définitions, qui les rangent en catégories, qui leur fixent un classement. A plus forte raison lui interdit-elle [sc. la vertu de l'historien de la litt.] de traiter nos grands auteurs en simples prétextes à développements ingénieux et brillants où la gratuité des exégèses est égale à l'ignorance sereine des réalités de l'histoire« (»Hist. litt. fr. 17è s.«, V 5).

Literatur:

D. Mornet, Les enseignements des bibliothèques privées (1750–1780), in: RHLF 17, 1910, 449–496; *ders.,* Hist. de la litt. et de la pensée franç., 1925 u. ö.; *ders.,* Hist de la clarté franç., 1929; *ders.,* Les origines intellectuelles de la Révolution Franç, 1933, [6]1967(ibid., Introduction sowie Préface von R. Pomeau V–XII);

ders., Hist. de la litt. franç. class., 1660–1700: ses caractères véritables, ses aspects inconnus, 1940, [3]1947 (ibid., Avant-Propos); *P. Hazard*, La crise de la conscience européenne, 1935 u. ö.; *ders.*, La pensée européenne au 18è siècle, 1946.
P. Hazard, La crise de la conscience européenne, 1935 u. ö.; *ders.*, 1930, 542–557; *L. Febvre*, De Lanson à Daniel Mornet: un renoncement? in: Combats pour l'histoire, 1953, 263–268; *R. Wellek*, Nr. 150; 183–199.

G. A. Thibaudet — Der Generationsbegriff

Typologie der Kritik. Albert Thibaudet (1874–1936) hat keine eigenständige lit.wiss. Methode begründet; sein Ansehen als Kritiker und die von ihm ausgehenden Impulse trugen ihm jedoch die Bezeichnung eines Ste-Beuve des Entre-deux-Guerres ein. Seine Position hat Thibaudet in zahlreichen Schriften dargelegt und ihre Anwendbarkeit in bekannten Monographien zu Stendhal, Flaubert, Mallarmé, Valéry sowie vor allem in seinem Hauptwerk, der »Histoire de la litt. franç. de 1789 à nos jours«, demonstriert. In »Physiologie de la critique« gibt er eine ›Geographie‹ lit.krit. Tätigkeiten und gelangt zu der wiss.geschichtlich und typologisch grundlegenden Unterscheidung dreier Bereiche, der *critique des artistes*, der *critique des honnêtes gens*, der *critique des professionels*. Die *crit. des artistes* ist Sache der Schriftsteller, die über ihre eigenen Werke bzw. die anderer reflektieren. Die *crit. des honnêtes gens* rekrutiert sich aus dem gebildeten Teil des zeitgenössischen Publikums; ihre Domäne ist die Besprechung zeitgenöss. Literatur im Feuilleton der Tages- und Wochenzeitungen und besteht aus Lit.*kritik* im Gegensatz zur Lit.*wissenschaft* der *critique des professionels;* diese ist Sache öffentlicher Institutionen (Akademien, Universitäten, Schulen) und wird von Professoren betrieben; ihr Gegenstandsbereich ist die vergangene Literatur. Die im Deutschen begrifflich getrennten Bereiche der Lit.*wiss.* und Lit.*kritik* fallen im Franz. im Begriff der *critique littéraire* zusammen und müssen je nach Kontext anders übersetzt werden. Auf dieser Basis entwirft Thibaudet eine Geschichte und Soziologie der *critique littéraire* (s. S. 6 ff.; 108 f.).

Der Generationsbegriff. Wichtiger sind Thibaudets lit.wiss. Kategorien und ihre Anwendung, besonders in der »Histoire«. Sie sind undenkbar ohne den Einfluß seines Lehrers H. Bergson. Dieser unterscheidet zwei voneinander unabhängige Wirklichkeitsbereiche, den der räumlich ausgedehnten Materie, die mechanischen Gesetzen unterliegt, und den des nie abgeschlossenen Lebens und des *dauernden* Bewußtseins (Geistes), der der fließenden Zeit unterworfen ist. Das gleichmäßige Dahinfließen der Zeit wird als Ausdruck eines alles Lebende durchdringenden *élan vital* verstanden, dem die ununterbrochen schaffende Kraft des Geistes entspricht. Diese ›Lebens‹-philosophie verbindet sich bei Bergson mit einem Zweifel am erkenntniskritischen Totalitätsanspruch der Vernunft, die für ihn lediglich Erkenntnisorgan der räumlich ausgedehnten, mechanischen Gesetzen unterworfenen Materie ist, und mit einer Aufwertung der Intuition als Erkenntnisorgan des ›Lebens‹. Von Bergson übernimmt Thibaudet vor allem die Vorstellung der Zeit als eines unabgeschlossenen, nicht zu segmentierenden Kontinuums (*durée*) und der Intuition als primäre Erkenntnisinstanz. Auf dieser Grundlage entwickelt er die Generationstheorie, um die starre lit.geschichtliche Einteilung nach Jh. und Epochen zu überwinden und den Prozeßcharakter lit. Entwicklungen angemessener zu erfassen.

Generationsmerkmale können nur unter Einbezug der *vie sociale* gewonnen werden. Eine Generation ist vielfältig durch den einmaligen Zeitpunkt geprägt, der sie hervorbrachte. Ihr Kristallisationspunkt ist aber das historische Ereignis, und so gliedert Thibaudet seine »Histoire“ nach historischen Zäsuren wie den Revolutionen von 1789 und 1848 (*La génération de 1789, – 1850*), dem Ausbruch des 1. Weltkrieges (*La génération de 1914*) o. ä. Eine Generation ist dabei keineswegs durch eine Gleichheit von Interessen und Überzeugungen charakterisiert, sondern eine Art Sammelbecken verschiedenster Tendenzen. Innerhalb der so als historisch bedingten Einheit verstandenen Generation nimmt Thibaudet eine Fülle sozialer, geographischer und weltanschaulicher Differenzierungen vor, so daß daraus eine Darstellung der fr. Lit. resultiert, die noch heute als vorbildlich gelten darf. Thibaudet gelingt die verfeinerte Anwendung der Taineschen Trias (*race* = Geographie; *milieu* = soziale Komponente; *moment* = generationsbestimmendes geschichtliches Ereignis) sowie die glückliche Synthese von Intuition, Sachkenntnis und Beherrschung philologischer Mittel.

Deskriptiver Literaturbegriff. Eine Eigentümlichkeit seiner »Histoire« ist der extensive Lit.begriff, der aus der Anlehnung an Bergsons Philosophie resultiert: Wenn alle geistige Tätigkeit Ausdruck des alles durchdringenden *élan vital* ist, haben alle Äußerungen Anrecht auf gleiches Interesse, denn alle summieren sich zu dem integralen Bild einer Generation. Dies hat die Überwindung der herkömmlichen Gattungshierarchie und des Lit.-

kanons zur Folge. Daher finden sich in Thibaudets »Histoire« nicht nur Abschnitte über die ›Klassiker‹ des 19. Jhs., sondern über Kinderliteratur, Feuilletonroman, Ideologen und Philosophen, religiöse Schriftsteller, Boulevardtheater, Lit.- und Kunstkritiker (Ste-Beuve, Taine), lit. Zirkel und Zeitschriften, ja über den Film als Kunstmedium des 20. Jhs. Auch hier betritt Thibaudet Neuland, indem er einen deskriptiven Lit.begriff zugrunde legt, der sich keiner herkömmlichen ästhetischen Norm verpflichtet fühlt, und antizipiert damit Tendenzen der gegenwärtigen lit.wiss. Diskussion (s. Literaturbegriff S. 1 ff). Diese ansatzweise so breit verstandene ›Literatur‹ subsummiert Thibaudet unter dem Begriff der *République des Lettres*. Einige zweideutige Formulierungen lassen darauf schließen, daß er in ihr eine autonome Größe sieht, die ähnlich unabhängig von allen Fährnissen der Geschichte existiert, wie Bergson den *élan vital* als autonom verstand. Hier offenbart sich eine gewisse Nähe zu geisteswiss. Positionen, die Thibaudet jedoch nie zu vergleichbaren Abstraktionen verführt hat und insgesamt der bahnbrechenden Leistung seiner »Histoire« keinen Abbruch tut.

Literatur:

A. Thibaudet, Nr. 140; *ders.,* Histoire de la litt. franç. de 1789 à nos jours, 1936 (dt., Geschichte der fr. Lit. von 1789 bis zur Gegenwart [1935], 1953); *ders.,* Réflexions sur la littérature, 2 Bde., 1938 (ibid., L'idée de génération [erstm. 1921] I 120–128; und: Dans la république des Lettres [erstm. 1925] II 14–19).

Hommage à A. Thibaudet, in: NRF 47, 1936; *J. Pommier,* L'idée de génération, in: *ders.,* Questions de critique et d'histoire litt., 1945, 3–43; *L. Spitzer,* Patterns of thought in the style of A. Thibaudet, in: Rom.Lit.-Studien 1936–1956, 1959, 294–328; *R. Wellek,* in: Simon, Nr. 127; 85–107; *ders.,* Nr. 150; 9–23 u. 24–34.

H. G. Bachelard — Die Anfänge der ›critique thématique‹

Einordnung. Der Nat.wissenschaftler, Philosoph, ›Psychoanalytiker‹ und Lit.liebhaber Gaston Bachelard (1884–1962), von 1940–54 Professor für Geschichte und Philosophie der Nat.-wiss. an der Sorbonne, hat durch sein umfangreiches Werk der Lit.wiss. entscheidende Impulse gegeben. Innerhalb der *Nouvelle critique* ist die *critique thématique* ohne ihn unvorstellbar (s. S. 145 ff.). Zur Lit.wiss. fand Bachelard Zugang über nat.wiss. Fragestellungen. Sein lit.wiss. Ansatz ist wiss.geschichtlich durch zwei Momente bestimmt: 1) Ein starker Einfluß idealistischer Strömungen (vor allem Bergsons), die die autonomen Erscheinungen des Geistes aller Kausalität entziehen; 2) Die um 1930 in Frankreich einsetzende Rezeption Freuds und der verschiedenen psa. Schulen. Innerhalb der Abgrenzung gegen einen als unbefriedigend empfundenen Idealismus und der Anziehung durch eine wiss. Objektivität verheißende Psa. vollzieht sich die Formulierung von Bachelards zentralem Problem, der Bestimmung der Rolle der Einbildungskraft (*imagination*) im dichterischen Schöpfungsakt. Diese Frage durchzieht leitmotivisch sein lit.wiss. relevantes Werk und erfährt im Laufe einer mehr als 20jährigen Tätigkeit verschiedene Antworten.

Der ›psychoanalytische‹ Ansatz. In »La psychanalyse du feu« versucht Bachelard, das als elementares Urbild verstandene Phänomen des Feuers psa. zu erfassen, d. h. er führt das in Nat.wiss., Philosophie und Literatur um das Bild des Feuers kreisende Denken auf vier Komplexe [Prometheus (Raub des Feuers); Empedokles (Feuertod); Novalis (Feuer als Sexualsymbol) und E. T. A. Hoffmann (Feuerzangenbowle)] zurück, die es in seinen verschiedenen Ausprägungen genetisch erklären sollen. Schon hier wird deutlich, daß Bachelard Freudsche Termini übernimmt, sie sich aber in höchst persönlicher Weise zu eigen macht. So nimmt er dem *Komplex*, der bei Freud durch Verdrängung des Geschlechtstriebes bedingt ist und über den Umweg der Sublimation zu einer Voraussetzung der Einbildungskraft wird, den pathologischen Charakter und verlegt den Kristallisationspunkt der *imagination* in eine Sphäre zwischen dem Freudschen Unbewußten (als Sitz der Komplexe) und dem Bewußtsein. Diese humanisiertere Zone und ihre Komplexe werden als determinierend für die schöpferische Tätigkeit angesehen so wie das Erkennen eines Komplexes und seine Benennung Voraussetzung für das Verständnis eines dichterischen Werkes ist, das von ihm sein Leben erhält.

Themenkritik, Autonomie der Einbildungskraft. »La psychanalyse du feu« ist diejenige Schrift Bachelards, in der die wichtigsten Elemente seiner späteren Entwicklung bereits enthalten sind. So schlägt er vor, ähnlich der Behandlung des Feuers auch andere als archetypisch verstandenen Bilder systematisch darzustellen und erwägt eine Psa. der Elemente, um in Anlehnung an antike Kosmologien und die Lehre der vier Temperamente zu einer Autorentypologie zu gelangen. Von »Psychanalyse du feu« an wird sich Bachelards lit.wiss. Tätigkeit zunehmend zu einer Themenkritik entwickeln, die sich an den objektiven Gegebenheiten der Elemente und des Raumes orientiert. Ebenfalls ist schon hier die zunehmende Autonomisierung der *imagination* angelegt. Zunächst begreift Bachelard sie zwar noch als Organ der frei und bewußt assoziierenden *rêveries*, die im Gegensatz zum Freudschen Traum *(rêve)* wie die Komplexe ebenfalls in einem psychischen Zwischenreich zwischen Unbewußtem und Bewußtsein angesiedelt sind. Im Gegensatz zu seinen eigenen Ausführungen räumt er ihr im Schlußkapitel des Buches jedoch autonome Schöpferkraft ein: »L'imagination échappe aux déterminations de la psychologie – psychanalyse comprise – et constitue un règne autochtone, autogène.« Die sich hier abzeichnende Entwicklung läßt sich konsequent durch die späteren Schriften Bachelards aufzeigen und mündet in »Poétique de l'espace« in eine Theorie der völligen Autonomie der dichterischen Einbildungskraft. Die immer entschiedener werdende Abkehr Bachelards von jeder Form psa.-genetischer Erklärung dichterischer Prozesse wird hier zu einer reinen Phänomenologie, was insgesamt der Wandlung von einem skeptischen zu einem radikalen Idealismus entspricht. Dieser war im Schlußkapitel von »Psychanalyse du feu« bereits angelegt und erweist sich dort als Übersteigerung der Position Bergsons: »Plus que l'élan vital, l'imagination est la forme même de la production psychique.« Hier wie an anderen Stellen zeigt sich, daß Bachelards Ansatz u. a. Bergsons Theorie des *élan vital* (s. S. 130 ff.) ist, daß er diesen aber bewußt im Sinne einer entschiedeneren Autonomieerklärung der Einbildungskraft und d. h. der Akausalität der dichterischen Schöpfung transzendiert.

Absage an die Geschichte. In dieser Haltung ist die Ungeschichtlichkeit aller lit. Analysen Bachelards impliziert. Sämtliche von ihm behandelten Themen werden unabhängig vom Kontext ihres Entstehens gesehen und darauf eine vielfach anregende, häufig genial anmutende Interpretation auf dem Hintergrund einer wiss. nirgends abgesicherten Psychologie aufgebaut. Wie unbefriedigend dieses Verfahren ist, kann leicht durch einen Vergleich der Beschreibung der Wohnräume in »Poétique de l'espace« und der ›Analyse der Wohnstrukturen als Anzeiger gesellschaftlicher Strukturen‹ in N. Elias' »Die höfische Gesellschaft« nachvollzogen werden. Bachelards lit.-wiss. Aktivität, 1937 einsetzend und sich durch den Krieg bis 1961 hinziehend, ist ein grandioses Beispiel einer Flucht aus der Geschichte in einen glücklichen und gesicherten Intimbereich. Der Absage an die Historie entspricht eine Absage an meth. abgesichertes Denken: Von »Psychanalyse du feu« bis zu »Poétique de l'espace« zieht sich Bachelards Auseinandersetzung mit der Psa. Freuds. Schon in seinem Erstwerk wird die

Freudsche Theorie der Symbol-(Bild)-genese als sublimierter Ausdruck verdrängter Triebe von der Archetypenlehre Jungs überlagert und damit ein Schritt *aus* der Geschichte vollzogen. Wie Jung setzt Bachelard das Vorhandensein unwandelbarer Themen, Motive, Bilder voraus, die durch das Zusammentreffen mit autorspezifischen Komplexen dynamisiert werden. Deren Ursprung sieht er jedoch nicht im Unbewußten, sondern in dem die Natur überlagernden Bereich der Kultur. Er entkleidet die Freudschen Komplexe ihres pathologischen Charakters und macht sie zu *complexes de culture*. Getreu dem humanistischen Motto »De l'homme, ce que nous aimons par-dessus tout, c'est ce qu'on en peut écrire«, definiert er sein Programm wie folgt: »Nous nous sommes borné à étudier les différents rameaux d'imagination matérialisante *aux-dessus de la greffe* quand une culture a mis sa marque sur une nature« (»Eau« 14). Mit der Absage an die Systematik der Freudschen Psa., die durch ein Amalgam verschiedener psychologisierender Tendenzen abgelöst wird, beraubt Bachelard seine Analysen eines meth. Rahmens, der seinen Folgerungen wiss. Verbindlichkeit verleihen könnte.

Autonomie des Lesers. Lit.wiss. unergiebig sind Bachelards Analysen schließlich aufgrund der Form der Lektüre. So wie Text, Bild oder Metapher als absolute Erzeugnisse einer autonomen Phantasie angesehen werden, ist auch der Leser eine absolute Größe, dessen Ziel das Mitschwingen mit dem Text (*retentissement*), Begeisterungsfähigkeit und Aktivierung der eigenen Phantasie ist. Gravierender als die Verabsolutierung gefühlsmäßiger Werte ist die eklektische Auswahl der Texte. Mit Ausnahme des »Lautréamont«, Bachelards einziger Werk- und Autormonographie, besteht sein Werk aus einer Mikrokritik, d. h. der Analyse isolierter, aus dem Werkzusammenhang abgetrennter Bilder und Themen. Werkstrukturen treten nirgends in den Blick. Auswahlprinzip der Lektüre ist der Grundsatz der *lecture heureuse,* die sich allein subjektiven Neigungen, nicht jedoch einem lit.wiss. relevanten Erkenntnisziel verpflichtet weiß.

Literatur:

G. Bachelard, La psychanalyse du feu, 1938 (Coll. ›idées‹ Nr. 73 1973); *ders.,* Lautréamont, 1939; *ders.,* L'eau et les rêves: essai sur l'imagination de la matière, 1942 (ibid., Introduction); *ders.,* L'air et les songes: essai sur l'imagination des forces, 1943 (ibid., Introduction); *ders.,* La terre et les rêveries de la volonté: essai sur l'magination des forces, 1948 (ibid., Avant-Propos); *ders.*, La terre et les rêveries du repos: essais sur les images de l'intimité, 1948 (ibid., Introduction).

Clancier, Nr. 23; 137–152; *Colloque de Cerisy:* Bachelard; 1974 (Coll. 10/18 Nr. 877); *N. Elias,* Die höfische Gesellschaft, 1969; *D. Lecourt,* Bachelard ou Le jour et la nuit, 1974; *M. Lentzen,* in: *Lange,* Nr. 93; 64–85; *Fr. Pire,* De l'imagination dans l'oeuvre de G. Bachelard, 1967; *Poulet,* Nr. 115; 173–209; *M. Préclaire,* Une poétique de l'homme. Essai sur l'imagination dans l'oeuvre de G. Bachelard, 1971; *J. Ricardou,* in: Nr. 22; 313–332; *V. Therrien,* La révolution de G. Bachelard en critique littéraire, 1970; *H. Tuzet,* in: Nr. 22; 300–312.

I. Die literaturwissenschaftliche ›Querelle des anciens et des modernes‹

Ausbruch und Verlauf. Der Mitte der 60er Jahre ausgebrochene Streit zwischen einigen Vertretern der univ. Lit.-wiss. und nicht zur ›offiziellen‹ Lit.wiss. zählenden Kritikern führte terminologisch und soziologisch zur Herausbildung der *Nouvelle Critique.* In Anlehnung an die 1687 zwischen den sog. Altertumsfreunden und den Anhängern modernen nat.wiss. Denkens ausgebrochene ›Querelle des Anciens et des Modernes‹ wurde der dort geprägte Begriff auf den lit.wiss. Konflikt übertragen. Rückblickend läßt sich die ›Querelle‹ wie folgt schematisieren: Anlaß zu ihrem Ausbruch waren einige Aufsätze Barthes', in denen in polemischer Absicht die *Nouvelle Critique* als trotz aller Heteronomie einheitlicher Block der univ. Lit.wiss. gegenübergestellt wurde. Vorausgegangen waren zwei psa. Racine-Interpretationen Barthes', die das Racinebild der univ. Lit.wiss. stark erschütterten. Diese Arbeiten erschienen 1963 mit dem meth. grundlegenden und provozierenden Aufsatz »Histoire ou littérature« in Buchform. Vom Standpunkt der univ. Lit.wiss. antwortete der Racinespezialist R. Picard in dem Pamphlet »Nouvelle Critique ou nouvelle imposture«, das der ›nouveau critique‹ J. P. Weber seinerseits zum Anlaß einer ebenso heftigen Antwort nahm. Barthes resumierte seine Position 1966 in dem Essai »Critique et vérité«. Von diesem Zeitpunkt an wurde die ›Querelle‹ Gegenstand der Wiss.geschichte (s. Bibl.: Colloque de Cerisy; Doubrovsky; Noguez; Schiwy; Schober).

Richtungen der ›Nouvelle Critique‹. Die Auseinandersetzungen der ›zwei Kritiken‹ lassen sich vereinfachend auf ein Hauptproblem reduzieren, das des Objektivitätsanspruches der univ.

Lit.wiss., der für Barthes aus einer nicht hinreichenden Reflexion ihrer ideologischen Prämissen resultiert. Der univ. Lit.wiss. stellt er insbesondere folgende Richtungen der *Nouvelle Critique* entgegen:

- den *formalistischen Strukturalismus* im Gefolge R. Jakobsons
- eine von Bachelard sich herleitende *psychanalyse marginale*, d. h. die *critique thématique* von G. Poulet, J. P. Richard und J. Starobinski
- eine psa. Schule Freudscher Prägung, die *psychocritique* von Ch. Mauron
- eine marxistisch orientierte Kritik, den *genetischen Strukturalismus* L. Goldmanns.

Diese Schulen sieht Barthes in Übereinstimmung mit den großen ideologischen Strömungen der Gegenwart, deren jeweilige Prämissen sie übernehmen; damit relativieren sie den Absolutheitsanspruch ihrer Ergebnisse als ideologisch bedingt und sondern sich zugleich ab gegenüber der durch die Namen Ste-Beuve, Taine und Lanson repräsentierten univ. lit.wiss. Tradition. Terminologisch unterscheidet Barthes beide Kritiken durch die Begriffe *critique d'interprétation* und *critique positiviste (universitaire*). Die gegenüber der letzteren erhobenen Vorwürfe sind folgende: Unkritisches Operieren mit absolut gesetzten unhistorischen Vorstellungen vom Wesen des Menschen, der Geschichte, der Lit., der Autor-Werk-Beziehungen. Vor allem greift Barthes das dilettantische Psychologisieren der univ. Lit.wiss. an, die sich den Erkenntnissen der Freudschen Psa. gegenüber verschließt. Zugleich verweist er auf den ideologischen Charakter solch zentraler Bewertungskategorien wie *vraisemblance, goût, clarté*. Aus dieser Einsicht ergibt sich für ihn zwangsläufig die entscheidende Konsequenz: die einer vielfältigen Wahrheit des lit. Werkes sowie die komplementäre Forderung nach Mut zur Subjektivität. Als wichtigste methodologische Folgerung resultiert aus diesen Überlegungen das Postulat der Offenlegung der jeweiligen ideologischen Position des Lesers (Interpreten). Eine sich selbst reflektierende Kritik suche daher auch nicht nach Wahrheiten (*vérités*), sondern nach Schlüssigkeiten (*validités*); ihr Ziel sei es nicht, *einen* Sinn, sondern ganz einfach *Sinn* zu erarbeiten.

Konträre Positionen. Die Einsicht in den unleugbaren Tatbestand, daß ein Werk wie z. B. Racines Tragödien *wirkungsgeschichtlich* verschiedenartige, ja gegensätzliche Interpretationen erfahren hat, führt Barthes zu einer Hintanstellung von dessen semantischer Ebene; sein Interesse richtet sich allein auf die als primär angesehenen formalen, sinnkonstituierenden Elemente des Textes. Sie möchte er formalisieren; denn sie sind Sinnpotential, Sinnreservoir von vielfältig aktualisiertem und noch zu aktualisierendem Sinn. Gegen eine solch kategorische Auflösung der Werk-(Text-)Struktur in die Summe ihrer oft beliebigen Interpretationen und Rezeptionen hat Picard den Vorwurf des *impressionnisme idéologique d'essence dogmatique* erhoben und diesem die Bemühungen der auf einen *entstehungsgeschichtlich* objektivierbaren Sinn gerichteten univ. Lit.wiss. entgegengehalten. Unter dieser Prämisse sei gerade nicht jede beliebige Aussage zu Racine möglich. Bei Berücksichtigung zahlreicher vorgegebener Faktoren (Sprachgeschichte, Gattungsgesetze, gesellschaftliche Normen der jeweiligen Epoche etc.) gebe es *des zones d'objectivité*, denen sich der Forscher nähere und darauf eine Interpretation aufbaue.

In der ›Querelle‹ prallen die nicht zu vereinbarenden Positionen einer um die *entstehungsgeschichtliche Bedeutung* ihres Gegenstandes bemühten Lit.wiss. auf eine Forschungsrichtung, deren Interesse, ausgehend von den Widersprüchen der *Wirkungsgeschichte*, dem Auffinden einer als von allem Sinn unabhängigen und daher unhistorischen formalen Struktur gilt. Beide nehmen das gleiche Objekt zum Gegenstand ihrer Forschung, haben jedoch verschiedene Vorstellungen von dessen Funktion und setzen dementsprechend auf verschiedenen Werkebenen an.

Hermeneutik als Vermittlung. Eine Vermittlung dieser konträren Positionen wäre allein durch die Einbeziehung hermeneutischer Überlegungen denkbar gewesen (s. Hermeneutik S. 9 ff.). Nur durch sie läßt sich die Tatsache verstehen, daß das stets die Grenzen seines Bewußtseins verändernde Individuum zu verschiedenen Zeiten auf den gleichen Gegenstand anders antworten *muß*. Dadurch ergibt sich notwendig eine – durch die entstehungsgeschichtlichen Bedingungen in Grenzen gehaltene – Vielfalt von Antworten und Interpretationen in bezug auf den gleichen Gegenstand. Erkenntnis kann nicht mehr absolut sein, sondern ist durch die je anderen Bedingungen des fragenden Subjekts vielfältig schattiert. Derartige Überlegungen, in Deutschland fester Bestandteil geisteswiss. Methodenlehre, sind in Frankreich bis in die 50er Jahre unbekannt geblieben. Goldmann hat das Problem der partiellen Identität des befragten Objekts mit dem fragenden Subjekt in seinem Hauptwerk breit dargestellt (s. S. 159 ff.), ohne daß diese Überlegungen von Barthes, der seine Arbeiten als repräsentativ für die *Nouvelle Critique* anführt, fruchtbar gemacht worden wären. Zwar äußert er sich gelegentlich im Sinn einer lit.wiss. Hermeneutik, zieht dann jedoch aus solchen Überlegungen polemisch überspitzt die Forderung einer Beliebigkeit der Sinnkomponente und richtet sein Interesse allein auf die formalen Strukturen, die den vielfältigen Sinn ermöglichen. Die fr. univ. Lit.wiss. hat eine solche Eigengesetzlichkeit des geisteswiss. Gegenstandes nie reflektiert, selbst wenn im Falle der ›Querelle‹ einige Formulierungen Picards in diese Richtung zu weisen scheinen; sie sieht ihre Aufgabe allein in der Suche nach dem einen entstehungsgeschichtlich bedingten Sinn des lit. Gegenstandes. Eine Vermittlung der gegensätzlichen Positionen war nicht möglich. Daher lautet Barthes' Résumé: »La philologie a en effet pour tâche de fixer le sens littéral d'un énoncé, mais elle n'a aucune prise sur les sens seconds« (»Critique« 53).

Im weiteren Verlauf ist es nicht möglich, *alle* meth. Ausprägungen der *Nouvelle Critique* detailliert zu behandeln. Da durch die o. a. Schematisierung ihre wichtigsten, inzwischen vielfältig differenzierten Orientierungen genannt worden sind, folgt die Darstellung diesem Grundmuster.

Literatur:

R. Barthes, Histoire ou littérature (erstm. 1960), in: *ders.,* Sur Racine, 1963, 145–167; *ders.:* Essais critiques, 1964 (ibid., Les deux critiques [erstm. 1963] 246–251; ibid., Qu'est-ce que la critique? [erstm. 1963] 252–257); *ders.:* Critique et vérité, 1966; *R. Picard,* Nouvelle Critique ou nouvelle imposture, 1965; *J. P. Weber,* Néocritique et paléo-critique ou Contre Picard, 1966.

G. Antoine, Où en est-on de la ›Nouvelle Critique‹?, in: Le Franç. moderne 41, 1973, 374–387; *Doubrovsky,* Nr. 34; 21–79; *R. Fayolle,* La ›critique nouvelle‹, in: La Nouvelle Critique 176, 1966, 114–135; *D. Noguez,* in: Nr. 22; 415–437; *J. Pommier,* La Querelle, in: RHLF 67, 1967, 82–96; *G. Schiwy,* Der fr. Strukturalismus, 1969; *ders.:* Neue Aspekte des Strukturalismus, 1973; *R. Schober,* Von der wirklichen Welt der Dichtung, 1970 (ibid., Werten oder Beschreiben? Zum Methodenstreit um die ›nouvelle critique‹, 5–67); *J. Starobinski,* Les directions nouvelles de la recherche critique, in: Preuves 168, 1965, 23–32; *ders.:* Considérations sur l'état présent de la critique, in: Diogène 74, 1971, 62–95.

K. R. Barthes — Der formalistische Strukturalismus

Textimmanenz als methodologisches Postulat. Die Ausbildung und weitere Entwicklung des formalistischen Strukt. ist in Frankreich eng mit dem Namen Roland Barthes (geb. 1915) verbunden. Die von ihm ausgehenden Impulse machen ihn zu einer Schlüsselfigur des Strukt. Sein vielgestaltiges Werk zeigt die Fülle strukt. Anwendungsmöglichkeiten. In der Nachfolge Bachelards zunächst themenanalytisch vorgehend (s. ›critique thématique‹ S. 144 ff.), hat Barthes versucht, die ›activité structuraliste‹ in den verschiedensten Bereichen zu erproben, abzuwandeln und weiterzuentwickeln. Im folgenden wird das strukt. Verfahren in seiner einfachsten Anwendung auf einen lit. Text dargestellt.

Ausgangspunkt aller strukt. Tätigkeit ist die Isolierung des der Analyse zugrunde gelegten Textes von allen äußeren Bedingungen seiner Genese. Einer der von Barthes gegenüber der univ. Lit.wiss. erhobenen Vorwürfe lautet, sie sei einem einseitigen Kausal- bzw. Analogiedenken verpflichtet, das das Werk lediglich zu einer Kopie bzw. Reproduktion einer ›außerliterarischen‹ Wirklichkeit mache. Der Strukturalist dagegen abstrahiert von allen außerhalb des Werkes liegenden Bedingungen und konzentriert sein Augenmerk allein auf das Werk als etwas absolut Gegebenem. Insofern ist alle strukt. Tätigkeit eine immanente Tätigkeit; daher nimmt der Strukturalist für sich das Postulat der ›analyse immanente‹ in Anspruch, da nur sie mit Lit. und nicht mit einem ›ailleurs‹ der Lit. zu tun hat.

Erstellung eines Funktionsmodells. In bezug auf dieses absolut gesetzte Werk nimmt der Strukturalist eine eigene Haltung ein. Gleichgültig gegenüber dem *einen* entstehungsgeschichtlichen Sinn, den zu ermitteln er der univ. Lit.wiss. überläßt, und grundsätzlich skeptisch hinsichtlich der vielfältigen Bedeutungen, die ein Werk im Laufe seiner Wirkungsgeschichte entfaltet, schiebt er die Sinnfrage als zweitrangig beiseite und fragt nach den formalen Elementen, die den sich wandelnden Sinn allererst ermöglichen; darum durchstößt er das sinnfällig gegebene Objekt, um durch es hindurch ein anderes sichtbar zu machen, das die Bedingung des ersteren ist. So wie dem fertiggestellten Haus der Grundriß vorausgeht, der die Konstruktion des Hauses bedingt, liegt auch dem lit. Gegenstand ein formales Gerüst zugrunde, auf dem Sinn erst entstehen kann. Dies formale Gerüst, ›Vor‹- bzw. Urbild (*simulacre)* des sinnfälligen Gegenstandes, wird als invariable Größe angesehen, dessen Einzelteile zueinander in festen, gesetzmäßigen Beziehungen stehen, und erhält die Bezeichnung Struktur. »Le but de toute activité structuraliste [...] est de reconstituer un ›object‹, de façon à manifester dans cette reconstruction les règles de fonctionnement de cet objet. La structure est donc en fait un *simulacre* de l'objet« (»Essais« 214).

Das zur Auffindung der Textstruktur führende Verfahren besteht aus zwei sich ergänzenden Schritten, dem *découpage* und dem abschließenden *agencement*. Der Strukturalist zerlegt zunächst den vorliegenden Text unter phonetischen, metrischen, prosodischen, grammatischen und syntaktischen Gesichtspunkten in verschiedene Ebenen, bei deren anschließender Analyse er voneinander unabhängige Systeme formaler Bezüge findet. In einem zweiten Schritt legt er die verschiedenen Ebenen wieder zusammen, wobei ihr Zusammenspiel im Nachhinein das Funktionsmodell des gesamten Textes ergibt. Der Konzentration formaler Elemente entspricht für den Strukturalisten notwendig eine Ballung von Bedeutung, die jedoch nicht mit *einem* bestimmten Sinn identifizierbar ist. Der von allen äußeren Bedingungen gelöste Text ist in ein System textinterner Relationen überführt worden, das seinen Sinn in sich selbst trägt; dieser Sinn besteht für den Strukturalisten in der Einsicht in die Weise seines Gemachtwordenseins und seines Funktionierens. Zugleich aber macht die freigelegte Struktur das Werk zu einem potentiellen Sinnträger für spätere Leser. Das bisher als eindimensional angesehene Werk wird durch die Einsicht in seine Struktur zu einem offenen Werk, das jeder neue Leser mit *seinem* geschichtlichen Sinn erfüllen kann. »Quoique les sociétés pensent [...], l'oeuvre les dépasse, les traverse à la façon d'une forme que des sens plus ou moins contingents, historiques, viennent remplir tour à tour [...]; l'oeuvre propose, l'homme dispose« („Critique« 50 f).

Strukturbegriff; ›Grammatik‹ literarischer Erscheinungen. Die Definition des zum Modewort gewordenen Begriffes *Struktur* ist heftig umstritten; im lit.wiss. Kontext ist seine Verwendung auf dem Hintergrund nat.wiss. Definitionen zu sehen. Dabei meint Struktur das konstante, festen Regeln unterworfene wechselseitige Verhältnis zwischen den Teilen eines Ganzen, das zum Auffinden eben dieser Struktur isoliert wurde. Die gefundene Struktur darf solange als ›richtig‹ angesehen werden, als sie nicht durch widersprechende Fakten falsifiziert wird; anderenfalls hat sie überzeitliche Gültigkeit, ›Richtigkeit‹.

Der Strukturalist versteht seine Tätigkeit als Beitrag zu einer Objektivierung nicht der Lit.wiss., sondern der Wiss. vom Text *(science du discours)*. Die an ausgewählten Textbeispielen unternommenen Strukturanalysen ordnen sich in die größere Perspektive einer ›Grammatik‹ bzw. ›Rhetorik‹ der lit. Erscheinungen ein. Dabei meinen die angeführten Metaphern eine Einordnung *aller* formalen Elemente in ein festgefügtes Regelsystem, das ähnlich streng geordnet ist wie die Grammatik einer Sprache bzw. das System der antiken Rhetorik (s. S. 82 ff.). Die diesbezüglichen programmatischen Äußerungen klingen in den meisten Fällen ambitiös und verheißungsvoll. In der Tat liegen auch mehrere strukt. Lyrikinterpretationen vor; am intensivsten waren jedoch die Bemühungen um die Analyse von Erzählformen. Insgesamt scheint es allerdings fraglich, ob angesichts der Vielfalt lit. Erscheinungen das Ziel der Einordnung des Disparaten in eine alles Disparate integrierende ›Grammatik‹ realistisch eingeschätzt wird. Quantitativ geben die bisherigen Ergebnisse eher zu grundsätzlichen Zweifeln Anlaß. Wissenschaftsgeschichtlich jedoch muß der Strukt. als der konsequente Versuch verstanden werden, das subjektive Element aller bisherigen Interpretationen (Intuition, Identifikation, Impressionismus) zu überwinden und zu objektivierbaren Aussagen zu gelangen.

Einwände. Der Strukt. Barthesscher Prägung versucht, sich ausschließlich über eine Analyse formaler Elemente einen Zugang zur Struktur des entsprechenden Werkes zu verschaffen. Impliziert ist in allen seinen Analysen die Annahme, die von ihm vorgenommene Trennung der formalen von der gehaltlichen Ebene sei wirklich möglich. Dies setzt aber zugleich voraus, der Strukturalist nähere sich einem Text im Zustand hermeneutischer Unschuld, was allenfalls bei der Analyse von Texten entfernter Kulturkreise angenommen werden könnte. Da jedoch die Mehrzahl strukt. Analysen an Beispielen der nationalen Lit. vorgenommen wird, liegt ihnen allen zumindest eine unfreiwillige Verblendung, wenn nicht sogar bewußte Täuschung zugrunde. In der Tat läßt sich dem Großteil der vorliegenden Strukturanalysen schlüssig die bewußte Verschleierung des hermeneutischen Zirkels nachweisen; denn das Ergebnis der formalen Analyse, ja schon die Auswahl signifikanter Elemente sind durch ein ›Vorwissen‹ des Textes gesteuert. Unabhängig davon jedoch sind geistige Strukturen in keinem Fall nur logische Strukturen, d. h. beliebig verifizierbar bzw. falsifizierbar; wie das Werk selbst, aus dessen Analyse sie gewonnen wurden, sind sie Teil eines geschichtlichen Prozesses und stehen in einem Wechselverhältnis zu gleichzeitigen, früheren und/oder späteren sich entwickelnden und verändernden Strukturen. Ihre Aussonderung ist daher immer nur hypothetisch und vorläufig. Wie sie auf der Objektseite ihren Gegenstand aller seiner genetischen, d. h. geschichtlichen Bedingungen (im weitesten Sinn verstanden) beraubt, hypostasiert sie auf der Betrachterseite ein neutrales, wertfreies analysierendes Subjekt, das außerhalb jeder Geschichte steht. Damit bleibt das, was bisher als das Wesentliche im Umgang mit Lit. angesehen wurde, der ›humane‹ Aspekt, außerhalb des Blickfeldes. Lit. und Lit.wiss. werden zu Gegenstandsbereichen ohne historisches Subjekt.

Strukturalismus und Geschichte. Innerhalb der Geisteswissenschaften der letzten 20 Jahre war keine Diskussion so ideologiebefrachtet und wurde mit solcher Leidenschaft ausgefochten wie die Frage des Verhältnisses von Strukt. und Geschichte. Während auf der einen Seite das Wesen des Menschen mit seiner Geschichtlichkeit gleichgesetzt, ja Geschichte gestaltet wird durch das sich als einmalig verstehende Subjekt, alle Äußerungen in Lit. und Kunst als in unaufhörlicher Revolution begriffen werden, wird alles dies durch den Strukt. in Frage gestellt. Hier wird der Mensch zum Bestandteil einer übergeordneten Struktur; Geschichte ist nicht mehr vom Subjekt verantwortete Evolution, sondern fortwährende Transformation vorgegebener, invariabler Muster. Dies entspricht auch Barthes' Geschichtsverständnis: »[revenir] *en spirale:* c'était la belle image de l'Histoire proposée par Vico: reprendre l'Histoire sans la répéter, sans la ressasser« (»Essais« 7). In diesem Sinn interpretiert er die Pariser Mai-Ereignisse 1968 vor einem mythischen Hintergrund und entwirft das Portrait eines zeit- und geschichtslosen »*homme structural,* défini, non par ses idées ou ses langages, mais par son imagination [...] c'est-à-dire la façon dont il vit mentalement la structure« (»Essais« 214). Vereinfachend läßt sich der Konflikt reduzieren auf den Gegensatz zwischen einem Verständnis von Geschichte als eines *sich wandelnden Systems relativer Strukturen* und Geschichte als der in engen Grenzen gehaltenen *Wiederholung einer invariablen Struktur.* Zwischen diesen Positionen sind zahlreiche Vermittlungsversuche unternommen worden (s. Bibl. Althusser, Gallas, Günther, Schmidt, Sebag).

Differenzierung; Ergebnisse. Das strukt. Verfahren hat in Frankreich durch eine Anzahl weiterer Vertreter eine methodologische Auffächerung sowie vor allem bei Barthes selbst erweiterte Zielsetzungen erfahren (s. Barthes, Derrida, Genette, Greimas, Kristeva, [Ricardou], Todorov bei *Lange,* Nr. 93), ohne daß die grundsätzlich ahistorische Einstellung wesentlich modifiziert worden wäre. Sieht man von der terminologischen Kopflastigkeit vieler Analysen ab, so ist der Gewinn des Strukt. in der differenzierten Analyse des lit. Textes zu sehen, die er aufgrund seines nach verschiedenen formalen Ebenen vorgehenden Verfahrens ermöglicht. In der Forderung nach immanenter Textbetrachtung zeigen sich zugleich seine Vorläufer: Der russische Formalismus, der Prager Strukturalismus, der amerikanische *New Criticism*. Von bestimmendem Einfluß war schließlich die strukturale Linguistik F. De Saussures und seine Unterscheidung des sprachlichen Zeichens in die Ebenen des *signifiant* und *signifié*. Die auf diesem wiss.geschichtlichen Hintergrund vom Strukt. auf der Signifikantenebene durchgeführte, instrumentell verfeinerte Stilanalyse muß jedoch immer wieder der hermeneutischen Situation Rechnung tragen. Schließlich bedarf der analysierte Text der Einordnung in einen größeren Werk- und Lebenszusammenhang und von daher gesehen der Korrektur durch eine umfassendere geschichtliche Struktur.

Literatur:

cf. die S. 139 angegebene Literatur; ferner *R. Barthes*, Essais critiques ibid., L'activité structuraliste, 213–220; ibid., L'inauguration du signe, 206–212); *ders.*, L'écriture de l'événement, in: Communications 12, 1968, 102–112.

L. Althusser, Pour Marx, 1965; *ders.*, Lire le Capital, 2 Bde., 1966; *J. M. Auzias*, Clefs pour le structuralisme, 1967; *M. Bierwisch*, Strukturalismus – Geschichte, Probleme, Methoden, in: Kursbuch 5, 1966, 77–152; *H. Blumensath* (Hg.), Strukturalismus in der Lit.wiss., 1972 (mit Bibl.); *J. M. Broekman*, Strukturalismus. Moskau–Prag–Paris, 1971; *H. Friedrich*, Strukturalismus und Struktur in lit.wiss. Hinsicht (1967), in: *Schiwy*, Der fr. Strukturalismus, 219–227; *H. Gallas*, in: *Arnold*, Nr. 2; 374–388; *dies.* (Hg.), Strukturalismus als interpretatives Verfahren, 1972; *Genette*, Nr. 53 a; 145–170; *H. Günther* (Hg.), Marxismus und Formalismus. Dokumente einer lit.theoretischen Kontroverse, 1973; *A. Schmidt*, Geschichte und Struktur. Fragen einer marxistischen Historik, 1971; *L. Sebag*, Marxisme et structuralisme, 1966; *R. Theis*, in: Lange, Nr. 93; 252–278 (mit Bibl.); *Weimann*, Nr. 147; 281–341; *D. Wunderlich*, Terminologie des Strukturbegriffs, in: *J. Ihwe* (Hg.), Lit.wiss. und Linguistik. Ergebnisse und Perspektiven, 4 Bde., 1971 (ibid. I 91–140).

L. R. Barthes, J. P. Richard, G. Poulet, J. Starobinski — Die ›critique thématique‹

Ihre Vertreter. Von G. Bachelard leitet sich eine lit.wiss. Methode her, die generalisierend als ›critique thématique‹ bezeichnet wird und deren bekannteste Vertreter J. P. Richard (geb. 1922), G. Poulet (geb. 1902) und J. Starobinski (geb.1920) sind. Sie alle gehören der ›Genfer Schule‹ an, ein Begriff, der eine einheitliche meth. Grundorientierung anzeigt, die sich auf einen dreifachen Nenner bringen läßt: 1. Zugang zum lit. Werk mittels einer ›critique thématique‹; 2. ›strukturalistische‹ Zielsetzung, die in einer prinzipiellen Werkimmanenz ihren unmittelbaren Niederschlag findet; 3. Nähe zu psa. Fragestellungen, die durch den Begriff ›Bewußtseinskritik‹ gekennzeichnet wird. Alle Merkmale treffen auch auf Barthes' frühen »Michelet par lui-même« zu. Trotz der Gemeinsamkeiten trägt das Werk jedes Kritikers unverwechselbare individuelle Züge, so daß eine globale Charakterisierung ergänzt werden muß durch eine dem Individuellen Rechnung tragende Differenzierung.

Themenkritische Analyse. Ähnlich wie Bachelard über eine ›Thematik‹ der Elemente Zugang zum lit. Werk fand, sind alle Arbeiten *Richards* themenanalytisch angelegt, wobei jeweils monographisch das Werk eines Autors im Mittelpunkt steht. Programmatisch setzt sich Richard in Anlehnung an Bachelard zum Ziel, »à définir les quelques grandes rêveries archétypales« (»Aspects« 4), worunter er das nach Dichterindividualität je verschiedene Verhältnis zu Örtlichkeiten, Landschaften, Formen, Rhythmen etc. versteht. Dieses möchte er einer ›Psychoanalyse‹ unterziehen, d. h. es in seinen verschiedenartigen Ausprägungen durch eine je eigene Existenzerfahrung des Dichters erklären. – Ausgangspunkt aller Arbeiten *Poulets* ist die Frage des menschlichen Verhältnisses zum Raum und besonders zur Zeit. Die Weise, wie ein individuelles Bewußtsein Zeit erfährt, wird anhand von Beispielen aus verschiedenen Epochen analysiert. Die Antwort der Schriftsteller ist Ausdruck der vielfältigen Möglichkeiten, wie diese existentielle Grundkategorie in ihrer Flüchtigkeit als erfüllend oder sich versagend erlebt und bewältigt werden kann. In den späteren Arbeiten Poulets finden diese Untersuchungen durch komplementäre Studien zum Raum ihre Ergänzung, beispielhaft exemplifiziert an der Figur des Kreises. – Auch *Starobinskis* frühe Arbeiten sind themenkritisch orientiert, insofern in ihnen durch eine Analyse Corneilles, Racines, Stendhals und besonders Rousseaus die Frage der Welterfahrung am Beispiel des Auges bzw. des Blickes exemplifiziert wird. Mit dieser Thematik verbindet Starobinski die Frage nach der Beziehung des Menschen zu sich selbst und zu seinem Gegenüber und zeigt vor allem am Beispiel Rousseaus das instinktive Verlangen nach Transparenz einer solchen Beziehung und die Angst gegenüber all dem, was sich als Hindernis einem unmittelbaren Kontakt und einer unvermittelten Seinserfahrung in den Weg stellt. – *Barthes* schließlich möchte in seinem »Michelet« die Themen aufzeigen, die, aus wenigen Mythen sich auffächernd, in vielfältigen Abwandlungen leitmotivisch wiederkehren und sich zu einem *réseau thématique* zusammenschließen.

Strukturalistische Zielsetzung. Die strukt. Zielsetzung der ›critique thématique‹ ist deutlich von der des formalistischen Strukt. zu unterscheiden. Während letzterer nach der dem Text zugrunde liegenden formalen Struktur fragt, der als der Bedingung der Möglichkeit von Sinn Vorrang eingeräumt wird, sieht die ›critique thématique‹ ihr Operationsfeld gerade auf der Ebene der Bedeutung. In Saussurescher Terminologie heißt dies: Ihre Fragen richten sich allein auf den Bereich des *signifié*. Dadurch vollzieht die ›critique thématique‹ zwischen *signifié* und *signifiant* eine ungleich schärfere Trennung als der Strukt. Barthesscher Prägung, der einer bewußten Werkimmanenz entspricht. Das heißt nichts anderes, als daß die ›critique thématique‹ Texte losgelöst von allen Bedingungen ihres Entstehens interpretiert. Dabei läßt sie sich von der Überzeugung leiten, daß auch auf der Ebene der Bedeutung eine Struktur freigelegt werden könne. Auch hier meint der Begriff *Struktur*, daß das einzelne Element ohne Rückbezug auf das Ganze funktionslos ist und das Ganze zu seinem Verständnis des Zusammenspiels aller Teile bedarf. Solch dialektisches Wechselspiel weist jedem Gedanken, Bild oder Satz in einer umfassenden Struktur einen zwingenden Platz zu. Metaphorisch tritt daher im Vokabular der ›critique thématique‹ häufig der Begriff des *réseau* auf, in dem jede Masche ihre unverzichtbare Funktion für das Ganze hat. So ist Barthes' Zielsetzung in »Michelet«: »retrouver la structure d'une existence [...], une thématique, si l'on veut, ou mieux encore: un réseau organisé d'obsessions.« Richard möchte die kohärente Struktur des Mallarméschen Werkes durch die Analyse verschiedener Bedeutungsebenen (Empfindungen, Meditationen über Substanzen, Vorliebe für gewisse Elemente, Materien, Weltzustände) nachweisen, die sich zu einer einheitlichen Bedeutungsstruktur organisieren. Poulets Arbeiten liegt die Überzeugung zugrunde, daß Raum und Zeit Organisationsformen sind, die individuelle Erfahrung nach überindividuellen Mustern strukturieren und im lit. Werk ihren Niederschlag finden. Starobinski weist in seiner Rousseau-Monographie nach, daß Leben und Werk Rousseaus, sein persönliches Schicksal und seine lit. und politischen Theorien eine unauflösbare Einheit bilden, die begründet ist in der Erfahrung einer glückseligen, durch die Identität von Sein und Schein gekennzeichneten Kindheit und dem verzweifelten Bemühen, dieses verlorenen Paradieses wieder ansichtig (›regard‹) zu werden.

›Psychoanalytische‹ Fragestellung; Bewußtseinskritik. Die Nähe zu psa. Fragestellungen findet bei den Vertretern der ›critique thématique‹ einen verschiedenartigen Niederschlag. Weniger noch als bei Bachelard kann man bei Richard und Poulet von der Übernahme Freudscher Theorien sprechen; auch Barthes und Starobinski scheinen über psa. Kenntnisse erst zu einem Zeitpunkt zu verfügen, der *nach* den hier behandelten Texten liegt. Der Begriff der Psa. meint im Zusammenhang der ›critique thématique‹ vor allem die Freilegung und Begründung einer originären, individuellen Welterfahrung, die aus einem vorbewußten frühkindlichen Weltentwurf resultiert. Jedem bewußten individuellen Erleben, so glauben die Vertreter der ›critique thématique‹, gehe eine Berührung mit sich selbst und der Welt voraus, die jede weitere Form der Welterfahrung, des Verhaltens und der Zielsetzung in ihr bestimme. Von dieser Prämisse ausgehend, setzen sie sich das ehrgeizige Ziel, das Gesamtwerk eines Autors aus diesem Augenblick der vorbewußten Welterfahrung herzuleiten; denn er ist zugleich der Augenblick des Entstehens eines Weltbildes und damit zugleich in Hinsicht auf das zu analysierende Werk das zentrale, Einheit und Struktur spendende Element. Von dieser Zielsetzung her gesehen ist alle ›critique thématique‹ notwendig *Bewußtseinskritik;* indem sie den Ursprung der Welterfahrung in einen präreflexiven Bewußtseinsakt verlegt und diesen absolut setzt, offenbart sie ihren subjektiv-idealistischen Charakter.

Differenzierung der Positionen. Da durch einen subjektiven Bewußtseinsakt konstituiert, sind Art und Weise der Welterfahrung notwendig von Individuum zu Individuum verschieden. Die Aufgabe des Interpreten kann konsequenterweise nur darin bestehen, sich dem Moment der Zeugung anzunähern, mittels des Werkes also den Weg zurückzulegen, der zu seinem Ursprung führt. Dem dient die thematische Analyse. Weil aber auch der Kontakt des Interpreten mit dem zu analysierenden Werk in einem subjektiven Weltentwurf begründet ist, tun sich notwendig innerhalb der bisher als Einheit dargestellten ›critique thématique‹ wesentliche Unterschiede auf. Vor allem Richard weist auf den subjektiven Charakter der Auswahlkriterien hin, die durch das Prinzip des *retentissement* (s. S. 135) bestimmt seien, den ein Thema und Werk bei einem Kritiker finde. In der Tat ist kaum eine Kritik so subjektiv-einfühlsam wie diejenige Richards. Die kategorialen Themen Raum und Zeit könnten Poulets Kritik ein größeres Maß an Objektivität verleihen. Doch dient die beinahe exklusive Behandlung dieser Themen Poulet dazu, mittels verschiedener Texte immer wieder bis zu dem Punkt vorzudringen, an dem ein Bewußtsein zu sich selbst gelangt. Indem Poulets Kritik letztlich auf Bewußtseinsprozesse konzentriert ist, ist es eine *critique de conscience.* Da aber der Nachvollzug der Bewußtseinsfindung auf der Objektseite zugleich auf der Seite des Kritikers ein Auslöschen seiner eigenen Persönlichkeit voraussetzt, lautet eine der Schlüsselformulierungen Poulets: »Comprendre une oeuvre littéraire, c'est, dans un certain sens, laisser l'être qui l'écrivit se révéler à nous en nous [...] Le critique est celui donc, qui, annulant sa propre vie, consent à voir occupée sa conscience par une conscience étrangère« (Nr. 22; 406). Diese Kritik, die in der gleichsam mystischen Vereinigung des Bewußtseins des Lesenden mit dem Autor besteht, bezeichnet Poulet als eine *critique d'identification* und, insofern sie das Bewußtwerden einer Bewußtwerdung ist, auch bündig als *conscience de la conscience.* Poulets Bewußtseinskritik gelangt zu ungemein suggestiven Ergebnissen. Allerdings wird bei ihm wie bei Richard der der Erkenntnis unterbreitete Weltentwurf subjektivistisch verabsolutiert, wie dies beide Kritiker auch für ihre eigene Person tun. Lediglich Starobinski entgeht der Gefahr eines schrankenlosen Subjektivismus; er sieht die Aufgabe des Kritikers nur dann als legitimiert an, wenn dieser seine eigene Position hermeneutisch reflektiert. Diese Forderung wird zwar unmittelbar durch die Erfahrung eingeschränkt, daß ähnlich wie die Welt des zu erforschenden Objekts auch die des fragenden Subjekts sich dem suchenden Blick zu entziehen droht. Doch mündet diese Einsicht nicht in absoluten Relativismus; sie läßt vielmehr ebenso wie die Berücksichtigung eines großen Maßes historischer, soziologischer, später auch psa. Faktoren die Arbeiten Starobinskis zur verläßlichsten Ausprägung der ›critique thématique‹ werden. Themenkritik in der Nachfolge Bachelards, Richards und Poulets ist zu einer einflußreichen Forschungsrichtung innerhalb der fr. univ. Lit.wiss. geworden.

Kritische Würdigung. Die philosophische Basis der ›critique thématique‹ ist die Phänomenologie Merleau-Pontys, der Existentialismus des frühen Sartre, aber auch die deutsche Geistesgeschichte (Dilthey). Die diesen Strömungen gemeinsame individuelle Welterfahrung steigert sie im Sinne eines subjektivistischen Idealismus. Damit begibt sie sich auf den Boden einer geschichtslosen Bewußtseinsimmanenz, so als empfange menschlicher Geist seine Impulse allein aus sich selbst, als entstünde ein Weltentwurf im geschichtslosen Raum. Schon Barthes hatte seine themenkritische Darstellung Michelets als *pré-critique* verstanden und darauf verzichtet, »à en explorer les racines dans l'histoire ou dans la biographie«, eine solche Erforschung aber implizit postuliert. Indem die ›critique thématique‹ die Geschichtlichkeit ihres Gegenstandes (des *dichterischen* Bewußtseins) wie ihrer eigenen Position (des *kritischen* Bewußtseins) bewußt ignoriert, überläßt sie das Werk dem subjektiven Leseeindruck (s. S. 135) und schließt zugleich die (immer relative) Objektivierbarkeit der Ergebnisse und also auch ihre Vermittelbarkeit aus.

Literatur:

R. Barthes, Michelet par lui-même, 1954; *ders.*, Littérature et signification, in: Essais critiques, 258–276; *G. Poulet,* Etudes sur le temps humain, 1956 (ibid., Introduction); *ders.*, Les métamorphoses du cercle, 1961; *ders.*, L'espace proustien, 1963; *ders.*, in: Nr. 22; 9–33 u. 403–409; *ders.*, in: Nr. 115; 275–314; *J. P. Richard,* Littérature et sensation, 1954 (ibid., Préface von G. Poulet); *ders.*, L'univers imaginaire de Mallarmé, 1961 (ibid., Introduction 13–38); *ders.*, Quelques aspects nouveaux de la critique littéraire en France, in: Le Français dans le monde 3 (15), 1963, 2–9; *J. Starobinski,* J. J. Rousseau. La transparence et l'obstacle, 1957, vor allem [2]1971; *ders.*, L'Oeil vivant, 1961; *ders.*, L'Oeil vivant II. La relation critique, 1970 (ibid., Le Progrès de l'interprète 82–169); *ders.*, in: Nr. 95; II 168–182.

M. Blanchot, Jean-Jacques et la littérature, in: NRF 11, 1958, 1057 bis 1066; *Clancier,* Nr. 23; 153–167; *D. Fricke,* in: *Lange* Nr. 93; 152–195; O. *Hahn,* L'illusion thématique, in: Les Temps Modernes 18, 1962/63, 2086–2096; *Jones,* Nr. 82; 39–99. 134–152; *J. H. Miller,* in: *Simon* Nr. 127; 277–310; *Poulet,* Nr. 115; 211–218. 233–260.

M. Ch. Mauron — Die ›psychocritique‹

Psychoanalyse – Psychokritik. Die ›psychocritique‹ von Charles Mauron (1899–1966) ist nach den nur vagen psa. Ansätzen von Bachelard bis Poulet der erste Versuch einer konsequenten Anwendung Freudscher Theorien in der Lit.wiss. Die für Maurons Verfahren charakteristischen Arbeiten beziehen sich auf ›Klassiker‹ der fr. Bildungstradition wie Racine, Baudelaire, Mallarmé. Der Versuch, vor allem bei Racine Strukturen des Unbewußten aufzudecken, zog Mauron (ähnlich wie Barthes) in der ›Querelle‹ heftige Angriffe von seiten Picards zu (s. S. 136 f.). Um Mißverständnissen vorzubeugen, muß Maurons psycho*kritisches* Verfahren von vornherein von einer psycho*analytisch* orientierten Lit.wiss. medizinischer Provenienz unterschieden werden, die sich in Frankreich schon Ende der 20er Jahre entwikkelt hatte. Die Zielrichtung beider Disziplinen ist grundverschieden: Analysemedium ist zwar in beiden Fällen das lit. Werk; während jedoch für die psa. Lit.wiss. das Werk Auskunft geben soll über die psychische Konstitution eines Autors und damit gleichsam zum Dokument einer Neurose oder eines pathologischen Zustandes wird, sucht die Psychokritik einen neuartigen Zugang zum lit. Werk; das psa. Instrumentarium steht für sie im Dienste des Nachweises bisher nicht aufgedeckter Werkstrukturen; bei ihrer Analyse geht sie vom Werk aus und kehrt wieder zu ihm zurück, um es in unbekannter Weise neu zu lesen.

Literaturwissenschaft – Psychokritik. Ausgangspunkt der Psychokritik ist zunächst das Ungenügen an einem dilettantischen Psychologisieren der herkömmlichen Lit.wiss., die sich vor allem in ihrer biographischen Forschung (›L'Homme-et-L'Oeuvre‹; s. S. 111 ff.) vielfach nicht versagt, die ›Psychologie‹ des jeweiligen Autors zu entwerfen. Dabei stützt sie sich mit Vorliebe auf Selbstäußerungen, in denen der Autor seine Intentionen skizziert und die daher Ausdruck seiner *bewußten* Persönlichkeit sind. Picard hat darauf verwiesen, daß ihm in einem noch als ungesichert angesehenen Stadium psa. Forschung die Kenntnis eines Autors auf dieser Stufe ausreichend erscheint. Allgemein steht hinter dieser Absage an eine Berücksichtigung psa. Ergebnisse in der univ. Lit.wiss. das ängstliche Sich-Abkapseln gegen jede Art neuer Impulse und interdisziplinärer Zusammenarbeit. Weiterhin läßt sich aber der Verdacht nicht abweisen, als werde von einem Großteil der herkömmlichen Lit.wiss. das triebbestimmte *Un*bewußte (*inconscient*) mit einem moralisch fragwürdigen, minderwertigen *Unter*bewußten (*subconscient*) gleichgesetzt und damit z. B. der ›strahlende‹ Racine ›in den Staub‹ gezogen. Ungeachtet solcher Überlegungen lautet die entscheidende Frage für Mauron: »L'inconscient joue-t-il un rôle dans la création littéraire? Si oui, comment le définir et l'étudier?« (»Note« 173), und er schlägt vor, die bisherige lit.wiss. Kategorie des ›individuellen Charakters‹ bzw. eines ›persönlichen Temperamentes‹ zu ersetzen durch die psa. Vorstellung einer weitgehend unbewußten psychischen Schicht, die bisher nie Gegenstand lit.wiss. Fragestellung war. Diese Persönlichkeitsschicht sieht Mauron, vor allem durch frühkindliche Erlebnisse bedingt, im Sinne einer Struktur organisiert, die ihrerseits strukturbildend im Werk ihren Niederschlag findet. Durch eine Analyse des Werkes mit dem Instrumentarium der Psa. müsse es möglich sein, diese unbewußte Persönlichkeitsstruktur und damit zugleich das Organisationsprinzip des Werkes sichtbar werden zu lassen. Ebenso wie der formalistische Strukt. und die ›critique thématique‹ geht die Psychokritik also von der Vorstellung einer Struktur aus, hier der psychischen Struktur; im Gegensatz zu den zuvor dargestellten Verfahren führt sie jedoch wieder ein kausales Prinzip ein: Die Bedeutungsebene des Werkes, die Ausgangs- und Zielpunkt zugleich ist, wird als durch eine Persönlichkeitsstruktur bedingt angesehen. Von daher ergibt sich, bei unterschiedlichem Ansatzpunkt, eine gewisse Übereinstimmung mit der früheren ›L'Homme-et-l'Oeuvre‹-Forschung. Doch statt auf der Ebene der *bewußten* Persönlichkeit setzt die Psychokritik auf der ›tieferen‹ Ebene der *unbewußten* Persönlichkeit an. Dabei verfolgt sie das Ziel, durch den Nachweis unbewußter Werkstrukturen und deren Interpretation als Ausdruck der unbewußten Dichterpersönlichkeit zu einem integraleren Verständnis der Werke beizutragen. Angesichts manch heftiger Polemik um die Psychokritik besteht Anlaß, ausdrücklich auf diese bewußt eingeschränkte Zielsetzung hinzuweisen: »La psychocritique se sait partielle. Elle veut s'intégrer et non se substituer à une critique totale [...]. La psychocritique prétend accroître notre intelligence des oeuvres littéraires simplement en découvrant dans les textes des faits et des relations demeurés jusqu'ici inaperçus ou insuffisamment perçus et dont la personnalité inconsciente de l'écrivain serait la source« (»Métaphores« 13).

Verfahren der Psychokritik; Ergebnis. Da die Psa. einer lebenden Person und eines ›toten‹ lit. Werkes grundsätzlich verschiedene Tätigkeiten sind, hat Mauron ein mehrstufiges, dem lit. Gegenstand Rechnung tragendes Verfahren entwickelt, das aus vier Schritten besteht:

a) Die *superposition*, d. h. Überlagerung verschiedener Texte desselben Autors läßt Assoziationsnetze oder Bildgruppen zutage treten, die unfreiwilligen, obsessionellen Charakter tragen. Das psychokritische Verfahren der *superposition* entspricht der *freien Assoziation* der medizinischen Psa.: Unter den gewollten und bewußten Strukturen des Textes legt sie die unbewußten frei, so wie die freie Assoziation den Anteil der bewußten Persönlichkeit schwächen und einen ersten Zugang gewähren soll zu den durch das Bewußtsein überlagerten Strukturen des Unbewußten.

b) Die in a) sichtbar gewordenen Assoziationsnetze werden in ihren Wiederholungen und Abwandlungen im Gesamtwerk nachgewiesen, woraus sich umfassendere dramatische Figuren und Situationen ergeben, die *figures mythiques*. Sie sind manifester Ausdruck des Unbewußten, das ihnen durch Affektübertragung eine besondere Aussagehaltigkeit verleiht.

c) Das Zusammenspiel der *figures mythiques* und ihr Spannungsverhältnis untereinander gibt schließlich Aufschluß über die Grundbeschaffenheit des dichterischen Unbewußten; ihre Gesamtheit konstituiert den *mythe personnel*, der als dynamisch verstanden wird, wenngleich sich seine Entwicklung aufgrund wichtiger Kindheitserlebnisse nur in einem vorgegebenen Rahmen vollziehen kann.

d) Durch den abschließenden *contrôle biographique* werden die an Hand der Werkanalyse gewonnenen Ergebnisse mit Hilfe der Lebensgeschichte des Autors verifiziert.

Der Beitrag der Methode besteht vor allem in einer neuen Lektüre bekannter Texte. An das vielfach gedeutete Werk ›klassischer‹ Autoren trägt die Psychokritik einen *neuen* Interpretationsansatz heran, der eine *neue* Form des Verständnisses ermöglicht, vorausgesetzt freilich, der Leser der Mauronschen Arbeiten verfügt über hinreichende psa. Kenntnisse. Insgesamt ist es Mauron im Rahmen seiner Zielsetzung durchaus gelungen, die Kohärenz der Werke Racines, Baudelaires und Mallarmés aufgrund eines personengeschichtlichen *mythe personnel* nachzuweisen. Auch heftig umstrittene Fragen der univ. Lit. wiss. kann seine Methode der Lösung näherbringen. Da nach psa. Einsichten Triebe des Unbewußten in extrem verstellter Form zum Ausdruck kommen können, ist es durchaus plausibel, z. B. im Falle Racines hinter der Fassade eines äußerlich scheinbar leidenschaftslosen Lebens ein triebverhaftes Unbewußtes anzunehmen, das allein im dramatischen Werk seine ›Abfuhr‹ erfährt. So verstanden fände eine zentrale Frage der Persönlichkeit Racines eine einsichtige Antwort: Der offensichtliche Widerspruch zwischen einem gesellschaftlichen Leben ohne sinnfällige Leidenschaften und der zerstörerischen Leidenschaft seiner Tragödien.

Einordnung der Psychokritik. Dennoch überwiegt eine kritische Einschätzung der Psychokritik. Angesichts der konsequenten Übertragung der Freudschen psa. Theorien in die Lit.wiss. konnte es nicht ausbleiben, daß auch die Psychokritik in den Sog der ideologischen Auseinandersetzung zwischen Psa. und Marxismus (ab ca. 1930) geriet. Die entsprechenden Vorwürfe, vor allem von Doubrovsky formuliert, sind schlagwortartig folgende: Schematische Reduktion einer Personengeschichte und eines Werkes auf *einen* frühkindlichen Komplex; daraus resultierend die immer gleiche fatalistische Abwandlung *eines* Themas (*monothématisme, oeuvre unique, fatalité intérieure*), die eine radikale Ungeschichtlichkeit zur Folge habe. Die isolierte statische Persönlichkeit des Autors (*vase clos*) führe zum *système clos* des Werkes, das kein zukunftsorientierter *Entwurf* sei, sondern eine aus einem frühkindlichen Komplex entwickelte *Wirkung*. Auf diese Weise enthülle sich die Psychokritik ebenso als konservative Ideologie wie die Psa. Derartige Vorwürfe treffen jedoch nur den halben Tatbestand: Mauron hat wiederholt auf die beschränkte Zielsetzung der Psychokritik hingewiesen und sie letztlich als eine Propädeutik einer auf drei Pfeilern ruhenden Psychologie des künstlerischen Schaffensprozesses verstanden: »L'inconscient de l'écrivain; son moi conscient; son milieu« (»Métaphores« 31). Um dies ambitiöse Programm zu verwirklichen, hat er ausdrücklich interdisziplinäre Zusammenarbeit gefordert. Im übrigen hat er den *mythe personnel* immer als *dynamisch* verstanden und in „Le dernier Baudelaire« konkreter als in früheren Arbeiten die Dialektik des *moi social* und des *moi créateur* untersucht. Da Ausgangs- und Zielpunkt seiner Fragestellung jedoch immer der Nachweis unbewußter Persönlichkeitsstrukturen ist, können soziale und geschichtliche Faktoren nur in äußerst vermittelter Form zur Geltung kommen. Richtig ist jedoch, daß die Einordnung der individuellen psychischen Struktur in einen übergeordneten Bedingungszusammenhang von Mauron bewußt nicht geleistet wird.

Bedenken gegenüber der Psychokritik sind jedoch vor allem insofern angebracht, als Mauron wie andere Kritiker der *Nouvelle Critique* seine Methode vorwiegend an solchen Autoren wie Racine, Baudelaire und Mallarmé praktiziert und sich auch hier zwangsläufig die hermeneutische Grundfrage stellt, ob nicht die Auswahl der Elemente, die der *superposition* dienen, bereits durch ein Vorwissen gesteuert ist, so daß hier also eher ein *circulus vitiosus* als ein *hermeneutischer Zirkel* zugrunde läge. Dieser Einwand kann so lange nicht ausgeräumt werden, als die Psychokritik ihr Verfahren nicht einmal an einem (auch biographisch) unbekannten Autor erhärtet. Doch vermutlich mangels hinreichender psa. Kenntnisse bei Lehrenden und Lernenden ist die Nachwirkung der Psychokritik gering. Immerhin stellt sie einen genuinen Versuch dar, einen neuartigen Zugang zum lit. Werk zu finden und sowohl das Verhältnis Autor-Werk wie auch das der Kohärenz der Werkstrukturen zwingender zu beantworten.

Gleiches kann nicht von den Arbeiten J. P. Webers gesagt werden, der sich in der ›Querelle‹ durch seine Schrift »Néo-critique et paléo-critique« hervorgetan hat. Seine psa. Arbeiten zur Lit. sind das abschreckende Beispiel eines monomanischen *monothématisme*, der in der Autorbiographie jenes alles entscheidende Kindheitserlebnis aufspürt, aus dem dann ungeachtet aller Werkgeschichte, häufig auf willkürliche semantische Bezüge und abseitige Etymologien gestützt, die thematische Struktur eines Werkes hergeleitet wird. Alle zu Unrecht gegenüber Mauron erhobenen Vorwürfe erscheinen hinsichtlich der offenkundigen Willkürlichkeiten von Webers ›Interpretationen‹ voll berechtigt.

Literatur:

Ch. Mauron, La psychocritique et sa méthode, in: Théories et problèmes. Orbis Litterarum, Suppl. II 1958, 104–116; *ders.*, Des métaphores obsédantes au mythe personnel. Introduction à la psychocritique, 1963 (ibid., Introduction 9–34); *ders.*, Le dernier Baudelaire, 1966 (ibid., Note annexe 171–186); *J. P. Weber*, Genèse de l'oeuvre poétique, 1961; *ders.*, Domaines thématiques, 1963; *ders.*, Stendhal. Les structures thématiques de l'oeuvre et du destin, 1969.

Clancier, Nr. 23; 189–221; *Doubrovsky,* Nr. 34; 121–143; *Genette,* Nr. 53 a; 133–138; *H. P. Gente* (Hg.), Marxismus, Psychoanalyse, Sexpol; 2 Bde., 1970–72 (Fischer-Bücherei BdW 6056 + 6072); *Jones,* Nr. 82; 153–186 u. 251–338; *J. Leenhardt,* in: Nr. 22; 370–401; *M. Lentzen,* in: *Lange,* Nr. 93; 86–102 (mit Bibl.); *R. Osborn:* Marxismus und Psa., 1970 (Fischer-Bücherei BdW 6279); *H. J. Sandkühler* (Hg.), Psa. und Marxismus. Dokumentation einer Kontroverse, 1969 (mit Bibl.); *G. Schüler,* in: *Lange,* Nr. 93; 138–151 (mit Bibl.); s. auch *J. Starobinski,* Psychanalyse et connaissance littéraire, in: Oeil vivant II 257–285.

Einordnung Goldmanns. Lucien Goldmann (1913–1970) ist in Barthes' o. a. Bestandsaufnahme (s. S. 137) der Vertreter einer Bedeutungskritik, die er bezeichnet als »la critique la plus féconde [. . .] que l'on puisse imaginer à partir de l'histoire sociale et politique« (»Essai« 252). Der Großteil seines umfassenden philosophische, lit.historische, kulturpolitische und meth. Fragen behandelnden Werkes lag zum Zeitpunkt dieser Äußerung bereits vor und hätte von der fr. univ. Lit.wiss. zur Kenntnis genommen werden können, was noch heute weitgehend nicht der Fall ist. Dies dürfte sowohl in Goldmanns Zwischenstellung zwischen Strukturalismus und Marxismus als auch in seiner Verpflichtung gegenüber der Tradition der deutschen Philosophie ab Kant begründet sein. Theorien und Begriffsapparat dieser Strömungen gehen in seine lit.wiss. Analysen ein und werden für deren Verständnis weitgehend vorausgesetzt.

Goldmann bezeichnet sich selbst als Vertreter des sog. genetischen Strukturalismus; um seinen meth. Ansatz zu situieren, ist es notwendig, ihn sowohl gegenüber dem formalistischen Strukt. und der Psychokritik als auch gegenüber anderen lit. soziologischen Tendenzen abzugrenzen. Der genetische Strukt. beruht auf der Annahme, daß alles menschliche Handeln als Teil eines umfassenden, vom Menschen verantworteten Geschichtsprozesses auf die Erstellung eines rational begründeten Sinnzusammenhanges, einer sinnhaltigen Struktur ausgerichtet ist. Genetisch heißt hier, daß das historische Subjekt zu einem bestimmten Zeitpunkt Urheber der Sinnstruktur ist. Ein solches Verständnis von Struktur bedeutet zunächst eine klare Absage an einen sich verabsolutierenden unhistorischen formalistischen Strukt. Nicht minder deutlich ist Goldmanns Abgrenzung gegenüber der Psa. und damit implizit gegenüber der Psychokritik. Auch sie wird als genetischer Strukt. anerkannt, da die von ihr aufgedeckten Werkstrukturen durch eine entsprechende Vorstrukturierung des psychischen Apparates entstehungsgeschichtlich erklärt werden können. Allerdings könne sie nur die *individuelle* Bedeutung eines Werkes erhellen, leiste daher gerade nicht dessen Einordnung in einen *überindividuellen* gesellschaftlichen und geschichtlichen Zusammenhang. Meth.geschichtlich liegt Goldmanns Ansatz also konsequenterweise dort, wo die Psychokritik Maurons das Postulat nach Einordnung ihrer Ergebnisse in eine interdisziplinäre Forschung erhebt. Auch die bisherige Lit.soziologie hat die umfassendere Fragestellung des genetischen Strukt. nicht beantworten können, da sie entweder mit unhistorischen, idealistischen Begriffen operierte (Taine) oder einem empirischen und rationalistischen Atomismus huldigte wie die positivistische Lit.wiss. des 19. Jhs. oder im lit. Werk allein die Widerspiegelung alltäglicher Wirklichkeit sieht, also nur inhaltsbezogen ist und von einer simplifizierten Beziehung zwischen Werkinhalt und Kollektivbewußtsein ausgeht (Vulgärmarxismus).

›Sujet transindividuel‹; ›vision du monde‹. Das Konzept des genetischen Strukt. ist eng mit dem Begriff des *sujet transindividuel* verbunden. Vor allem in seiner Polemik gegen die Psa. verweist Goldmann immer wieder darauf, daß das psa. Untersuchungen zugrunde liegende Subjekt immer ein nur libidinös gesteuertes Individuum ist, während eine in einen überindividuellen Zusammenhang projizierte Handlung nur bei Annahme eines *sujet transindividuel (intrasubjectif, pluriel)* denkbar ist. Das hypostasierte Bewußtsein dieses *sujet transindividuel* hat freilich keine autonome Existenz; es existiert allein als verbindende Zielstruktur von Bewußtseinszuständen mehrerer Individuen, die in dieselbe Handlung engagiert sind; sein Tätigkeitsfeld sind alle mittel- oder unmittelbar auf den gesellschaftlichen Bereich bezogenen Handlungen. »Presque aucune action humaine n'a pour sujet un individu isolé. *Le sujet* de l'action est *un groupe,* un ›Nous‹« (»Dieu« 25). Seine operative Wirksamkeit erlangt der Begriff des *sujet transindividuel* jedoch erst im Bereich der kulturellen, besonders der lit. Schöpfung, wo er sich mit dem Begriff der *vision du monde* verbindet. *Vision du monde* bezeichnet einen kohärenten Standpunkt gegenüber den disparaten Erscheinungen der geschichtlich-sozialen Wirklichkeit; er ist ein Denksystem, in dem die häufig widersprüchlichen Empfindungen, Vorstellungen und Bestrebungen einer gesellschaftlichen Gruppe oder sozialen Klasse zum Ausdruck kommen, deren Mitglieder in einem gleichen historischen Zeitraum durch gemeinsame soziale Interessen miteinander verbunden sind. Die Ausbildung einer *vision du monde* kann daher in keinem Fall die Leistung eines einzelnen, sondern immer nur diejenige von gesellschaftlichen Gruppen sein. »Une vision du monde est un point de vue *cohérent et unitaire* sur l'ensemble de la réalité [...]. Elle est le système de pensée qui, dans certaines conditions, s'impose à un groupe d'hommes se trouvant dans des situations économiques et sociales analogues, c'est-à-dire à certaines classes sociales« (»Rech.« 46).

Ausdruck im Werk. Während den meisten Mitgliedern der Gruppe die ihnen entsprechende *vision du monde* nur zu relativer Bewußtheit gelangt, finden sich zu allen Zeiten vereinzelte privilegierte Individuen, die befähigt sind, sie in ihrer Kohärenz zu erfassen und auszudrücken; dies sind vor allem Philosophen und Schriftsteller, deren Bedeutung sich an der Fähigkeit bemißt, die zu einer sinnhaltigen Struktur tendierende *vision du monde* einer sozialen Gruppe in ihrem Werk kohärent zu artikulieren. Unter den künstlerischen Ausdrucksformen, auf die sich Goldmanns Interesse richtet, kommt den lit. Texten besondere Funktion zu, da ihnen aufgrund ihrer Eigenschaft als *oeuvre imaginaire* der höchste Kohärenzgrad eignet, die *vision du monde* in ihnen also am reinsten zum Ausdruck kommen kann. Als Ausdruck eines *sujet transindividuel* ist die *vision du monde* daher das Streben nach sinnvoller Struktur und verbindendes Glied zwischen der durch einen Autor repräsentierten sozialen Gruppe und dessen Werk. Indem der Autor als Vermittler der gruppenspezifischen *vision du monde* verstanden wird, ist seine Individualität jedoch keineswegs zu einem sekundären Element degradiert; im Gegenteil erlangt sie ihre volle Bedeutung erst durch die Tatsache, daß er allein fähig ist, häufig nur latent und ansatzweise vorhandenen Tendenzen repräsentative Gestalt zu verleihen. Daher ist zwar einerseits die lit.wiss. Grundthese des historischen Materialismus richtig, »que la littérature et la philosophie sont, sur des plans différents, des expressions d'une vision du monde, et que les visions du monde ne sont pas des faits individuels, mais des faits sociaux« (»Rech.« 46); andererseits aber gilt ebenso, daß »toute création culturelle est à la fois un phénomène individuel et social et s'insère dans les structures constituées par la personnalité du créateur et le groupe social dans lequel ont été élaborées les catégories mentales qui la structurent« (»Marx.« 27).

Strukturbegriff. Aus dem Gesagten resultiert ein neues Strukturverständnis; indem Goldmann die Existenz von Strukturen von der Ausbildung historisch und sozial je verschiedenartig bedingter *visions du monde* abhängig macht, distanziert er sich nicht nur radikal von einem invariablen formalistischen Strukturbegriff, sondern ebenso von dem nur individuell legitimierten der *critique thématique* und der Psychokritik. Struktur, verstanden als eine um Sinn bemühte Antwort menschlicher Gruppen auf je anders geartete historische Gegebenheiten, wird bei Goldmann historisch relativiert. Da des weiteren geschichtliche Realität niemals statisch ist, gibt Goldmann der Vorstellung einer dynamischen Struktur den Vorzug, die, aus einem komplexen *Strukturierungsprozeß* entstanden, nur für einen kurzen Augenblick relative Gültigkeit erlangt und dann wiederum einem *Destrukturierungsprozeß* unterliegt. Schließlich ist jede Struktur immer Ausdruck einer umfassenderen sozialen und geschichtlichen Wirklichkeit; sie ist daher nie autonom, sondern erfüllt eine *Funktion*. Der gravierendste Vorwurf Goldmanns gegen den formalistischen Strukt. lautet daher, Struktur und Funktion voneinander getrennt und so den historischen Charakter der Struktur geleugnet zu haben.

Homologie; relative Autonomie der ›vision du monde‹. Der so umrissene Strukturbegriff ist darum von zentraler Bedeutung, weil allein durch ihn die Beziehung zwischen der geschichtlichen Wirklichkeit und dem lit. Werk hergestellt wird. Diese Beziehungen sieht Goldmann nicht durch den Begriff der *Analogie*, sondern der *Homologie* charakterisiert. In ihm kommt zunächst die Absicht zum Ausdruck, die Beziehungen *auf struktureller*, nicht aber *auf inhaltlicher Ebene* (Analogie) zu suchen. Statt also inhaltliche Parallelen zwischen Werk und Wirklichkeit nachzuweisen, sucht Goldmann strukturelle Entsprechungen zwischen den beiden Polen, was gerade aufgrund der Annahme einer zwischen Wirklichkeit und Werk vermittelnden *vision du monde* gerechtfertigt wird. Auf diese Weise wird die Frage nach dem Verhältnis zwischen Wirklichkeit und Werk auf eine allgemeinere Ebene übertragen. Statt im lit. Werk jeweils nur die mehr oder minder realistische Wiedergabe von Wirklichkeit nachzuweisen, kann die Frage nach der Abbildfunktion von Lit. sehr viel allgemeiner gestellt und auch auf inhaltlich so heterogene Gattungen wie Märchen und Utopie bezogen werden, in denen Wirklichkeit häufig nur in extrem verstellter Form greifbar ist. Da homologe Beziehungen nur auf der abstrakteren Modellebene der Wirklichkeitsstrukturen und der durch die *vision du monde* vermittelten Werkstrukturen existieren, nicht aber zwischen konkreten Inhalten, impliziert der Begriff der Homologie zugleich ein gelockerteres Kausalverhältnis. Goldmann hat sich mehrfach für die relative Autonomie der *vision du monde* und deutlich gegen die Annahme eines simplen Kausalverhältnisses zwischen Wirklichkeit und Werk ausgesprochen, damit zugleich dem Schriftsteller ein großes Maß an Freiheit eingeräumt. »Il est évident que la liberté de l'écrivain et du penseur est autrement grande, ses liens avec la vie autrement médiatisées et complexes, la logique interne de son oeuvre autrement autonome que n'a jamais voulu admettre un sociologisme abstrait et mécaniste« (»Rech." 46).

Kurz gefaßt läßt sich daher die zentrale These des genetischen Strukt. auf die Formel bringen, »que les *structures* de l'univers de l'oeuvre sont homologues aux *structures* mentales de certains groupes sociaux [...], alors que sur le plan des contenus, c'est-à-dire de la création d'univers imaginaires régis par ces structures, l'écrivain a une liberté totale« (»Roman« 345). Daraus ergibt sich die Zielsetzung: »Montrer d'une manière scientifique et positive [...] l'unité de l'oeuvre d'art, la vision du monde à laquelle elle correspond et les relations entre cette vision du monde et certains groupes sociaux dont elle est l'expression, notamment certains classes sociales« (»Marx.« 47).

›comprendre – expliquer‹. Die meth. Verfahren des genetischen Strukt. bei der Ermittlung homologer Strukturen zwischen Wirklichkeit und Werk tragen zunächst dem hermeneutischen Grundsatz der partiellen Identität von fragendem Subjekt und befragtem Gegenstand Rechnung (s. Hermeneutik, S. 9 ff.). Goldmann ist in Frankreich einer der ersten, der auf diese Fundamentalkategorie aller philologischen Tätigkeit hingewiesen hat. Im einzelnen besteht sein Verfahren aus zwei nicht voneinander trennbaren Schritten, der *compréhension* und der *explication*. Die *compréhension* ist ein werkimmanentes Verfahren, bei dem, ausgehend von kleinen Texteinheiten und diese ständig erweiternd, die umfassende Sinnstruktur eines Textes erarbeitet wird. »La compréhension est un problème de cohérence interne du texte qui suppose qu'on prenne *à la lettre le texte, tout le texte, et rien que le texte,* et qu'on recherche à l'intérieur de celui-ci une structure significative globale« (»Marx.« 62). Bei der *explication* wird diese in übergreifende Strukturen eingegliedert, die ihrerseits mit dem Verfahren der *compréhension* zunächst immanent bestimmt werden müssen. Sinn der *explication* ist es, die bei der *compréhension* ermittelten Strukturen nunmehr als Elemente einer umfassenden Struktur einzuordnen und bezüglich ihrer Funktion und Leistung neu zu bestimmen. »*Expliquer,* c'est situer ces structures en tant qu'éléments dans des structures plus vastes qui les englobent. *L'explication se réfère toujours à une structure qui englobe et dépasse la structure étudiée!«* (»Marx.« 107). Durch fortschreitende Einlagerung in übergreifende Strukturen und bei ständigem Oszillieren zwischen den Ebenen der *compréhension* und der *explication* gelangt man zu einem differenzierten Ver-

hältnis vermittelter Strukturen zwischen Wirklichkeit und Werk, ohne auf Verfahren zurückzugreifen, die nicht objektivierbar wären. Dazu ein Beispiel: »Mettre en lumière la structure tragique des ›Pensées‹ de Pascal et du théâtre racinien est un procédé de compréhension; les insérer dans le jansénisme extrémiste en dégageant la structure de celui-ci est un procédé de compréhension par rapport à ce dernier, mais un procédé d'explication par rapport aux écrits de Pascal et de Racine; insérer le jansénisme extrémiste dans l'histoire globale du jansénisme, c'est expliquer le premier et comprendre le second etc.« (»Roman« 353 ff).

Mit diesem Zitat wird zugleich auf das bekannteste Beispiel einer Homologie zwischen der lit. Struktur mehrerer Werke und der Weltanschauungsstruktur einer sozialen Gruppe verwiesen. In »Le dieu cachée« hat Goldmann schlüssig aufgezeigt, daß die *vision du monde* des extremistischen Jansenismus des 17. Jhs. der Sinnstruktur von Pascals »Pensées« und mehrerer Tragödien Racines entspricht. In »Pour une sociologie du roman« stellt er später homologe Beziehungen zwischen der Struktur des zeitgenössischen Romans und einer industriellen Gesellschaft her, deren wirtschaftliches Leben und zwischenmenschliche Beziehungen allein auf dem Tauschwert beruhen. So erweisen sich z. B. die durch die Dominanz der Dinge charakterisierten ›objektiven‹ Romane Robbe-Grillets als strukturelles Pendant einer Gesellschaftsstruktur, in der der Warencharakter der Gegenstände den Menschen zu erdrücken droht.

Würdigung. Die Erläuterung der wichtigsten meth. Begriffe Goldmanns hat indirekt verdeutlicht, wie sehr marxistisches Gedankengut bei der Ausbildung seiner Methode Pate gestanden hat. Goldmann steht in der geistigen Tradition, die von Kant über Hegel zu Marx und Lukács führt. Vor allem sein Konzept einer gruppen- bzw. klassenspezifischen *vision du monde* und die Vorstellung von deren relativer Autonomie muß auf dem Hintergrund marxistischer Diskussionen über das Verhältnis von Basis und Überbau gesehen werden. In diesem Zusammenhang besteht der lit.wiss. Beitrag Goldmanns darin, die Einseitigkeiten der marxistischen Widerspiegelungstheorie überwunden und mit der Verlagerung von der inhaltlichen Ebene der Analogien auf die strukturelle der Homologien ein verfeinertes Instrumentarium lit.wiss. Analyse geschaffen zu haben. Zugleich hat er durch den Nachweis des gesellschaftlich-historischen Charakters der *vision du monde* und deren Urheber, dem *sujet transindividuel*, das Bewußtsein für den sozialen

Charakter des lit. Werkes geschärft und damit späteren lit.soziologischen Arbeiten wichtige Impulse gegeben. Goldmanns Anleihen am Strukt. sind dagegen vorwiegend terminologischer Art. Sein Strukturbegriff im Sinne einer funktionsbestimmten, relativen Struktur, die aus einem Strukturierungsprozeß hervorgeht und durch einen Destrukturierungsprozeß überwunden wird, ist polemisch zu verstehen im Sinne einer radikalen Absage an einen ahistorischen Strukturbegriff. Der genetische Strukturalismus ist nicht die Synthese zwischen historischem Materialismus und ahistorischem Formalismus, sondern deren terminologische Summe. Dies erweist sich besonders daran, daß das zentrale meth. Verfahren der *compréhension-explication* letztlich nur einen traditionellen hermeneutischen Ansatz erweitert, ohne diesen überwinden zu wollen (können).

Zahlreiche Begriffe und Verfahren des genetischen Strukt. bedürfen in der lit.wiss. Praxis weiterführender Klärung, so vor allem das komplexe Verhältnis und Vermittlungsverfahren zwischen sozialer Gruppe, *sujet transindividuel, vision du monde* und literarischem Werk. Ein entscheidender Einwand gegen das Goldmannsche Verfahren liegt schließlich in der Kohärenzprämisse. Die Erfahrung im Umgang mit Lit. zeigt, daß es viele Werke mit nicht kohärenter Struktur gibt. Goldmanns Postulat könnte leicht dazu führen, die lit. Analyse auf einen kleinen Kreis von Meisterwerken zu beschränken. Es müßte aber gerade der Versuch unternommen werden, nicht nur den Grundsatz der Strukturhomologie, sondern auch die übrigen Prinzipien des genetischen Strukt. auf jene lit. Werke anzuwenden, die nicht Ausdruck einer kohärenten *vision du monde* sind.

Literatur:

L. Goldmann, Le dieu caché, 1956 (ibid., Chapitre I: Le tout et les parties 13–31; Chapitre V: Visions du monde et classes sociales 97–114); *ders.*, Recherches dialectiques, 1959 (ibid., Matérialisme dialectique et histoire de la littérature 45–63; Le concept de structure significative en histoire de la culture 107–117); *ders.*, Sciences humaines et philosophie, 1952; [2]1966 (ibid., Préface 5–16; Structuralisme génétique et création littéraire 151–165); *ders.*, Pour une sociologie du roman, 1964 (Coll. ›idées‹ 93) (ibid., La méthode structuraliste génétique en histoire de la littérature 335 bis 372); *ders.*, Marxisme et sciences humaines, 1970 (Coll. ›idées‹ 228) (ibid., La sociologie de la littérature: statut et problèmes de méthode 54–93; Le sujet de la création culturelle 94–120).

alternative Heft 49/50, 1966. Literatursoziologie I: L. Goldmann;

alternative Heft 71, 1970. Literatursoziologie II: L. Goldmanns Methode – zur Diskussion gestellt; *H. Baum,* L. Goldmann – Marxismus contra vision tragique? 1974; *D. Hoeges,* in: *Lange,* Nr. 93; 208–233 (mit Bibl.); *U. Jaeggi,* in: *Arnold,* Nr. 2; 405–412; *Jones,* Nr. 82; 187–221; *A. Silbermann,* in: *Bark,* Nr. 8 a; I 148 bis 157; *Weimann,* Nr. 147; 297–310.

O. *Neuere Tendenzen der französischen Literaturwissenschaft*

Historische Grundorientierung. Goldmanns Interpretation lit. Texte in enger Anlehnung an den historischen und sozialen Ort ihrer Genese setzt sich als deutlich nachweisbare Tendenz in der neueren univ. fr. Lit.wiss. fort. Dazu trägt trotz aller Kritik an Taines Handhabung die doch nie grundsätzliche Infragestellung seines meth. Ansatzes bei. Hier war tendenziell die Grundlage für eine soziologische Betrachtung der Lit. geschaffen, worunter in einem weitesten Sinn die Annahme verstanden wird, daß das lit. Werk auf seinen verschiedenen Ausdrucksebenen deutliche Merkmale seines Entstehungsprozesses trägt, daß es Widerspiegelung von Zuständen einer Gesellschaft zu einem bestimmten Zeitpunkt der historischen Entwicklung ist. Einer solch historisch orientierten Fragestellung sah sich auch die einflußreiche ›Revue d'Histoire littéraire de la France‹ seit ihrer Gründung (1894) verpflichtet und ist ihr ebenso wie die ›Société d'Histoire littéraire de la France‹ (1893), der der Großteil der fr. Universitätslehrer angehört, bis heute treu geblieben. Auch wenn die Aufsätze der RHLF sich mitunter in biographischen und literarhistorischen Detailfragen verlieren, ist doch die enge Verbindung lit.geschichtlicher Fragestellungen mit allgemeingeschichtlichen für die fr. Lit.wiss. charakteristisch.

Historische Grundorientierung. Goldmanns Interpretation lit. fr. Historiographie seit mehr als einem Vierteljahrhundert wichtige Impulse. In einer Besprechung Mornets entwirft L. Febvre (S. 129) schon 1941 einen Katalog lit.soziologischer Fragen, der noch heute aktuell erscheint (neben Milieustudien vor allem Einbezug der Wirtschafts-, Sozial- und Kulturgeschichte; Geschichte der Institutionen, des Buchwesens; Untersuchungen zu Autor und Publikum, Geschmackssoziologie, Modeprobleme). Das eigentlich Neuartige ist jedoch die Forderung nach einer *histoire des mentalités,* die sich selbst ansiedelt zwischen der traditionellen Ideengeschichte und ihrer Hypothese eines Primats des Geistes einerseits und einer vulgärmarxistischen Richtung andererseits, die von einer mechanischen Determination des Überbaus durch die Basis ausgeht. Die Vertreter der *histoire des mentalités* leugnen den dominierenden Einfluß der Wirtschafts- und Sozialgeschichte keineswegs; sie verstehen vielmehr ihre Forschungen als deren Ergänzung; zugleich betonen sie jedoch den komplizierten Vermittlungsmechanismus zwischen Basis und Überbau sowie vor allem die relative Autonomie des letzteren. Die *histoire des mentalités* orientiert ihre Untersuchungen möglichst an sozialen Gruppen. Dies dokumentiert ein 1967 in Paris abgehaltener Historikerkongreß, der ein Thema aus dem Grenzbereich der Kultur-, Sozial- und politischen Geschichte behandelte. An ihm nahmen führende Lit.-wissenschaftler teil (Ehrard, Pomeau, Proust).

Die zunehmende historisch-soziologische Orientierung der Lit.wiss. kommt auch in programmatischen Äußerungen von Cl. Pichois und R. Pomeau zum Ausdruck, beide Mitglieder des Direktionskomitees der RHLF. In ihrem und anderer Sprachgebrauch scheint der Begriff der Lit.soziologie mit dem des Marxismus identisch zu sein; so fordert Pichois eine »analyse préalable et minutieuse des coordonnées sociologiques du fait littéraire« (»Litt. Franç.« I 10), und Pomeau spricht in ähnlichem Zusammenhang von der »nécessité d'un point de vue auquel nous a accoutumés, en ce second tiers de notre siècle, la diffusion de la pensée marxiste« (»Préf.« zu *Mornet*, »Origines« IX). In diesem Sinn verstanden geht marxistische Terminologie und Theorie in zahlreiche neuere Arbeiten ein, so u. a. in die Konzeption der Lit.geschichte der ›Editions Sociales‹, vor allem jedoch in die 16-bändige, von Cl. Pichois betreute Sammlung »Litterature Française«. Alle Bände dieser Lit.geschichte sind derart organisiert, »[que] la première partie présente la vie politique, économique, sociale de l'époque, les arts qu'elle a préférés, les contacts qu'elle a noués avec l'étranger. Sur cette infrastructure – au sens le plus large du mot – s'inscrit le mouvement général des lettres« (I 10). Wie sehr sich die lit.wiss. Ausprägung der *histoire des mentalités* der Vorrangigkeit der Geschichte im weitesten Sinn des Wortes bewußt ist, wie grundlegend sich ihr historisch-materialistischer Ansatz von der herkömmlichen Geistesgeschichte unterscheidet, erhellt das folgende Zitat eines Mitarbeiters der »Litt. Franç.«: »Nous ne pouvons aborder l'histoire littéraire de cette période sans connaître les divers états d'esprit ou, selon un mot à la mode, les mentalités qui y dominent [...] C'est dans la recherche des circonstances concrètes de l'histoire, dans celle des climats politiques successifs, dans celle des milieux sociaux, dans l'analyse du mouvement général des idées religieuses et philosophiques, que nous atteindrons les *mentalités* au milieu desquelles notre littérature s'est développée« (A. Adam in: »Litt. Franç.« VI 8).

Literatursoziologische Fragestellungen. Die sich an der *histoire des mentalités* orientierende Lit.wiss. ist ebenso wie Goldmanns genetischer Strukt. entstehungsgeschichtlich orientiert. Entstehungsgeschichtliche Fragestellungen im herkömmlichen lit.wiss. Sinn bestimmen auch das Kolloquium der ›Société d'Histoire littéraire de la France‹ über »Problèmes et méthodes de l'histoire littéraire«, dessen Beiträge die Tendenz zu einer historisch-materialistischen Orientierung veranschaulichen. Marktanalytisch und statistisch orientiert sind demgegenüber die lit. soziologischen Arbeiten R. Escarpits und seiner ›bordelaiser‹ Schule, die Produktion und Rezeption von Literatur auflösen in die Summe ihrer kommerziellen Faktoren und damit Literatur zum *fait littéraire* werden lassen. Trotz der Einseitigkeit seiner Perspektive hat Escarpit durch seine Untersuchungen zu Verkaufsmechanismen, zur Genese von Bestsellern, zur Publikumssoziologie und zu Lesegewohnheiten der neuesten fr. Lit.-wiss. unbestreitbar wertvolle Anregungen vermittelt. Zugleich hat er an Tendenzen angeknüpft, die sich in der deutschen Romanistik (und Anglistik) lange zuvor in grundlegenden Arbeiten manifestiert hatten. Erwähnt seien besonders die Untersuchungen von L. L. Schücking »Soziologie der literarischen Geschmacksbildung« (1923) sowie von E. Auerbach »Das französische Publikum des 17. Jahrhunderts« (1933). Eine deutliche Präzisierung geistesgeschichtlicher Positionen durch die Berücksichtigung historischer und sozialer Tatbestände läßt sich bereits in H. Friedrichs »Drei Klassiker des französischen Romans« (1939) beobachten. E. Auerbachs »Mimesis. Dargestellte Wirklichkeit in der abendländischen Literatur« (1946) ist sodann die erste konsequent durchgeführte lit.soziologische Arbeit der deutschen Romanistik. In ihr untersucht der Verfasser, wie sich Wirklichkeit entsprechend den nach geschichtlichen Epochen und sozialem Niveau von Schreiber und Publikum je verschiedenen ästhetischen Normen und Erwartungen in der europäischen Lit. widerspiegelt. Als einflußreichste Vertreter lit.soziologischer Fragestellungen sind heute E. Köhler, aber auch H. R. Jauss zu nennen. In seinem umfangreichen lit.wiss. Werk gilt Köhlers Interesse vor allem jenen gesellschaftlichen Umbruchsituationen, in denen sich nachweisen läßt, ›wie sich objektiv bestimmbare Sachverhalte des ökonomisch-sozialen Unterbaus, der konkreten geschichtlichen Wirklichkeit, in Strukturelemente der Kunst verwandeln‹ (»Möglichkeiten« 85 ff). Köhlers Arbeiten sind methodisch dem Vorbild seines Lehrers W. Krauss verpflichtet, der in zahlreichen Studien wichtige Anregungen zu einer Neubewertung der Lit. der Aufklärung gegeben hat und mit Auerbach als der eigentliche Begründer einer soziologisch orientierten romanistischen Lit.wiss. in Deutschland anzusehen ist. Die Arbeiten von W. Krauss (heute Berlin/DDR), die aus der Einsicht in die Geschichtlichkeit der Literatur für die Lit.wiss. den Auftrag der Lit.geschichte herleiten, müssen zugleich als deutliche Absage an alle vulgärmaterialistischen Erklärungsversuche verstanden werden, da sie »das wirkliche Wesen der literarischen Phänomene verfehlen« (zit. nach Köhler a. O.).

Jauss versteht sein Modell der Rezeptionsästhetik in Anknüpfung an Gadamers Hermeneutik als den Versuch einer wirkungsgeschichtlich begründeten Neubewertung von Literatur. Indem Jauss (nach Gadamer) Verstehen als wirkungsgeschichtlichen, d. h. historischen Prozeß begreift, wird Lit. aus der Distanz einer einseitigen entstehungsgeschichtlichen Perspektive befreit. Von hier könnten sich neue Ansätze zu einer Soziologie des Lesers und des Verstehens, zu einer *Rezeptionssoziologie* ergeben. Doch ist das Feld der Lit.soziologie noch kaum abgesteckt. »La sociologie littéraire, discipline neuve, en est encore à chercher sa voie, ou ses voies« (Ehrard, in: »Litt. Franç.« IX 11). Dem um historisches Verstehen historisch bedingter Texte bemühten Lit.wissenschaftler eröffnen sich jedoch im Bereich der Lit.soziologie die interessantesten Fragestellungen.

Literatur:

P. Abraham/R. Desné, Manuel d'histoire littéraire de la France, Ed. Sociales, Bd. I: Des origines à 1600, [2]1971, 7–13; *G. Bouthoul,* Les mentalités, [5]1971 (Coll. ›Que sais-je?‹ Nr. 545); *G. Duby,* in: *Le Goff,* Nr. 95; I 147–168; *J. Ehrard,* in: *Pichois* (Hg.), Litt. Franç., IX, 11–24; *R. Escarpit,* Sociologie de la littérature, 1968 (Coll. ›Que sais-je?‹ Nr. 777); *ders.* (Hg.), Le littéraire et le social. Eléments pur une sociologie de la littérature, 1970 (mit Bibl.); *H. N. Fügen,* Die Hauptrichtungen der Lit.soziologie. Ein Beitrag zur lit.soziologischen Theorie, 1966; *D. Hoeges,* in: *Lange,* Nr. 93; 196–207 (mit Bibl.); *U. Jaeggi,* in: *Arnold,* Nr. 2; 397–405; *Jauss,* Nr. 78; *E. Köhler,* Über die Möglichkeiten historisch-soziologischer Interpretation (aufgezeigt an fr. Werken verschiedener Epochen), in: *ders.*, Esprit und arkadische Freiheit, 1966, 83–103; *ders.*, Nr. 88; *W. Krauss*, Lit.geschichte als geschichtlicher Auftrag, in: *ders.*, Studien und Aufsätze, 1959, 19–71; *J. Leenhardt*, in: *Bark*, Nr. 8 a; II 86–98; *Le Goff*, Nr. 95, III 76–94; *R. Mandrou*, Histoire littéraire et histoire culturelle, in: RHLF 70, 1970, 861 bis 869; *Niveaux de culture et groupes sociaux*, Colloque de l'ENS 1966; Actes 1968; *Cl. Pichois*, En marge de l'histoire littéraire. Vers une sociologie historique des faits littéraires, in: RHLF 61, 1961, 48–57; *ders.* (Hg.), La Collection ›Littérature Française‹, Bd. I (1970) 7–11; *Pinkerneil*, Nr. 86; 1–84; *R. Pomeau*, in: *Mornet*, Origines, Préface V-XII; *ders.*, L'histoire de la littérature et les méthodologies, in: RHLF 70, 1970, 769–775; *Problèmes et méthodes de l'histoire littéraire*, Colloque de la Société d'RHLF 1972, Actes 1974; *J. Proust*, Histoire sociale et histoire littéraire, in: L'Histoire sociale; Sources et Méthodes; Colloque de l'ENS de St. Cloud 1965; Actes 1967, 257–271; *P. Vilar* in: *Le Goff*, Nr. 95; I 169–209.

P. Schlußbemerkung

Die vorliegende Skizze hat die geschichtliche und gesellschaftliche Bedingtheit von Interpretationsmethoden und zugleich von Verstehen aufgezeigt. Die skizzierten Modelle lassen sich nicht beliebig summieren, schließen sich jedoch auch nicht radikal gegenseitig aus, sondern ergänzen sich in beschränktem Maße. So kann sich auf einer bestimmten Verständnisstufe eine stilistische oder psa. Interpretation als notwendig und hinsichtlich eines beschränkten Frageziels als ausreichend erweisen; ebenso aber kann sie als ein ergänzendes Element in eine weiterreichende Fragestellung integriert werden. Die Lit.-wissenschaftler darf sich alle von der Lit.wiss. entwickelten Methoden nutzbar machen, sofern ihn dies dem Ziel des als historisch erkannten Verstehens näherbringt. Unvereinbar jedoch sind Interpretationsmodelle, die aus konträren ideologischen Positionen resultieren. Jeder Leser eines lit. Textes, jeder Student, jeder Lit.wissenschaftler wird zunächst prüfen müssen, welches sein spezifisches, ihm vielfältig vermitteltes Erkenntnisinteresse ist; erst dann kann er, unter weitestgehender Respektierung der Bedingung und Bedürfnisse seines Gegenstandes die Fragen formulieren, die dieser ihm immer wieder neu aufgibt und die doch zugleich erst von ihm und seinem spezifischen Erkenntnisinteresse an den Gegenstand herangetragen werden.

Personenregister
(Erstellt von K. G. Weber)

M 40 Halbach *Walther von der Vogelweide*
M 41 Hermand *Literaturwissenschaft und Kunstwissenschaft*
M 43 Glinz *Deutsche Syntax*
M 44 Nagel *Hrotsvit von Gandersheim*
M 45 Lipsius *Von der Bestendigkeit. Faksimiledruck*
M 46 Hecht *Christian Reuter*
M 47 Steinmetz *Die Komödie der Aufklärung*
M 48 Stutz *Gotische Literaturdenkmäler*
M 49 Salzmann *Kurze Abhandlungen über einige wichtige Gegenstände a. d. Religions- u. Sittenlehre. Faksimiledruck*
M 50 Koopmann *Friedrich Schiller I: 1759–1794*
M 51 Koopmann *Friedrich Schiller II: 1794–1805*
M 52 Suppan *Volkslied*
M 53 Hain *Rätsel*
M 54 Huet *Traité de l'origine des romans. Faksimiledruck*
M 55 Röhrich *Sage*
M 56 Catholy *Fastnachtspiel*
M 57 Siegrist *Albrecht von Haller*
M 58 Durzak *Hermann Broch*
M 59 Behrmann *Einführung in die Analyse von Prosatexten*
M 60 Fehr *Jeremias Gotthelf*
M 61 Geiger *Reise eines Erdbewohners i. d. Mars. Faksimiledruck*
M 62 Pütz *Friedrich Nietzsche*
M 63 Böschenstein-Schäfer *Idylle*
M 64 Hoffmann *Altdeutsche Metrik*
M 65 Guthke *Gotthold Ephraim Lessing*
M 66 Leibfried *Fabel*
M 67 von See *Germanische Verskunst*
M 68 Kimpel *Der Roman der Aufklärung*
M 69 Moritz *Andreas Hartknopf. Faksimiledruck*
M 70 Schlegel *Gespräch über die Poesie. Faksimiledruck*
M 71 Helmers *Wilhelm Raabe*
M 72 Düwel *Einführung in die Runenkunde*
M 73 Raabe *Einführung in die Quellenkunde zur neueren deutschen Literaturgeschichte*
M 74 Raabe *Quellenrepertorium zur neueren deutschen Literaturgeschichte*
M 75 Hoefert *Das Drama des Naturalismus*
M 76 Mannack *Andreas Gryphius*
M 77 Straßner *Schwank*
M 78 Schier *Saga*
M 79 Weber-Kellermann *Deutsche Volkskunde*
M 80 Kully *Johann Peter Hebel*

M 81 Jost *Literarischer Jugendstil*
M 82 Reichmann *Germanistische Lexikologie*
M 83 Haas *Essay*
M 84 Boeschenstein *Gottfried Keller*
M 85 Boerner *Tagebuch*
M 86 Sjölin *Einführung in das Friesische*
M 87 Sandkühler *Schelling*
M 88 Opitz *Jugendschriften. Faksimiledruck*
M 89 Behrmann *Einführung in die Analyse von Verstexten*
M 90 Winkler *Stefan George*
M 91 Schweikert *Jean Paul*
M 92 Hein *Ferdinand Raimund*
M 93 Barth *Literarisches Weimar. 16.–20. Jh.*
M 94 Könneker *Hans Sachs*
M 95 Sommer *Christoph Martin Wieland*
M 96 van Ingen *Philipp von Zesen*
M 97 Asmuth *Daniel Casper von Lohenstein*
M 98 Schulte-Sasse *Literarische Wertung*
M 99 Weydt *H. J. Chr. von Grimmelshausen*
M 100 Denecke *Jacob Grimm und sein Bruder Wilhelm*
M 101 Grothe *Anekdote*
M 102 Fehr *Conrad Ferdinand Meyer*
M 103 Sowinski *Lehrhafte Dichtung des Mittelalters*
M 104 Heike *Phonologie*
M 105 Prangel *Alfred Döblin*
M 106 Uecker *Germanische Heldensage*
M 107 Hoefert *Gerhart Hauptmann*
M 108 Werner *Phonemik des Deutschen*
M 109 Otto *Sprachgesellschaften des 17. Jahrh.*
M 110 Winkler *George-Kreis*
M 111 Orendel *Der Graue Rock (Faksimileausgabe)*
M 112 Schlawe *Neudeutsche Metrik*
M 113 Bender *Bodmer/Breitinger*
M 114 Jolles *Theodor Fontane*
M 115 Foltin *Franz Werfel*
M 116 Guthke *Das deutsche bürgerliche Trauerspiel*
M 117 Nägele *J. P. Jacobsen*
M 118 Schiller *Anthologie auf das Jahr 1782 (Faksimileausgabe)*
M 119 Hoffmeister *Petrarkistische Lyrik*
M 120 Soudek *Meister Eckhart*
M 121 Hocks/Schmidt *Lit. u. polit. Zeitschriften 1789–1805*
M 122 Vinçon *Theodor Storm*
M 123 Buntz *Die deutsche Alexanderdichtung des Mittelalters*